공자의 수사학

군자의 리더십과 인성론

공자의 수사학

— 군자의 리더십과 인성론 —

【안성재 著】

어문학사

들어가면서

수사(修辭)라는 단어는 공자(孔子)가 처음으로 사용한 표현이다. 그리고 서양의 레토릭(rhetoric)이 동양에 들어온 후, 학계에서는 의심의 여지없이 자연스레 레토릭(rhetoric)을 수사 또는 수사학(修辭學)으로 번역하여 지금까지 사용하고 있다.

그런데 수사라는 단어가 처음 등장하는 [周易(주역)] 〈乾卦(건괘)〉편 九三(구삼)과 이를 풀이한 해설서 성격의 [文言(문언)]을 보면, 수사는 군자(君子)의 개념을 설명하기 위한 표현임을 알 수 있다. 다시 말해서 수사의 진의(眞義)를 파악하기 위해서는, 먼저 군자의 정의를 명확하게 밝히지 않을 수 없는 것이다.

또 이와 관련하여 [論語(논어)] 〈雍也(옹야)〉편에 등장하는 '문질빈빈(文質彬彬)' 이라는 표현을 빌려서 학계에서는 공자가 일찌감치 글쓰기와 말하기에 있어서 초보적인 이론을 정립했고, 나아가 문장의 형식과 내용을 모두 중시했다고 인식해왔다. 하지만 필자가 그간 [논어]를 번역하면서 발견한 몇 가지 사실 중 하나가, 공자는 [논어] 〈述而(술이)〉편의 첫 구절을 제외하고는 말하기와 글쓰기에 대해서 단 한 번도 언급을 한 적이 없다는 점이다.

7 – 1

子曰:“述而不作, 信而好古, 竊比於我老彭。”

자왈: “술이불작, 신이호고, 절비어아노팽.”

【미언】 공자가 이르시기를: “서술하지만 창작하지 않고, 믿어서 옛 것을 좋아하니, 슬그머니 나를 노팽에 견주어본다.”

【대의】 공자가 이르시기를: “객관적인 사실만을 있는 그대로 기록하고, 확실하지 않은 것은 임의로 지어내지 않으며, 또 옛 성현들의 도를 믿고 따르는 나의 모습을, 조심스럽게 노팽에 비유하여 표현해본다.”

언뜻 보기에도 이는 서양의 레토릭과 아무런 관련이 없거니와, 심지어 공자의 글쓰기 혹은 말하기 이론으로 간주하기에는 더 큰 무리가 있어 보인다. 더욱이 '문질빈빈'이라는 표현은 글쓰기나 말하기와는 하등 관련이 없는 전혀 다른 의미를 지닌다.

필자는 한국수사학회에 적을 두고 수사학을 배우면서 아무런 의심 없이 서양의 레토릭 이론을 근거로 동양의 수사학을 연구해오다가 위에서 언급한 몇 가지 문제점에 봉착했고, 이에 **공자의 '수사'와 서양의 '레토릭'이 과연 서로 일치하는 개념인지 확인할 필요가 있음을** 인식하게 되었다. 이에 그간 필자가 출판했던 『논어, 그 오해와 진실』과 『논어—안 될 줄 알고도 하려는 사람인가』 및 『노자와 공자가 만났을 때』 세 서적을 근간으로 하여, 다양한 측면에 걸쳐서 수사의 개념을 밝히고 나아가 수사의 본질을 드러내며, 마지막으로 **수사와 레토릭에는 어떠한 상관관계가 있는지**를 살펴보고자 한다.

차례

1. 주공(周公): 공자(孔子)의 이상향

[論語(논어)] [禮記(예기)] 등 수많은 공자와 관련되는 전적(典籍)의 내용을 통해서, 공자에게 있어서 존경할 만한 가치가 있는 인물은 대단히 많이 존재했음을 알 수 있다. 그런데 [논어] 〈泰伯(태백)〉 편에는 다음의 기록이 있다.

8 - 7

曾子曰: "可以託六尺之孤, 可以寄百里之命, 臨大節而不可奪也, 君子人與? 君子人也。"

증자왈: "가이탁육척지고, 가이기백리지명, 임대절이불가탈야, 군자인여? 군자인야."

【미언】 증자가 말하기를: "육척(나이 14~15세)의 어린 후계자를 부탁할 수 있고(권력을 탐하지 않고 성심성의로 보필할 수 있고), 백리(면적이 백리인 제후의 나라)의 운명을 맡길 수 있으며, 죽음을 각오하여 지키는 절개를 지켜서(다른 이가 그 큰 절개를) 빼앗을 수 없다면, 군자인 자인가? 군자인 자이다."

【대의】 증자가 말하기를: "주공은 노나라 제후로 봉해졌지만, 그의

아들을 보냄으로써 권력을 탐하지 않고, 또 어린 성왕을 성심성의껏 진심으로 보필하였으며, 예악제도와 종법제도를 확립하여 주나라를 강하게 만들었다. 또 이를 시기한 동생 관숙과 채숙 그리고 곽숙이 은나라의 유민들을 이끌던 무경과 함께 반란을 일으키자, 소공의 도움을 받아 진압하기도 했다. 이런 인물은 군자인가? 그렇다."

상 = 은(商=殷)나라의 마지막 임금이자 하(夏)나라의 마지막 임금인 걸(桀)임금과 더불어서 희대의 폭군으로 간주되는 주(紂)임금의 폭정을 보다 못한 희발(姬發)은 군사를 일으켜 상나라를 멸망시키고 주나라를 건국하는데, 바로 그가 주(周)나라의 무왕(武王)이다. 주공(周公) 희단(姬旦)은 무왕의 동생으로 일생동안 형을 도와 주나라를 안정시키는데 모든 힘을 쏟았는데, 특히 그는 예악(禮樂)제도와 종법(宗法)제도를 확립하여 완성시킨 인물로 더 알려져 있다.

예악제도에 대해서는 뒤에서 구체적으로 알아보기로 하고, 여기서는 종법제도에 대해서만 설명하기로 하자. 종법제도는 혈연적 유대 관계를 이용하여 종족 관계를 발전시킨 것으로, 주공 때 최종적으로 확립되고 시행되었다. 이는 적장자(嫡長子)인 본처의 장남 계승제도라고도 할 수 있는데, 즉 천자(天子)의 적장자는 다시 천자가 되고 그 나머지 아들들은 제후(諸侯)가 되는 것이다. 이 제후는 공(公) 또는 왕(王)이 되어 분봉된 나라를 통치하게 되는데, 역시 그의 적장자는 아버지의 자리를 계승하고 그 나머지 아들 들은 경(卿)이 된다. 이러한 경의 적장자는 다시 경이 되고, 그 나머지 아들들은 대부(大夫)가 된다. 대부의 적장자는 대부가 되고, 그 나머지는 선비(士)가 된다. 그리고 선비의 적장자는 선비가 되고, 그 나머지는 민(民: 일반백성)이 되는 것이다. 예를 하나 들자면, [삼국지연의(三國志演義)]의 주인공인 유비(劉備)의 신분은 민(民)이었지만 후에 그가 촉(蜀)나라의 군주가 될 수 있었던 것은, 바로 한(漢)나라의 황제인 유씨(劉氏)의 후손이라서 역성혁명(易姓革命: 성씨가 다른 사람이 반란을 일으키는 것)으로 간주되지 않았기 때문이다.

주공(周公)이 정치에 임한 태도는 '악발토포(握髮吐哺)'라는 성어(成語)로 더욱 유명하다. 여기서 "악발토포"란 머리털을 잡고 먹은 것을 토해낸다는 뜻인데, 주나라 무왕의 동생 주공은 머리를 감다가도 정치를 논하기 위해서 손님이 오면 머리채를 쥐고 나와서 만나고, 음식을 먹다가도 이를 뱉고 만났을 정도로 인재와 현인을 모시기 위해 정성과 성의를 다한 태도를 비유한다. 다시 말해서 주공이 머리를 감을 때 손님이 방문하면 젖은 머리를 움켜쥐고 나가 맞이했고, 식사를 하다가도 손님이 찾아오면 입안의 음식을 뱉고 나가서 맞이했을 정도로 인재를 발굴하는 데 모든 힘을 쏟았다는 의미를 함축하고 있다. 주지하다시피, 아무리 훌륭한 지도자라도 혼자서는 뛰어난 정치를 할 수 없다. 따라서 지도자의 뜻을 이해하고 부단히 실천할 수 있는 인재를 찾는 것이, 지도자에게 있어서는 그 무엇보다도 절실하고 중요한 것이다.

차남인 무왕 발(武王)이 주나라를 건국한 천자(天子)가 되자, 그의 아버지인 문왕(文王)은 자동적으로 태왕(太王)으로 추존되었는데, 문왕에게는 또한 장남 백읍고(伯邑考)를 비롯하여 삼남 관숙(管叔), 사남 주공 단(周公旦), 오남 채숙 탁(蔡叔), 육남 강숙(康叔), 팔남 곽숙(霍叔) 등이 있었다.

하지만 무왕이 주나라를 세운지 얼마 되지 않아 병을 얻어 위독해졌고, 결국 사망하여 무왕의 어린 아들이 성왕(成王)으로 즉위하자, 동생 주공은 같은 희(姬)씨 일가의 가족인 소공(召公) 희석(姬奭)과 함께 섭정하게 되었다. 그러자 무왕의 또 다른 동생인 관숙(管叔)과 채숙(蔡叔) 그리고 곽숙(霍叔)은 주공이 왕위를 찬탈하려 한다는 소문을 퍼뜨렸다. 또한, 이를 바로잡는다는 명분으로 은나라의 유민들을 이끌던 무경(武庚)과 함께 반란을 일으켰는데, 이때 주공은 소공(召公)의 도움으로 이를 진압했고, 결국 관숙과 무경은 사형당하고 채숙은 유배되었다.

이처럼 주공은 형 무왕이 세운 주나라를 안정시키기 위해서 모든 심혈을 기울였고, 그 공로를 인정받아 노나라 땅을 할양받아서 제후에 임명되었다. 하지만 주공은 주나라가 아직 안정기에 들어서지 못했다고 판단하여 자기 대신에 아들 백금(伯禽)을 노공(魯公)으로 봉하여 보내고 다시 주나라로 돌아와 어린 성왕을 보필하였던 것이니, 당시 주공은 [논어] 〈微子(미자)〉 편에서 다음과 같이 아들에게 자신의 정치철학을 전하기도 하였다.

18 － 10

周公謂魯公曰: "君子不施其親, 不使大臣怨乎不以, 故舊無大故, 則不棄也。無求備於一人。"

주공위노공왈: "군자불이기친, 불사대신원호불이. 고구무대고, 즉불기야. 무구비어일인."

【미언】 주공이 노공에게 말씀하시기를: "군자는 친척을 버리지 않고, 대신들로 하여금 써주지 않는다고 원망치 않게 하며, 오래된 친구는 큰 이유가 없으면, 곧 버리지 아니한다. 한 사람에게 갖추기를 요구하지 않는다."

【대의】 주공이 아들인 노공에게 말씀하시기를: "도를 배우고 부단히 노력하여 실천하는 올바른 지도자는 친척을 함부로 버리지 않고, 또 대신들로 하여금 써주지 않는다고 원망치 않게 하며, 오래된 친구는 큰 이유가 없으면, 곧 버리지 아니한다. 그리고 자기에게는 엄격하지만, 타인에게 관대하므로, 한 사람에게 완벽하게 갖추기를 요구하지 않는다."

또한 [史記(사기)]에 따르면, 백금(伯禽)이 노공(魯公)으로 봉해져 노나라 땅에 간 후 3년이 지나서야 돌아와 보고했다. 이에 그의 아버지인 주공이 왜 보고가 늦었는지를 묻자, 백금은 "노나라의 세속과 예(禮)를 고치는 데 3년이 걸렸습니다."라고 대답했다고 한다.

그리고 주공은 7년간의 섭정 후에 다시 성왕에게 모든 정권을 반납하게 되니, 이러한 사실은 다음의 기록을 통해서도 여실히 알 수 있다.

> 武王崩。成王幼弱, 周公踐天子之位以治天下。六年, 朝諸侯於明堂, 制禮作樂, 頒度量而天下大服。七年, 致政於成王。
>
> 무왕이 붕어하셨다. (하지만) 성왕이 어리고 약했으므로, 주공이 천자의 직위를 이행함으로써 세상을 다스렸다. 6년 차에, 명당(임금이 조회를 하던 곳)에서 제후들과 회동했고, 예악을 제정하였으며, 도량형을 반포하여 천하가 크게 복종했다. 7년 차에는, 정사를 성왕에게 내주었다.
>
> [禮記(예기)] 〈明堂(명당)〉

아울러서 주공은 성왕을 천자로 복위시키면서 진심 어린 충언을 올렸으니, 이제 다음의 기록들을 통해서 단편적으로나마 주공이 나라를 안정시키기 위해서 얼마나 순일(純一)한 태도로 임했는지 알 수 있다.

> 周公曰: 嗚呼! 我聞曰: 昔在殷王中宗, 嚴恭寅畏, 天命自度, 治民祗懼, 不敢荒寧。肆中宗之享國七十有五年。其在高宗, 時舊勞于外, 爰曁小人。作其卽位, 乃或亮陰, 三年不言。其惟不言, 言乃雍, 不敢荒寧, 嘉靖殷邦。至于小大, 無時或怨。肆高宗之享國五十有九年。其在祖甲, 不義惟王, 舊爲小人。作其卽位, 爰知小人之依, 能保惠于庶民, 不敢侮鰥寡。肆祖甲之享國三十有三年。

주공이 말했다: '아! 제가 듣건대: 옛날 은나라 임금 중종은, 엄숙히 삼가며 공경하고 두려워하여, 천명을 스스로 헤아렸고, 백성을 다스림에 공경하고 두려워하여, 감히 편안함에 빠지지 않았습니다. 드디어 중종은 나라를 칠십오 년 누리셨습니다. 고종이 재위했을 때, 오랫동안 밖에서 수고로우셨고, 이에 소인(신분이 낮은 백성)들과 함께 하였습니다. 그 즉위를 해서는, 이에 상을 입으시고, 삼 년 동안 말하지 않았습니다. 말하지 않았으나, 말하면 온화했지만, 감히 편안함에 빠지지 않았으니, 은나라가 아름답고도 평안해졌습니다. 낮은 사람이건 높은 사람이건, 원망하는 이가 없게 되었습니다. 드디어 고종은 나라를 오십구 년 누리셨습니다. 조갑이 재위해서는, 의로운 왕이 아니라 하고, 오래 소인(신분이 낮은 백성)이 되었습니다. 즉위하여서는, 이에 소인(신분이 낮은 백성)의 의지함을 알고, 수많은 백성을 능히 보호하고 사랑하였으며, 감히 홀아비나 과부를 업신여기지 않았습니다. 드디어 조갑은 나라를 삼십삼 년 누리셨습니다.

[尙書(상서)] 〈無逸(무일)〉

周公曰: 嗚呼! 厥亦惟我周太王王季, 克自抑畏。文王卑服卽康功田功, 徽柔懿恭, 懷保小民, 惠鮮鰥寡。自朝至于日中昃, 不遑暇食, 用咸和萬民。文王不敢盤于遊田, 以庶邦惟正之供, 文王受命惟中身, 厥享國五十年。周公曰, 嗚呼。

주공이 말했다: "아! 또한, 우리 주나라 태왕과 그의 아들 왕계는, 능히 스스로 조심하고 두려워하셨습니다. 문왕은 허름한 옷을 입고 곧 편히 해주는 일과 밭일을 하셨으니, 아름답게 복종하고 훌륭하게 공경하여, 신분이 낮은 백성을 아끼고 보호하며, 홀아비와 과부를 사랑하고 새로이 하셨습니다. 아침부터 한낮을 거쳐 해가 기울 때까지, 한가하게 밥을 먹지 못하고, 모든 백성을 다 화목하게 하셨습니다. 문왕은 감히 노

닐거나 사냥하지 않고, 그럼으로써 온 나라를 올바름으로 받드셨으니, 문왕이 천명을 받은 것이 단지 마흔이었고, 나라를 오십 년 누리셨습니다."

[尙書(상서)] 〈無逸(무일)〉

그런데 공자는 [논어] 〈述而(술이)〉편에서 다음과 같이 자신의 감정을 토로한 바 있다.

7 – 5

子曰: "甚矣, 吾衰也! 久矣, 吾不復夢見周公!"

자왈: "심의, 오쇠야! 구의, 오불복몽현주공!"

【미언】 공자가 이르시기를 "심하구나, 나의 쇠약함이! 오래되었구나, 내가 다시 꿈에서 주공을 만나보지 못했음이!"

【대의】 공자가 이르시기를: "나는 예악제도와 종법제도를 완성한 주공을 가장 존경하여 그 당시 소강사회로의 복귀를 외쳐왔다. 그런데 이제는 더 이상 꿈에서 주공을 볼 수 없으니, 나의 포부가 이뤄질 수 없겠구나!"

따라서 공자가 진심으로 존경한 인물은 상당히 많지만, 그 중에서도 가장 존경한 인물은 다름 아닌 주공이었음을 알 수 있으니, 그 이유는 다름 아닌 **주공이 예악제도와 종법제도를 완성한 인물**이었기 때문이다. 바로 또 그러한 이유 때문에 공자는 평생 예악제도와 종법제도를 숭상하고 또 강조했던 것이다. 그런데 도대체 춘추시대는 과연 어떠한 시기였기에, 공자가 이처럼 주공을 더 이상 볼 수 없다고 한탄했던 것일까?

2. 혼란의 춘추(春秋)시대

동서고금을 막론하고 대부분 모든 왕조의 건국 초기는 비교적 안정적인 상황을 맞이했는데, 그 이유는 다름 아닌 백성의 삶이 도탄에 빠진 혼란스러운 국면을 친히 목도했기 때문이다. 따라서 새로운 지도자가 된 인물들은 하나같이 다른 마음을 품지 않고 오로지 나라와 백성의 삶을 안정시키는 데만 온 힘을 기울였다. 그 결과 이전의 시기와 비교했을 때 백성의 삶은 비교적 평탄할 수 있었다.

하지만 삶이 평탄해지면 지도자가 다른 생각을 품게 되는 것 역시 어쩔 수 없는 숙명인가 보다. 주나라 역시 세월이 흐르면서 건국 초기의 오로지 나라와 백성의 안위만을 생각했던 순수한 정신은 희석되고, 후대의 지도자들은 점차 돌이킬 수 없는 탐욕과 패륜의 늪으로 빠져들게 되었으니, 이제 여기서는 춘추시대가 역사상 가장 혼란스럽고도 반인륜적인 시기로 기억될 수밖에 없었던 몇몇 가지 일례를 소개하기로 한다.

1. [통지(通志)])에 의하면 일가족 형제의 항렬은 백(伯: 적장자) 맹(孟: 서장자) 중(仲: 차남) 숙(叔: 삼남) 계(季: 사남)의 순서가 된다. 주공을 시조로 하는 노(魯)나라는 환공(桓公) 이후 나라의 모든 권력이 맹손(孟孫)과 숙손(叔孫) 그리고 계손(系孫)씨에 의해서 장악되는데, 이 세 집안은 모두 환공의 후손이므로 삼환(三桓)이라고 불리기도 한다. 다시 말해서 삼환은 바로 환공의 자식들이고, 아버지의 자리를 이어 임금 자리에 오른 장남을 제외한 나머지 세 아들이 모두 경(卿)이 되어 대대로 임금보다 더 큰 권력을 행사해왔음을 알 수 있다.

[左傳(좌전)] 〈哀公(애공) 24년〉과 〈애공 25년〉에 따르면, 노나라 임금 애공(哀公)은 집정 24년이 되던 해에 신하들의 반대에도 첩을 부인으로 맞아들인 걸로 모자라, 심지어는 월(越)나라 태자 적영(適郢)의 딸까지도 부인으로 맞이했다. 집정 25년이 되던 해에 애공이 월나라에서 돌아온다는 소식을 듣고, 계손씨 집안의 계강자(季康子)와 맹손씨 집안의 맹무백이 오오(五梧)에서 애공을 맞이했다. 이때 애공의 수레를 몰던 곽중(郭重)은 저 둘이 임금께서 월나라에 머무는 동안 임금의 나쁜 말을 많이 했다고 전했다. 이윽고 술잔치가 열리자, 맹무백이 먼저 곽중에게 왜 이리 살이 쪘느냐며 비아냥거렸고, 이에 계강자는 임금을 모시고 수고한 곽중을 그리 말하는 것은 실례라며, 맹무백에게 벌주를 마시게 하라고 권했다. 이 말을

들은 애공은 곽중이 살찐 이유가 그대들의 말을 너무 많이 먹어서라며 비꼬게 되고, 이에 술자리가 불편해졌다고 한다. 역시 [左傳(좌전)] 〈哀公(애공) 27년〉에 따르면, 애공이 능판(陵阪)으로 놀러 가던 중 맹무백을 만나게 되자, "내가 죽음에 이르겠는가?"라고 물었다. 임금인 애공이 삼환의 권력을 두려워하여 세 번을 물었으나, 신하인 맹무백은 끝까지 "저로서는 알 길이 없습니다."라고 오만하게 대답했다고 전한다.

2. [左傳(좌전)] 〈昭公(소공) 25년〉과 [史記(사기)] 〈孔子世家(공자세가)〉에 의하면, 공자가 35세가 되던 해에 계손씨 집안의 계평자(季平子)가 후소백(郈昭伯)과 닭싸움을 했는데, 가죽옷을 입은 계평자의 수비형 닭이 금속 발톱을 채운 후소백의 공격형 닭에게 졌다고 한다. 그러자 계평자는 분노하여 자신의 권세를 내세워 후소백을 질책했고, 이에 후소백은 비록 그 자리에서 말하지는 못했지만, 계평자에게 원망하는 마음을 가지게 되었다. 후에 공약(公若)과 공위(公爲)라는 신하가 계평자를 칠 계획을 임금인 소공(昭公)에게 아뢰게 되는데, 소공이 후소백의 의견을 묻자, 후소백은 당시의 복수심에 그래도 된다고 대답했다. 결국 소공이 군대를 거느리고 계평자를 공격했지만, 계평자는 맹손씨 숙손씨와 힘을 합쳐 역으로 소공을 공격했다. 이에 소공은 오히려 패하여 이웃 제(齊)나라로 달아났다가 다시 진(晉)나라로 건너갔고 후에 진나라의 힘을 빌어서 계손씨 집안을 축출하고자 했으나, 오히려 계손씨의 뇌물을 받은 진나라 신하들에 의해서 계획이 어그러지고, 소공은 타지인 진나라 건후(乾侯)에서 객사하고 말았다.

3. 자조(子朝)는 본래 송(宋)나라 공자였다. 후에 위(衛)나라 대부가 되었는데, 잘생긴 외모로 명성이 자자했다고 한다. [左傳(좌전)] 〈 哀公(애공) 11년〉에 의하면, 위(衛)나라의 대숙질(大叔疾)이 송(宋)나라로 도망가 자조

(子朝)의 딸과 결혼했는데, 당시 관습에 따라 그녀의 여동생 역시 언니를 따라서 대숙질에게 시집을 갔다. 그런데 이 둘째 딸이 매우 예뻤다고 한다. 후에 자조가 위나라로 망명을 가니, 위나라의 대부였던 공문자(孔文子)는 대숙질의 부인을 쫓아내고 자기의 딸을 대숙질에게 시집보냈는데, 대숙질은 오히려 자조의 둘째 딸 즉 옛 부인의 여동생을 몰래 불러내어 집까지 제공했다. 이에 공문자는 자신의 딸과 옛 부인의 여동생 두 여자를 부인으로 삼은 대숙질의 모습에 분노하였고, 그를 공격하려고 공자에게 계책을 물었다. 하지만 공자는 그런 공문자를 보고 "새는 나무를 선택할 수 있지만, 나무는 새를 선택할 수 없다."라고 말했으니, 이는 "새(사람)가 나무(나라)를 선택하는 법이다. 따라서 이처럼 정치에는 관심이 없고 오직 사사로운 감정에 연연하는 공문자의 위나라를 떠나야겠다"라는 완곡한 표현이었던 것이다. 결국 공문자는 자신의 행동을 부끄러워하여 대숙질을 공격하려던 계획을 멈추고, 그의 딸을 다시 집으로 불러들이기만 했다.

4. 자조는 위(衛)나라로 망명을 가서 임금인 영공(靈公)의 총애를 받게 되는데, 그는 오히려 잘생긴 외모를 이용하여 영공의 젊고 예쁜 후처(後妻)인 남자(南子)와 사통하게 되었다. 하지만 이러한 일이 발각되자 자조는 이웃 나라로 도망쳤는데, 남자는 자조의 잘생긴 외모를 잊지 못하였기에 영공에게 자조를 용서해달라고 부탁하게 되고, 영공은 결국 남자의 부탁을 거절하지 못해서 자조를 다시 위나라로 불러들이게 되었다.

5. 위(衛)나라 영공(靈公)의 아들 괴외(蒯聵)는 자신의 계모인 남자(南子)가 끊임없이 주변의 남자들과 사통하여 평판이 좋지 않자, 이를 부끄러워하여 남자를 죽이려고 하였다. 하지만 일이 실패로 돌아갔고, 이에 괴외는 이웃 나라로 도피했다. [左傳(좌전)] 〈哀公(애공) 10年〉과 [史記(사기)] 〈孔

子世家(공자세가)〉에 따르면, 공자가 초(楚)나라에서 위나라로 돌아온 이듬해인 59세 때 위나라 영공이 죽자, 부인 남자(南子)는 괴외의 아들 첩(輒)을 왕으로 앉혔으니 그가 바로 출공(出公)이다.

[左傳(좌전)] 〈哀公(애공) 15년〉과 [史記(사기)]의 〈仲尼弟 子列傳(중니제자열전)〉에 따르면, 공자가 위나라에서 노나라로 다시 돌아온 후 72세가 되었을 때, 자로(子路)는 위나라 출공의 대부(大夫)인 공회(孔悝)가 다스리는 지역의 읍재(邑宰: 고을 원님)를 맡고 있었다. 이때 남자(南子)를 죽이려다 실패하고 달아났던 괴외는 공회와 결탁하여 출공을 쫓아내고 임금이 되는데, 그가 바로 위나라 장공(莊公)이다. 이 소식을 들은 자로는 자신이 섬기는 군주를 배신한 공회를 죽이려 했고, 자고(子羔)가 이를 말렸지만 결국 듣지 않고 공회를 죽이려 하다가 오히려 목숨을 잃게 된다. 공자는 노나라에서 위나라가 혼란스럽다는 말을 듣고 "자고는 돌아오겠지만, 자로는 죽을 것이다."라고 예언했으니, 공자는 이처럼 자로의 굳건한 성격을 일찌감치 간파하고 걱정했던 것이다.

6. [左傳(좌전)] 〈桓公(환공) 16년〉과 [史記(사기)] 〈衛康叔世家(위강숙세가)〉에 따르면, 위(衛)나라 선공(宣公)은 그의 부친 위장공(衛莊公)의 첩 이강(夷姜)과 사통했고, 둘 사이에 태자 급(伋)을 두게 되었다. 태자 급이 장성하여 제(齊)나라 희공(僖公)의 딸을 며느리로 맞이하려 했으나, 선공이 그녀의 미모에 반해서 자기의 아내로 맞이하게 되었으니, 그녀가 선강(宣姜)이다. 선강은 삭(朔)과 수(壽)를 낳았는데, 세월이 흘러서 본래 선공의 정실인 이강이 총애를 잃은 나머지 자살하자, 선강과 삭이 음모를 짜고는 태자 급을 모해한다. 이에 선공은 태자 급을 미워하게 되어서 제(齊)나라로 쫓아 보내면서 그에게 흰 깃대를 들고 가라고 명령했는데, 사실 선공은 사전에 강도들을 매수하여 국경에서 흰 깃대 장식을 들고 가는 이를 죽이

라고 사주했던 것이다. 하지만 이를 알아챈 수가 좇아가 급을 술에 취하게 하고는, 자신이 급인 것처럼 꾸미고 대신 흰 깃대 장식을 들고 제나라로 가다가 강도들에게 죽임을 당했다. 뒤늦게 국경에 도착한 태자 급은 강도들에게 자신이 위나라 태자임을 밝혔다가 역시 죽임을 당하게 된다.

7. 장무중(臧武仲)은 노나라의 대부로 장손흘(臧孫紇)이라고도 하는데, 바로 장문중(臧文仲)의 손자이다. [左傳(좌전)] 〈襄公(양공) 23년〉에 의하면, 노나라 계손씨 집안의 계무자(季武子)에게는 본실에게서 난 아들인 적장자가 없었고 첩에게서 난 서자로 장남인 공미(公彌)와 차남인 도자(悼子)가 있었지만, 도자를 더 사랑하여 후계자로 삼으려 했다. 계무자가 장무중에게 이 일을 상의하자, 장무중은 술자리를 마련해 도자를 불러서는 자연스럽게 대부들이 그에게 예(禮)를 갖추도록 함으로써 계무자의 뜻을 이루어 주었다. 한편, 계무자는 장무중을 좋아했지만, 맹손씨인 맹장자(孟莊子)는 장무중을 미워했다. 훗날 맹장자가 병이 들었는데, 그에게는 장남 질(秩)과 차남 갈(羯)이 있었다. 맹장자의 수레를 몰고 말을 관리하던 풍점(豊點)이란 인물이 갈을 좋아하여, 그를 맹장자의 후계자로 추대하려고 했다. 이에 풍점은 공미를 찾아가 갈이 맹장자의 후계자가 되면 장무중에게 복수를 하는 것이라고 설득했고, 공미는 계무자를 찾아가 맹장자의 후계자를 갈로 추대해달라고 하지만 거절당했다. 맹장자가 죽자 계무자는 질을 후계자로 세우려 했는데, 공미가 "연장자라는 것이 어디 있습니까? 오로지 재능으로 판단할 따름이지요. 게다가 이는 맹장자의 뜻이었습니다."라고 말하여, 결국 차남 갈이 맹장자의 후계자가 되었다. 이윽고 장무자가 맹장자의 장례식에 찾아왔을 때, 맹손씨 집안사람들은 문을 걸어 잠그고 계무자에게 장무중이 난을 일으키려한다고 보고했다. 하지만 계무자는 그 말을 믿지 않았다. 그해 겨울 맹손씨가 장사를 지내기 위해 길을 넓히려고

장무중에게 도움을 청하자, 장무중은 친히 군사를 이끌고 감시했다. 이때 맹손씨 집안이 다시 한 번 계무자에게 장무중이 난을 일으키려고 한다고 보고하자, 계무자는 결국 분노하여 장무중을 공격하라고 명령을 내리고, 장무중은 이웃 나라로 달아나게 된다. 후에 제나라 장공(莊公)이 장무중에게 땅을 주려고 했는데, 장무중은 그의 권세가 오래가지 못할 것임을 간파하고, 일부러 이 일에 얽히지 않으려고 했다. 그래서 장무중은 고의로 "제나라 장공께서는 진(晉)나라가 혼란스러울 때는 공격하고, 평안할 때는 섬기려 하시는군요. 이러한 태도는 마치 낮에는 엎드려 있다가 밤이면 활동하는 쥐 한 마리와도 같습니다."라고 말했다. 화가 난 제나라 장공은 장무중에게 땅을 주지 않는데, 결국 장공은 얼마 가지 못해서 비참한 최후를 맞이하고 그와 관련된 인물들도 모두 숙청되었다.

8. [左傳(좌전)] 〈哀公(애공) 6년〉과 [史記 (사기)] 〈孔子世家(공자세가)〉에 따르면, 공자가 채(蔡)나라에 머문 지 3년이 되는 63세일 때 오(吳)나라가 진(陳)나라를 공격했고, 초나라는 그런 진(陳)나라를 돕기 위해서 군대를 파견하면서 공자를 초빙했다. 공자가 초나라로 가려고 하자 진(陳)나라와 채(蔡)나라 대부들은 그동안 자신이 저질러온 일들이 드러날까 내심 걱정했다. 이에 "공자는 어진 자이고 진나라와 채나라에 머무른 시간이 오래니, 필경 우리의 행위는 그의 뜻에 맞지 않을 것이다. 이제 공자가 초나라에 등용되면 우리가 위험해진다."라고 의논하고는 두려워하여 공자를 포위했고, 이에 공자 일행은 중간에서 식량까지 떨어지는 상황에 봉착했다.

9. [左傳(좌전)] 〈隱公(은공) 1년〉에 의하면, 정(鄭)나라 장공(莊公)은 아버지 무공(武公)을 이어서 임금이 된 인물인데, 어머니 무강(武姜)은 장공을 낳을 때 너무 고생해서, 비록 아들이기는 하지만 장공을 미워했다고 한

다. 그래서 무강은 후에 남편 무공에게 왕위를 차남 공숙단(共叔段)에게 물려주라고 간청했지만 거절당하기도 했다. 결국 장공이 임금이 되자, 어머니 무강은 장공을 닦달하여 동생에게 도읍지를 봉지로 주게 하고는 그곳에서 공숙단과 왕위를 뺏을 음모를 짰는데, 사실 장공은 이미 그 계략을 간파하고 있었지만, 때를 기다리며 내색을 하지 않을 따름이었으니, 당장에 어머니와 동생의 음모를 미리 들춰내면 괜히 자기만 불효자가 될 수도 있기 때문이었다. 따라서 대부 제중(祭仲)이 누차 공숙단의 음모에 대해서 간언을 했을 때에도, 그저 묵묵부답일 뿐이었다. 그리고 마침내 공숙단이 난을 일으키자 장공은 기다렸다는 듯 그를 처단했고, 동생을 부추긴 어머니를 감금하여 황천(黃泉)에 이르기 전에는 결코 다시 보지 않겠다고 맹세했다.

세월이 흘러서 장공은 어머니를 그리워했지만 자신이 한 맹세 때문에 이러지도 저러지도 못한 채 고민의 세월만을 보내고 있었다. 이때 영고숙(穎考叔)이라는 인물이 장공을 찾아가 "샘물이 나오는 땅속이 황천이니, 샘이 나올 때까지 땅을 파서 그곳에 방 하나를 만들어 모친을 만난다면 맹세를 어기는 일이 아닙니다."라고 묘책을 일러줌으로써, 결국 장공은 어머니와 재회하게 되었다.

10. [左傳(좌전)] 〈僖公(희공)〉과 〈莊公(장공) 28년〉에는 다음의 기록이 있다. 진(晉)나라 헌공(獻公)이 여희(驪姬)를 총애했는데, 여희는 자기가 낳은 아들인 해제(亥齊)를 태자로 세우고자 했다. 이에 헌공의 전처가 낳은 아들들을 모함하여 결국 태자이던 신생(申生)은 죽고, 중이(重耳)와 이오(夷吾)는 진나라를 떠나 도망치게 되었다.

11. 최저(崔杼)는 제(齊)나라 대부이다. 자신의 아내와 임금 장공(莊公)

이 사통한다는 사실을 알고는 임금을 시해하고 경공(景公)을 새로운 임금으로 세웠는데, 경공은 오히려 안자(晏子)로 더 유명한 안영(晏嬰)을 총애하여 결국 최저를 제거한다.

12. 제(齊)나라 양공(襄公)은 제나라를 혼란에 몰아넣은 대단히 무도(無道)한 인물이었는데, 심지어 자기 여동생과 사통하는 사이였다. 훗날 여동생이 노(魯)나라 환공(桓公)에게 시집을 갔는데도 이러한 패륜을 멈추지 않다가, 결국에는 환공에게 발각되었다. 하지만 양공은 부끄러워하기는커녕 오히려 환공을 죽이는 등, 제나라를 혼란에 몰아넣었다. 양공의 두 동생인 공자(公子) 규(糾)와 공자 소백(小白)은 각각 노나라와 거(莒)나라로 피신했다가, 양공이 시해당하자 돌아와 왕위를 두고 다투었는데, 이때 관중(管仲)은 공자 규를 그리고 포숙아(鮑叔牙)는 공자 소백을 각각 섬기고 있었다. 한 번은 대부였던 소홀(召忽)이 관중에게 소백을 죽이라고 하자 관중은 소백에게 활을 쏘았는데, 그 활이 허리띠에 맞아서 소백은 목숨을 구할 수 있었다. 결국 소백이 왕권을 잡게 되었으니 그가 바로 제나라 환공(桓公)인데, 이에 공자 규와 소홀은 죽임을 당했고 관중 역시 사형을 당할 처지가 되었다. 하지만 포숙아가 나서서 "임금께서 제나라에 만족하신다면 저 하나로 충분할 것이나, 천하의 패자(覇者)가 되고자 하신다면 관중 외에는 인물이 없을 것입니다."라고 간언했고, 관중은 포숙아 덕분에 제나라 재상이 되어 천하를 호령할 수 있었다. 훗날 관중은 "내가 어려서 가난할 때 포숙아와 함께 장사를 했는데, 내 몫을 더 많이 챙겼다. 하지만 포숙아는 나를 욕심쟁이라고 말하지 않았으니, 내가 더 가난했기 때문이다. 내가 사업을 하다가 실패하였으나, 포숙아는 그런 나를 어리석다고 말하지 않았다. 세상일은 함부로 예측할 수 없었기 때문이다. 내가 세 번 벼슬을 했다가 모두 쫓겨났지만, 포숙아는 그런 나를 무능하다고 말하지 않았다.

내가 시대를 만나지 못했음을 알았기 때문이다. 내가 전쟁터에 나가 세 번 모두 도망쳤지만, 포숙아는 나를 겁쟁이라고 하지 않았다. 내게는 늙으신 어머니가 계셨기 때문이다. 나를 낳은 이는 부모님이지만, 나를 알아준 이는 포숙아다!"라고 말했으니, 이것이 바로 관중과 포숙아의 우정을 표현한 그 유명한 관포지교(管鮑之交)이다.

공자는 주공이 완성한 예악제도와 종법제도로서 이처럼 혼란스러운 춘추시대를 바로잡고자 했다. 하지만 사회 곳곳에 만연했던 이러한 부정부패를 도대체 어디에서부터 손을 대어야 할지조차 알 수 없었으니, 공자는 아마도 주공을 더 이상 볼 수 없다고 한탄함으로써 자신의 삶에 대한 의지의 끈을 놓아버린 것인지도 모르겠다. 그럼에도 불구하고, 공자가 이렇게 혼란스러운 춘추시대를 바로잡기 위해서 한평생 우리에게 설파하고자 한 것은 과연 무엇이었는가?

3. 명(名): 나라를 바로잡는 명분

[논어] 〈子路(자로)〉 편에는 다음과 같은 대화가 기록되어 있다.

13 – 3

子路曰: "衛君待子而爲政, 子將奚先?" 子曰: "必也正名乎!" 子路曰: "有是哉, 子之迂也! 奚其正?" 子曰: "野哉, 由也! 君子於其所不知, 蓋闕如也。名不正, 則言不順; 言不順, 則事不成; 事不成, 則禮樂不興; 禮樂不興, 則刑罰不中; 刑罰不中, 則民無所措手足。故君子, 名之必可言也, 言之必可行也。君子於其言, 無所苟而已矣!"

자로왈: "위군대자이위정, 자장해선?" 자왈: "필야정명호!" 자로왈: "유시재, 자지우야! 해기정?" 자왈: "야재, 유야! 군자어기소부지, 개궐여야. 명부정, 즉언불순; 언불순, 즉사불성; 사불성, 즉예악불흥; 예악불흥, 즉형벌불중; 형벌불중, 즉민무소조수족. 고군자, 명지필가언야, 언지필가행야. 군자어기언, 무소구이이의!"

【미언】 자로가 말하기를: "위나라 임금이 스승님께 정치를 맡기려고 하는데, 스승님께서는 무엇을 먼저 하시렵니까?" 공자가 이르시기를: "반드시 명분을 바로잡아야 한다." 자로가 말하기를: "그렇군요. 스승님께서

는 옳지 않으십니다! 어찌 바로잡을 수 있겠습니까?" 공자가 이르시기를: "투박하구나, 유야! 군자는 모르는 일에는, 모자라는 듯하다. 명분이 바로잡히지 않으면, 곧 말이 순리적이지 않고; 말이 순리적이지 않으면, 곧 일이 이루어지지 않으며; 일이 이루어지지 않으면, 곧 예악이 흥하지 못하고; 예악이 흥하지 않으면, 형벌이 타당하지 못하게 되며; 형벌이 타당하지 못하게 되면, 곧 백성이 어찌해야 할지 모르게 된다. 그러므로 군자는, 명분이 서야 반드시 말이 가능하고, 말이 서야 반드시 행할 수 있다. 군자는 자신이 한 말에, 미봉하지 않을 따름이다."

【대의】 자로가 말하기를: "위나라 임금이 스승께 정치를 맡기려고 하는데, 스승께서는 무엇을 먼저 하시렵니까?" 공자가 이르시기를: "정치를 하기 위해서는 먼저 제도를 바로잡아야 한다." 자로가 말하기를: "제 생각에 스승의 생각은 옳지 않습니다! 제도를 어찌 바로잡을 수 있겠습니까?" 공자가 이르시기를: "투박하구나, 자로야! 군자(도를 배우고 부단히 노력하여 실천하는 올바른 지도자)는 잘 모르는 일에 대해서 판단을 유보한다. 제도가 바로잡히지 않으면, 말과 명령에 그 근거가 없어지므로 설득력을 잃게 되고, 설득력을 잃게 되면 일을 성사시킬 수 없으며, 일을 성사시킬 수 없으면 도의 외형적 형식인 예(禮)와 악(樂)이 바로 서지 못하게 되고, 예(禮)와 악(樂)이 바로 서지 못하면 도의 외형적 형식이 무너지므로 형벌의 권위가 무너지게 되며, 형벌의 권위가 무너지면 백성이 맘대로 날뛰게 된다. 그러므로 군자는 제도를 바로잡고, 그 제도를 근거로 말과 명령을 하여 일을 성사시킨다. 참된 지도자는 이리저리 꾸며대지 않는다."

지도자가 명령을 내리거나 백성을 통제하려 할 때, 반드시 필요한 전제조건이 명분이다. 명분 없이 임의로 명령을 내리거나 통제하려 들면, 백성은 불만을 품고 나아가 원망하게 되며 결국에는 저항하기 마련이다. 따라서 **명**(名)은 다름 아닌 **명령과 통제의 명분이 되는 근거**를 뜻하니, 바로 오늘날의 헌법과 제도를 가리키는 것이다.

[左傳(좌전)] 〈哀公(애공) 6年〉에 따르면, 초(楚)나라 소왕(昭王)이 병이 들어서 점을 쳤는데, 황하(黃河)의 신에게 제사를 지내야 한다고 했다. 하지만 소왕이 거절하자, 대부들이 거듭 교외에서 제사를 지내야 한다고 청했다. 이에 소왕은 "하나라와 은나라 그리고 주나라 삼 대의 천자들께서는 제후들의 제사 범위를 정해주셨으니, 자기 영토를 넘지 않는 범위의 산천(山川)에게만 제사를 지내는 것이다. 그런데 황하는 우리의 영토 밖이니, 내 부덕함을 황하의 신께서 벌 줄 만한 것은 아니다."라고 말했다. 공자는 이 말을 전해 듣고 다음과 같이 평한다.

> 楚昭王知大道矣。其不失國也, 宜哉! 夏書曰: "惟彼陶唐, 帥彼天常, 有此冀方。今失其行, 亂其紀綱, 乃滅而亡。" 又曰: "允出茲, 在茲。" 由己率常, 可矣。
>
> 초나라 소왕은 큰 도를 안다. 그(소왕)가 나라를 잃지 않는 것은, 마땅하다! [하서]에 이르기를: "저 도당(요임금)부터, 이 기 나라가 있었는데, 지금 그 도를 잃고, 그 기강을 어지럽혀, 이에 멸망했다." 또 이르기를: "진실로 이에서 나오니, 이에 있도다." 자기로 말미암아 상(常: 변치 않는 법도)을 따르는 것이, 옳다.

즉 초나라 소왕은 옛 천자들이 세운 제도를 근거로 대부들의 불합리한 요구를 물리칠 수 있었으니, 이것이 바로 공자가 본문에서 "그러므로 군자는, 명분이 서야 반드시 말이 가능하고, 말이 서야 반드시 행할 수 있다."라고 말한 본연의 취지가 되는 것이다.

사리사욕으로 인해 서로가 물고 뜯으며 심지어 신하가 임금을 따르지 않는 혼란스러운 춘추시대를 다스릴 수 있는 유일한 방법은 제도로 통제하는 것이라고 생각했기에, 공자는 예악제도를 바로잡음으로써 절제하고 통제하는 정치를 펴야 한다고 주장했다. 그러한 그가 정치를 함에 있어서 먼저 명(名: 명분)을 바로잡아야 한다고 했으니, 바로 여기서 공자가 말하는 명(名: 명분)은 다름 아닌 제도(制度) 즉 예악제도와 종법제도임을 알 수 있다.

그렇다면 공자는 왜 명분의 중요성을 그토록 강조하는 것일까? 그 명분을 드러내는 것이 바로 이른바 수사(修辭)인 것이다.

4. 수사(修辭): 도리를 드러내어 밝힘

수사(修辭)는 "글을 다듬고 꾸며서 보다 아름답고 정연하게 하는 일. 또는 그런 기술"이라는 사전적 의미를 지니고 있다. 이는 수사가 문채(文彩: figure)의 분류 기준이 됨을 뜻하므로, 사실상 수사의 범위를 문법학적으로 제한함을 뜻한다. 그런데 공자는 [논어] 〈公冶長(공야장)〉과 〈衛靈公(위령공)〉편에서 다음과 같이 언급한 바 있다.

5 – 4

或曰: "雍也, 仁而不佞。" 子曰: "焉用佞? 禦人以口給, 屢憎於人, 不知其仁, 焉用佞?"

혹왈: "옹야, 인이불영." 자왈: "언용영? 어인이구급, 누증어인, 부지기인, 언용영?"

【미언】 어떤 사람이 말하기를: "옹은 어질지만 말재주가 없습니다." 공자가 이르시기를: "어찌 말재주를 쓰겠는가? 사람을 대함에 말솜씨로 하면, 자주 사람에게 미움을 사니, 그가 어진지는 모르겠지만, 어찌 말재주를 쓰겠는가?"

【대의】 어떤 사람이 말하기를: "중궁은 어질어서 자기의 군주를 진심으로 섬기고 따르지만, 말재주는 없습니다." 공자가 이르시기를: "어찌 말재주를 사람을 판단하는 기준으로 삼겠는가? 사람을 대함에 말솜씨로 하면, 다른 사람에게 자주 미움을 사는 법이다. 중궁이 어질어서 나아가 군주를 진심으로 섬기고 따르는지는 아직 검증된 바가 없기 때문에 함부로 단정 지을 수 없지만, 어찌 말재주를 사람을 판단하는 기준으로 삼겠는가?"

15 – 41

子曰: "辭達而已矣。"

자왈: "사달이이의."

【미언】 공자가 이르시기를 "말은 전달하면 그뿐이다."

【대의】 공자가 이르시기를 "말은 상대방에게 자기의 의사를 정확하게 표현하는 수단일 뿐, 화려한 말솜씨로 사람을 대하면 오히려 미움을 산다."

이는 문채에 입각한 화려한 언변이 오히려 화자(話者)의 뜻을 오롯이 전달하는 데 방해가 되는 요소가 됨을 뜻한다. 특히 이와 관련하여 공자는 아래의 [논어] 〈憲問(헌문)〉 편의 기록들과 같이 '사(辭: 말)'이라는 것은 함부로(또는 많이) 해서는 안 된다고 강조하고 있으니, 간접적으로나마 수사의 기능을 부정적으로 인식한 것으로 받아들일 수 있다.

14 – 20

子曰: "其言之不怍, 則爲之也難。"

자왈: "기언지불작, 즉위지야난!"

【미언】 공자가 이르시기를: "말하는 것을 부끄러워하지 않으면, 곧 행하기 어렵다."

【대의】 공자가 이르시기를 "지도자가 갖춰야 할 도의 구성요소 중 하나가 불언(不言) 즉 말을 신중하게 하는 것이다. 말이란 일단 한 번 내뱉으면 반드시 실천해야 하니, 말을 함부로 내뱉으면 그것을 모두 실천하기가 사실상 어렵다."

14 – 28

子曰: "君子恥其言而過其行。"

자왈: "군자치기언이과기행."

【미언】 공자가 이르시기를: "군자는 말하는 것이 실천하는 것보다 지나침을 부끄러워한다."

【대의】 공자가 이르시기를 "참된 지도자인 군자는 일단 말을 내뱉으면 반드시 실천해야 한다는 도리를 알고 있으므로, 말보다 직접 행동으로 실천하는 것을 오히려 더 중시한다."

이를 근거로 공자의 수사에 대한 견해를 압축해보면, 공자는 수사에 대해서 대단히 부정적인 태도를 취했고 나아가 언어적인 측면보다 실천의 측면을 더욱 강조했으므로, 동양에 있어서의 사(辭: 말씀, 언변)는 사전적 의미로서의 수사 개념에 전면적으로 대치된다고 볼 수 있을 것이다.

그런데 [左傳(좌전)] 〈襄公(양공) 25년〉에는 다음과 같은 기록이 있다. 진(陳)나라가 초(楚)나라에 기대어 정(鄭)나라를 공격했다. 이에 정나라는 강대국인 진(晉)나라로 가서 진(陳)나라를 공격하겠다고 보고했지만, 허락을 받지 못했다. 하지만 정나라 백성이 노하여 결국 진(陳)나라의 항복을 받아내 전리품을 받아냈고 이를 진(晉)나라에 바치려 하자, 진(晉)나라 대부 사장백(士莊伯)은 오히려 어찌 작은 나라를 침략한 것이냐고 계속 트집을 잡으며 물었다. 이에 자산(子産)은 "자고로 천자의 나라는 사방이 천리이고, 제후의 나라는 사방 백 리, 그 아래는 더 작습니다. 지금 큰 나라는 그 면적이 사방 몇 천리나 되는데, 만약 큰 나라가 작은 나라를 침략하지 않았다면 어떻게 큰 나라가 되었겠습니까?"라고 대답했다. 사장백은 또 트집을 잡기 위해서 왜 군복을 입고 있었냐고 묻자, 자산은 "과거 진(晉)나라 문공(文公)께서는 우리 정나라 문공(文公)에게 명하시어 군복을 입고 천자를 돕도록 했고 또 초(楚)나라의 전리품을 천자께 드리게 했으니, 저는 천자의 명을 받들고 있는 것입니다."라고 대답했다. 결국 사장백은 더 이상 할 말이 없어 그대로 조문자(趙文子)에게 보고하게 되고, 조문자는 자산의 말이 이치에 부합된다며 수긍했다.

그리고 공자는 이 일에 대해서 다음과 같이 말함으로써, 오히려 언어적 표현의 중요성을 앞세워서 자산(子産)을 옹호하고 있다.

仲尼曰: "志有之。言以足志, 文[1]以足言。不言, 誰知其志? 言之

1 그간의 문(文)에 대한 해석은 대부분 '채색하다, 수식하다'라는 뜻을 지닌 문(紋)과 동일시되어 이루어졌다. 하지만 문(文)은 다름 아닌 '문장(文章)'을 뜻하니, 이는 [詩經(시경)]이나 [書經(서

無文, 行而不遠。晉爲伯, 鄭入陳, 非文辭不爲功。愼辭哉!"

중니가 이르기를: "〈지(志)〉에 그것(그러한 말이) 있다. 말은 뜻을 충족시키고, 도리가 적혀있는 문장은 말을 충족시킨다. 말하지 않으면, 누가 그 뜻을 알겠는가? 말에 도리가 적혀있는 문장이 담겨있지 않으면, 가도 멀지 못하다(멀리 이를 수 없다). 진(晉)나라는 패주이고, 정나라는 진(陳)나라로 진격했는데, 도리가 적혀있는 문장과 말이 아니면 공로가 될 수 없었으니, 말을 함에 신중할 것이다!"

여기서 공자는 오히려 말을 하지 않으면 그 뜻을 드러내지 못한다고 강조하며, 언어표현의 중요성을 부각시키고 있는 것이다.

수사학(修辭學)에 있어서 '수사(修辭)'라는 표현은 [周易(주역)][2]에 기인하는데, [주역] 〈乾卦(건괘)〉편 九三(구삼)에 다음과 같은 구절이 있다.

君子終日乾乾, 夕惕若, 厲無咎。

군자는 종일 의지하지 않아서, 저녁에도 두려워 하니, 위태로워도 재앙이 없다.

여기서 건(乾)은 사전적 의미로 '의지하지 않다'는 뜻을 지니고 있으므로 "자신이 정치를 잘하고 있다고 자부하지 않다"로 해석해야 하는데, 이와 관련하여서는 [논어] 〈子罕(자한)〉편의 다음 구절을 살펴보면 보다 명확하게 이해할 수 있다.

경)] 등의 전적(典籍)들을 총괄하는 단어임에 유의해야 한다. 이에 대해서는 [논어]의 다음 구절을 보면, 쉬이 이해할 수 있다. 7-32: 子曰: "文, 莫吾猶人也。躬行君子, 則吾未之有得." 공자가 이르시기를: "문(文)은, 내가 다른 사람과 비슷할 것이다. 군자의 도를 몸소 행하는 것은, 곧 내가 아직 이르지 못했다."

2 [周易(주역)]은 유가사상을 존숭하는 이들에게 있어서 13經(경)의 하나이기 때문에 [易經(역경)]이라고도 불린다.

9 – 23

子曰: "法語之言, 能無從乎? 改之爲貴。巽與之言, 能無說乎? 繹之爲貴。說而不繹, 從而不改, 吾末如之何也已矣!"

자왈: "법어지언, 능무종호? 개지위귀, 손여지언, 능무열호? 역지위귀, 열이불역, 종이불개, 오말여지하야이의!"

【미언】 공자가 이르시기를: "바르게 깨우쳐 주는 말은, 따르지 않을 수 있겠는가? (하지만 허물을) 고치는 것이 귀한 것이다. 남의 마음을 거스르지 않는 온화한 말은, 기쁘지 않을 수 있겠는가? (하지만 핵심을) 끌어내는 것이 귀한 것이다. 기뻐하되 (핵심을) 끌어내지 못하고, 따르되 (허물을) 고치지 않으면, 내가 결국 어찌해야 하나!"

【대의】 공자가 이르시기를: "아무리 훌륭한 말이라고 할지라도 자기의 허물을 먼저 고치지 않으면, 지도자로서 그 훌륭한 말을 실천할 수 없게 된다. 신하는 심기를 건드리지 않기 위해서 완곡하게 아뢰지만 지도자가 그 숨겨진 참된 뜻을 발견하지 못하면, 그것은 지도자에게 하는 아부에 불과할 뿐이다. 그러므로 신하는 심기를 건드리지 않고 완곡하게 아뢰면서도 핵심을 드러내며, 지도자는 자기의 허물을 찾아내 고치는 것이 매우 중요한 것이다. '어찌하나, 어찌하나?'라고 말하여 항상 신중하지 않는 지도자는, 정말이지 내가 어찌할 도리가 없다. 따라서 지도자는 자기 자신이 잘하고 있다고 자부하지 말고, 신중하게 판단하여 잘못된 점이 없는가를 찾아내 고치는 것이 중요하다."

그리고 이러한 경(經)의 내용에 대해서, 해설서인 전(傳)의 성격을 지니고 있는 [文言(문언)]에서는 다음과 같이 서술하고 있다.

九三: 君子終日乾乾, 夕惕若, 厲無咎。何謂也? 子曰: "君子進德修業忠信, 所以進德也; 修辭立其誠, 所以居業也。知至至之, 可與幾也; 知終終之; 可與存義也。是故居上位而不驕, 在下位而不憂。故乾乾, 因其時而惕, 雖危無咎矣。"

九三爻(구삼효)에 이르기를: "군자는 종일 의지하지 않고, 저녁에도 두려워 하니, 위태로워도 재앙이 없다." 이는 어떤 것을 이르는가? 공자가 이르시기를: "군자는 덕에 정진하고 공적을 쌓음에 정성스럽고도 성실하기에, 그러므로 덕에 정진하게 되고; 말을 닦음에 그 성실함을 세우기에, 그러므로 공적에 머무르게 된다. 힘쓰는 것을 알아서 그것에 힘쓰니, 가히 좇아서 살필 수 있고; 이루는 것을 알아서 그것을 이루니, 가히 좇아서 의로움을 보존할 수 있다. 이러한 고로 윗자리에 처해도 교만하지 않고, 아랫자리에 있어도 근심하지 않는다. 고로 의지하지 않고, 그때를 맞춤에 말미암아 두려워하니, 비록 위태롭더라도 재앙이 없는 것이다."

상술한 내용을 보다 구체적으로 풀어쓰면, 다음과 같이 풀어쓸 수 있다. "군자는 하루 종일 자신이 나라를 잘 다스리고 있다는 생각에 빠지지 않고, 늦은 저녁시간에 이르러도 자신이 나라를 잘 다스리지 못한다고 두려워하여 변치 않고 항상 삼가여 행하니, 설령 위태로운 지경에 이르러도 결코 재앙이 닥치지 않는다"고 하였으니, 이는 무엇을 뜻하는 것인가? 공자께서 말씀하시기를: "군자는 덕을 닦는 데 정진하고 나라와 백성을 위해서 공적을 세움에 있어서 충후하고도 믿음을 보이기 때문에 덕을 닦는 데 정진하게 되고, 또한 말을 내뱉음에 있어서 함부로 하지 않고 신중을 기하는 성실함을 보이기 때문에 나라와 백성을 위한 공적을 세울 수 있는 것이다. 군자는 나라의 지도자로서 모든 힘을 다해야 함을 알기에 진력을 다하여 행하므로, 이에 도를 따름으로써 자세히 살펴보아 작은 징조까지도 사전에 인지할 수 있는 것이고, 나라의 지도자로서 임무를 완성해야 함을 알기에 반드시 그것을 완성하므로, 이에 도를 따름으로써 자신이 처한 신분에서 마땅히 해야 할 일을 목숨을 걸고 지키는 의로움을 온전하게 지킬 수 있는 것이다. 이러한 까닭에 설혹 지위가 높은 자리에 있어도 교만해 하지 않고, 설혹 지위가 낮은 자리에 있어도 애태우거나 우울해하지 않는 것이다. 따라서 자신이 나라를 잘 다스리고 있다는 생각에 빠지지 않고, 자신이 나라를 잘 다스리지 못한다고 두려워하여 변치 않고 항상 삼가여 행하니, 설령 위태로운 지경에 빠지더라도 재앙에 이르지 않게 되는 것이다."

이를 통해서 특히 "말을 닦음에 그 성실함을 세우기에, 그러므로 공적에 머무르게 된다"는 뜻을 지닌 "修辭立其誠, 所以居業也(수사입기성, 소이거업야)"는 "말을 내뱉음에 있어서 함부로 하지 않고 신중을 기하는 성실함을 보이기 때문에 나라와 백성을 위한 공적을 세울 수 있는 것이다"로 풀이되므로, 바로 [논어] 〈爲政(위정)〉편의 다음 기록과 일맥상통하게 된다.

2 – 13

子貢問君子。子曰: "先行其言, 而後從之。"

자공문군자. 자왈: "선행기언, 이후종지."

【미언】 자공이 군자에 대해 물었다. 공자가 이르시기를: "먼저 그 말하려는 바를 행하고, 그러한 후에 (말이) 그것(행한 바)을 따르는 것이다."

【대의】 자공이 군자(도를 배우고 부단히 노력하여 실천하는 올바른 지도자)에 대해 물었다. 공자가 이르시기를: "먼저 말을 하고 그것을 실천하면 백성이 그다지 그를 중시하지 않지만, 먼저 행동으로 보이고 그것을 말하면 백성이 그를 믿고 따르며 나아가 진심으로 섬기게 된다."

이와 관련하여서는, 다음의 기록을 함께 연계하여 이해할 수 있다.

> 子曰: "言從而行之, 則言不可飾也。行從而言之, 則行不可飾也。故君子寡言而行以成其信, 則民不得大其美而小其惡。"
>
> 공자가 이르시기를: "말을 하고 나아가 그것(말한 것)을 행하면, 곧 말한 것은 아름답게 수식될 수 없다. 행하고 나아가 그것(행한 것)을 말하면, 곧 행한 것은 거짓으로 꾸며질 수 없다. 따라서 군자가 말을 적게 하고 행함으로써 그 믿음을 이루면, 곧 백성은 부득이하게 그 좋은 일을 중히 여기고 그 악한 일을 가볍게 여기게 된다. [禮記(예기)] 〈緇衣(치의)〉

이는 다시 말해서 먼저 말을 하고 그 말한 바를 실천하면 백성이 그다지 중시하지 않지만, 먼저 행동으로 보이고 그 행한 바를 말하면 백성이 믿고 따르며 나아가 진심으로 섬기게 된다는 뜻이 되는 것이다.

따라서 수사학의 근간이라고 할 수 있는 "修辭立其誠(수사입기성)"이란 구절은 군자(君子)가 말을 닦음에 그 성실함을 세운다는 것이니, 결국 다름 아닌 지도자가 말을 내뱉음에 있어서 함부로 하지 않고 신중을 기하는 성실함이 된다. 바꿔 이야기해서, '수사'는 바로 군자 즉 지도자의 성(誠)과 직결되는 개념이 되는 것이다.

그렇다면 성(誠)이란 무엇인가? 허신(許愼)은 자신의 저서인 [說文解字(설문해자)]에서 다음과 같이 해설하고 있다.

誠, 信也。從言, 成聲。

성이란, 신이다. 言(말씀 언)을 따르고, 成(이룰 성)은 소리이다.

이는 성(誠) 즉 정성이란 신(信)과 같은 뜻이고, 언(言)에서 뜻을 가져왔으며, 성(成)에서 소리를 가져온 형성(形聲)문자라는 의미를 지닌다. 따라서 **성(誠)은 말한 바를 반드시 이루도록 정성을 다하는 것**이 된다. 그렇다면 이어서 허신의 신(信)에 대한 개념도 역시 이해할 필요가 있다.

信, 誠也。從人, 從言, 會意。

신이란, 성이다. 人(사람 인)을 따르고, 言(말씀 언)을 따르니, 회의문자이다.

신(信) 즉 믿음은 인(人)과 언(言)이 합쳐져서 새로운 의미를 만들어내는 회의(會意)문자이니, **신(信)**이란 다름 아닌 **사람이 입 밖으로 내뱉은 말**이 된다. 따라서 사람이 일단 내뱉은 말은 반드시 지켜야 하는 것이므로, **다름 아닌 사람이 내뱉은 말 그 자체가 믿음이 되는 것**이다. 또한 신(信)은 성(誠)과 같은 뜻이 되는데, 주지하다시피 형성(形聲)문자에 있어서 소리를 담당하는 부분은 때론 의미도 함께 부여하고 있다. 그러므로 성(誠) 즉 정성이란 언(言)을 성(成)하는 것이 바로 정성을 다하는 것이 된다. 즉 중국 나아가 동양에 있어서의 수사란 정성을 다하여 함부로 말을 내뱉지 않음으로써 자신이 한 발언을 반드시 실천하는 것임을 알 수 있다.

이제 수사학의 근간이 되는 성(誠) 및 신(信)과 관련하여, 다음 [논어] 〈公冶長(공야장)〉과 〈爲政(위정)〉편의 기록들을 살펴보기로 하자.

5 – 9

宰予晝寢。子曰: “朽木, 不可雕也; 糞土之墻, 不可杇也。於予與何誅?” 子曰: “始吾於人也, 聽其言而信其行。今吾於人也, 聽其言而觀其行。於予與改是。”

재여주침. 자왈: “후목, 불가조야; 분토지장, 불가오야. 어여여하주?” 자왈: “시오어인야, 청기언이신기행. 금오어인야, 청기언이관기행. 어여여개시.”

【미언】 재여가 낮잠을 잤다. 공자가 이르시기를: “썩은 나무는 조각할 수 없고; 썩은 흙의 담장은 흙손질을 할 수 없다. 여에게 어떠한 벌을 주겠는가?” 공자가 이르시기를: “당초에 나는 다른 사람에게 있어, 그 말을 들으면 그 행실을 믿었다. 이제 나는 다른 사람에게 있어, 그 말을 듣고 그 행실을 본다. 여로부터 좇아서 이를 고치게 된 것이다.”

【대의】 재아가 낮잠을 잤다. 공자가 이르시기를: “나는 부단히 노력해야 함과 신뢰를 강조했는데, 그러한 본바탕이 바르지 않으면 더 이상 나아갈 수 없다. 기본이 갖춰지지 못하면 인재가 되어 정치에 참여할 수 없으니, 재아에게 벌을 준들 무슨 소용이 있겠는가?” 공자가 또 이르시기를: “당초에 나는 다른 사람이 말을 하면 반드시 그가 그대로 실천할 것이라고 믿어왔다. 그 이유는 믿음(信)과 성실함(誠)이 본디 사람이 말하는 것은 모두 믿을 수 있다는 뜻에서 유래했기 때문이다. 하지만 이제 나는 사람이 말을 하면 그가 실천하는지를 반드시 확인하는 데, 바로 재아가 나에게 불신감을 주었기 때문이다.”

이는 기본 바탕이 바르지 않으면, 더 이상 나아갈 수 없음을 표현한 말이다. 다시 말해서, 기본이 갖춰지지 못하면 인재가 되어 정치에 참여할 수 없다는 뜻이 되므로, 부단히 노력해야 함과 신뢰를 강조한 것으로 볼 수 있다. 여기서 공자는 재여 즉 재아의 모습을 빌어서 신(信)과 성(誠)을 부각시키고 있으니, **신(信)과 성(誠)**이란 본디 **사람이 말하는 것은 모두 믿을 수 있다는 뜻**에서 유래한 것임에 유의해야 한다.

2 – 22

子曰: "人而無信, 不知其可也。大車無輗, 小車無軏, 其何以行之哉?"

자왈: "인이무신, 부지기가야. 대차무예, 소차무월, 기하이행지재?"

【미언】 공자가 이르시기를: "사람이 신의가 없으면, 옳은 것을 알지 못한다. 큰 수레에 끌채 끝 쐐기가 없고, 작은 수레에 끌채 끝 쐐기가 없으면, 어떻게 그것이 갈 수 있겠는가?"

【대의】 공자가 이르시기를: "사람에게 신뢰(내뱉은 말은 반드시 지키는 성실함)가 없으면, 어떤 것이 옳은 것인지를 깨닫지 못한다. 신뢰는 수레의 끌채 끝 쐐기와 같고 사람은 수레와도 같으니, 수레에 끌채 끝 쐐기가 없으면 끌채가 고정되지 못해서 수레가 앞으로 갈 수 없듯이, 사람도 신뢰(내뱉은 말은 반드시 지키는 성실함)가 없으면 사회에 나아가 정치에 참여할 수 없는 것이다."

공자는 '신의'를 '수레의 끌채 끝 쐐기'로 표현하고 '사람'을 '수레'로 비유했으니, 이는 바로 대유법을 써서 비유한 것이다. 아울러 사람으로서 마땅히 갖춰야 할 자질 중 하나가 바로 신(信: 신뢰, 믿음)임을 알 수 있으니, 다시 한 번 신(信)의 제자원리를 상기할 필요가 있다.

수사라는 단어를 직역하면, "말을 닦는다"로 풀이된다. 따라서 그간 수사는 마치 화려한 언변을 강조하는 대명사인 것처럼 인지되어 왔고, 근대의 동양 특히 일본에서는 심지어 배척의 대상이 되어버리기까지 했다. 하지만 상술한 내용을 통해서 수사는 형식적인 언변을 중시하는 데 그 핵심이 있는 것이 아니라, 예로부터 내려오는 전통적인 선(善)의 원칙을 드러내어 밝히는, 즉 양심 발현의 구심점이 되는 것임을 알 수 있는 것이다. 그런데 선(善)과 덕(德)은 그동안 혼용되어 쓰여 왔고, 덕(德)을 행하게 되면 곧 도(道)에 이르게 되므로, 사실상 수사학이란 도(道)와 대단히 밀접한 관련을 지닌 학문이라고 지칭할 수도 있겠다.

이제 상술한 수사 개념을 바탕으로 하여, 공자에게 있어서 선(善)의 원칙을 드러내어 밝히는 수사는 과연 어떠한 형태로 활용되었는지, [논어]의 사례들을 그 예로 들어 설명해보기로 하자.

첫 번째, 동양에서 전통적으로 행해진 전형적 수사의 상황으로, 지위가 낮은 신하가 상관 혹은 임금에게 선(善)의 원칙을 설명하고 나아가 설득하고자 한 경우이다. 이와 관련하여 [논어] 〈顔淵(안연)〉 편의 다음 기록을 살펴보자.

12 – 19

季康子問政於孔子曰: "如殺無道, 以就有道, 何如?" 孔子對曰: "子爲政, 焉用殺? 子欲善而民善矣。君子之德, 風; 小人之德, 草。草上之風必偃。"

계강자문정어공자왈: "여살무도, 이취유도, 하여?" 공자대왈: "자위정, 언용살? 자욕선이민선의. 군자지덕, 풍; 소인지덕, 초. 초상지풍필언."

【미언】 계강자가 공자에게 정치에 대해 묻기를: "만일 무도한 사람을 죽여, 도가 있도록 이루면 어떻겠소?" 공자가 대답하시기를: "그대는 정치를 함에, 어찌 죽임을 사용하십니까? 그대가 선을 행하고자 하면 백성이 선을 행할 것입니다. 군자의 덕은, 바람이고; 소인의 덕은, 풀입니다. 풀 위에 바람이 불면 반드시 쓰러지는 법입니다."

【대의】 계강자가 공자에게 정치에 대해 묻기를: "만약 강력한 법으로 백성을 통제하고 이를 어기면 엄벌에 처함으로써, 백성이 이에 겁을 먹고 바르게 살 수 있도록 하는 공포정치를 행하면 어떻소?" 공자가 대답하시기를: "그러한 엄격한 법치는 오래갈 수 없으니, 먼저 지도자가 올바른 길을 걸어야 백성 역시 지도자를 믿고 따르게 됩니다. 따라서 지도자가 바람이라면, 백성은 그 바람이 부는 방향에 따라 기울어지는 풀인 민초인 것입니다."

여기서 왜 백성을 민초(民草)라고 부르는지 이해할 수 있다. 계강자가 강력한 법으로 백성을 통제하고 이를 어기면 엄벌에 처함으로써, 백성이 이에 겁을 먹고 바르게 살 수 있도록 하는 공포정치를 행하면 어떤지 묻자, 공자는 그러한 엄격한 법치를 반대했으니, 지도자를 바람으로 그리고 백성을 풀에 비유함으로써 먼저 지도자가 올바른 길을 걸어야 백성 역시 지도자를 믿고 따르게 된다고 말하고 있다. 즉 이는 윗물이 맑아야 아랫물이 맑게 된다는 이른바 솔선수범(率先垂範)인 것이다. 이제 이와 관련하여 다음의 기록들을 살펴보면, 솔선수범의 정치란 과연 어떤 것인지 명확하게 알 수 있을 것이다.

堯舜帥天下以仁, 而民從之; 桀紂帥天下以暴, 而民從之。其所令反其所好, 而民不從。

요순이 세상을 거느림에 인으로 하니, 백성이 따르고; 걸주가 세상을 거느림에 포악함으로 하니, 백성이 따랐다. 명령하는 바가 좋아하는 바에 반하면, 백성이 따르지 않는다. [禮記(예기)] 〈大學(대학)〉

子曰: "下之事上也, 不從其所令, 從其所行。上好是物, 下必有甚者矣。故上之所好惡, 不可不愼也。是民之表也。"

공자가 이르시기를: "아랫사람이 윗사람을 섬기는 것은, 그 명령을 따르는 것이 아니라, 그 행한 바를 따르는 것이다. 윗사람이 옳은 일을 좋아하면, 아랫사람은 반드시 (그보다) 심한 이가 있게 된다. 따라서 윗사람의 좋아하거나 미워하는 바는 삼가지 않을 수 없다. 이것이 백성의 모범이다." [禮記(예기)] 〈緇衣(치의)〉

子曰: "上好仁, 則下之爲仁爭先人。故長民者章志貞敎尊仁, 以子愛百姓, 民致行己, 以說其上矣。"

공자가 이르시기를: "윗사람이 어짊을 좋아하면, 곧 아랫사람의 어짊을 행함이 남보다 앞서려고 다투게 된다. 따라서 백성의 우두머리인 자는 뜻을 밝히고 가르침을 바르게 하며 어짊을 공경하여, 자식으로서

(자식처럼) 백성을 사랑하면, 백성은 면밀하게 자기를 살피게 되어, 그럼으로써 그 윗사람을 기쁘게 한다."

[禮記(예기)] 〈緇衣(치의)〉

子曰: "有國者章善癉惡, 以示民厚, 則民情不貳。"

"국가를 가진 이가 선함을 밝히고 악함을 노여워하여, 그럼으로써 백성에게 정성스러움을 보이면, 곧 백성의 진심이 둘이 되지 않는다."

[禮記(예기)] 〈緇衣(치의)〉

이러한 솔선수범의 정치를 주장하는 공자의 일관된 모습은 말에서도 드러나고 있으니, 다음 [논어] 〈子路(자로)〉 편의 내용과 함께 연계하여 이해할 수 있다.

13 – 6

子曰: "其身正, 不令而行; 其身不正, 雖令不從。"

자왈: "기신정, 불령이행; 기신부정, 수령불종."

【미언】 공자가 이르시기를: "그 몸이 바르면, 명령하지 않아도 행하고; 그 몸이 바르지 않으면, 비록 명령을 내려도 따르지 않는다."

【대의】 공자가 이르시기를: "지도자가 먼저 솔선수범하여 바르게 행동하면, 백성은 그리하라고 명령하지 않아도 감화되어서 스스로 올바르게 행동한다. 반면에 지도자가 바르게 행동하지 않으면, 아무리 명령을 내려도 따르지 않는다."

두 번째, 아랫사람이 윗사람에게 선(善)의 원칙을 설명하고 나아가 설득하는 상황이 아니라, 피차 동등한 상황에서의 완곡한 거절이나 반박을 하고자 한 경우이다. 아래에 제시하는 [논어] 〈八佾(팔일)〉 편의 왕손가(王孫賈)와 공자의 대화는 언뜻 보기에는 마치 위나라 대부와 일반인 즉 윗사람과 아랫사람의 대화이고 나아가 아랫사람인 공자가 윗사람인 왕손가에게 도리를 이해시키고 설득시키는 상황 같지만, 보다 정확하게 이야기해서 왕손가는 위나라 사람이고 공자는 노나라 사람으로 신분상 고하관계에 있다고 하기보다는 평등관계에 있다고 할 수 있을 것이다.

3 – 13

王孫賈問曰: "'與其媚於奧, 寧媚於竈。' 何謂也?" 子曰: "不然。獲罪於天, 無所禱也。"

왕손가문왈: "'여기미어오, 영미어조.' 하위야?" 자왈: "불연. 획죄어천, 무소도야."

【미언】 왕손가가 묻기를: "'아랫목 신을 따르느니, 차라리 부뚜막 신을 따른다.'라고 하니, 어떤 것을 일컫는 것이요?" 공자가 이르시기를: "그렇지 않습니다. 하늘에 죄를 지으면, 빌 곳이 없게 됩니다."

【대의】 왕손가가 묻기를: "'여름에 제사를 지낼 때, 부뚜막 신에게 먼저 제사를 지내고 난 후에야 서남쪽 모퉁이의 아랫목 신에게 제사를 지내오. 이는 비록 아랫목 신이 높지만 결국 제사의 주인이 아니고, 부뚜막 신이 비록 낮지만 결국 제사의 주인이라는 뜻이 아니겠소? 그러므로 아랫목 신을 따르느니, 차라리 부뚜막 신을 따른다.'라고 했으니, 위(衛)나라 영공(靈公)보다 실제 군대통솔권을 지닌 내가 진정한 위나라의 권력자가 아

니겠소?" 공자가 이르시기를: "그렇지 않습니다. 하늘이 정해진 상하서열 체계를 깨서 신하가 임금의 권력을 능가하게 되면, 하늘이 용서하지 않을 것입니다."

왕손가는 위(衛)나라 대부(大夫)이다. [左傳(좌전)] 〈定公(정공) 8년〉에 따르면, 위나라 영공(靈公)이 진(晉)나라와 맹약을 맺을 때 치욕을 당하고 이에 앙심을 품자, 왕손가가 꾀를 써서 영공이 진나라를 배신할 것을 독촉한다. 결국 왕손가는 남자(南子)에 빠져 정치에 관심이 없던 영공의 신임을 받게 되고, 군대를 맡는 권신(權臣)이 되기에 이르렀다.

이제 상술한 구절을 구체적으로 풀이하면 다음과 같다. 당시의 예(禮)에 따르면, 여름에 제사를 지낼 때 부뚜막 신에게 먼저 제사를 지내고 난 후에야 서남쪽 모퉁이의 아랫목 신에게 제사를 지냈다. 이에 왕손가는 이러한 예(禮)가 비록 아랫목 신이 높지만 결국 제사의 주인이 아니고, 부뚜막 신이 비록 낮지만 결국 제사의 주인이라는 뜻이 아니겠냐고 본 것이다. 따라서 왕손가는 본문을 통해서 실제로는 영공보다 더 큰 전권을 휘두르는 자기를 따르는 것이 낫지 않느냐며 넌지시 공자를 떠본 것이다. 이에 공자는 하늘이 정해준 상하의 서열체계를 깨면 큰 화를 입게 된다면서, 왕손가의 잘못된 생각을 일깨우고자 하였다.

세 번째, 아랫사람이 윗사람에게 선(善)의 원칙을 설명하고 나아가 설득하는 상황이 아니라, 오히려 윗사람인 스승이 아랫사람인 제자에게 일러주어 깨달음을 주고자 한 경우이다. 이와 관련하여서는 아래 [논어] 〈先進(선진)〉편의 기록을 살펴보기로 하자.

11 – 14

子曰: "由之瑟, 奚爲於丘之門?" 門人不敬子路。子曰: "由也, 升堂矣。未入於室也。"

자왈: "유지슬, 해위어구지문?" 문인불경자로. 자왈: "유야, 승당의. 미입어실야."

【미언】 공자가 이르시기를: "유의 거문고를, 어찌 공구의 집안에서 하는가?" 문하생들이 자로를 정중하게 대하지 않았다. 공자가 이르시기를: "유는, 대청에 올랐으나, 아직 방에 들어가지 못한 것이다."

거문고는 음악을 비유적으로 표현한 것인데, 악(樂: 음악)은 엄격한 예(禮)의 형식을 보완하는 또 하나의 부드러운 형식으로, 조화로움을 위한 온유함을 의미한다. 그리고 아래와 같이 역시 〈先進(선진)〉편에서 공자는 자로(子路)의 지나치게 굳건하여 타협을 모르는 성격을 지적한 바 있다.

11 – 12

閔子侍側, 誾誾如也; 子路, 行行如也; 冉有子貢, 侃侃如也。子樂。"若由也, 不得其死然。"

민자시측, 은은여야; 자로, 행행여야; 염유자공, 간간여야. 자락. "약유야, 부득기사연."

【미언】 민자건이 곁에서 모심에, 온화하였고; 자로는 의지가 굳세었으며; 염유와 자공은 안온하였으니, 공자가 즐거워하셨다. (하지만) "자로와 같은 이는, 제 명에 죽지 못할 것이다."라고 하셨다.

【대의】 민자건은 곁에서 공자를 모실 때 온화하였고; 자로는, 의지가 굳세었으며; 염구와 자공은 당당하고도 차분하였으니, 공자는 그들의 이러한 태도를 즐거워하셨다. 하지만 "자로는 그 성품이 지나치게 굳건하여 타협을 모르니, 분명히 제 명에 죽지 못할 것이다."라고 하셨다.

따라서 이 문장의 뜻은 공자의 배양목표인 군자(君子)란 강함과 부드러움을 함께 갖춰야 하는데, 자로는 도(道)의 구성요소인 의(義)와 용(勇)의 강함만을 깨닫고, 그 강함을 보완하는 부드러움의 요소들을 갖추지 못했다고 지적한 것이다. 이에 다른 제자들이 자로의 수준이 떨어진다고 생각하여 무시하자, 공자는 그들의 오해를 막기 위해서 좀 더 구체적으로 설명하고 있다. "자로의 수준이 떨어지는 것이 아니다. 도(道)는 강(强: 강함)과 유(柔: 부드러움)의 조화인데, 자로는 이미 의(義)와 용(勇)의 강함을 갖췄다. 나는 이제 자로에게 그 다음 단계인 부드러움을 갖춰야 참된 도(道)를 깨닫게 된다고 가르친 것이다."

특히 공자는 여기서 강함과 부드러움을 두루 갖춘 온전한 도(道)를 방으로 그리고 바로 전 단계를 대청으로 비유함으로써, 자로의 강함만 추구하고 부드러움은 갖추지 못하는 자세를 완곡하게나마 훈계하고 있음을 알 수 있다.

이렇듯 수사학은 말을 아름답게 수식하여 꾸미는 기능적인 측면을 말하는 것이 아니라, 사람 특히 지도자가 예로부터 내려오는 올바른 가치관인 선(善)을 이해하고 나아가 행할 수 있도록 설득하는 본질의 학문이 됨을 알 수 있다. 따라서 수사는 비단 아랫사람이 윗사람을 이해시키고 설득하는데 활용되었을 뿐 아니라, 동등한 신분으로서의 사람과 사람의 관계 심지어 윗사람이 아랫사람을 가르치는데 있어서도 적극적으로 활용되었음을 확인할 수 있다.

지금까지 상술한 내용을 통해서 수사가 말을 아름답게 수식하여 꾸미는 기능적인 측면을 말하는 것이 아니라는 점에 대해서 살펴보았다. 다음으로는 수사의 오류(誤謬), 다시 말해서 수사가 잘못 인식되어 오도(誤導)된 경우를 살펴보기로 하자. 여기서 언급하고자 하는 '수사의 오류'라 함은, 수사가 그저 말을 유창하게 하고 나아가 아름답게 수식하여 꾸미는 기능적인 측면만을 부각한 경우를 뜻한다. 이제 이와 관련된 [논어] 〈先進(선진)〉편의 기록을 살펴보기로 하자.

11 – 24

子路使子羔爲費宰。子曰: "賊夫人之子。" 子路曰: "有民人焉, 有社稷焉。何必讀書, 然後爲學?" 子曰: "是故, 惡夫佞者。"

자로사자고위비재. 자왈: "적부인지자." 자로왈: "유민인언, 유사직언. 하필독서, 연후위학?" 자왈: "시고, 오부녕자."

【미언】 자로가 자고로 하여금 비 지역의 원님이 되게 했다. 공자가 이르시기를: "저 사람의 자식을 해치는구나." 자로가 말하기를: "백성이 있고, 사직이 있습니다. 어찌 반드시 독서를 하고, 그런 후에야 배운다고 하겠습니까?" 공자가 이르시기를: "이런 이유로, 대저 말 잘하는 이를 미워한다."

사실 공자는 자고에게 고지식한 단점이 있다고 지적한 바 있으니, 먼저 다음의 기록을 이해할 필요가 있다.

11 – 17

柴也, 愚; 參也, 魯; 師也, 辟; 由也, 喭。

시야, 우; 삼야, 노; 사야, 벽; 유야, 언.

【미언】 시는 고지식하고; 삼은 둔하며, 사는 편벽되고; 유는 거칠다.

【대의】 "자고는 고지식하고, 증자는 민첩하지 못하고 둔하며, 자장은 한쪽으로 치우쳐 객관적이지 못하고, 자로는 굳세기만 하여 다듬어지지 않았다."

공자는 자고가 아직 정치를 하기에 부족한 점이 많다고 생각한 것인데, 자로는 오히려 나랏일을 하면서도 배울 수 있다는 그럴싸한 논리로 설득하자, 공자가 이에 자로를 꾸짖은 것이다.

정치는 오직 백성과 나라를 위해서 온 힘을 바치고 또 실수가 없어야 하니, 더욱이 연습이라는 것은 있을 수도 없다. 그러므로 공자는 옛 성현들의 통치이념인 도(道)를 충분히 이해한 후에야 정치를 해야 한다고 설명한 것인데, 자로는 오히려 나랏일을 하면서도 도(道)를 배울 수 있다고 말하니, 이 얼마나 황당한 노릇이겠는가? 말만 그럴 듯하게 꾸며대는 자로를 꾸짖고 있는 것이니, 이는 수사의 정의에 전면적으로 대치되는 것이다. 따라서 공자는 말만 잘하는 이를 미워한다고 하면서 불편한 심기를 그대로 드러내고 있다.

이어서 또 [논어] 〈陽貨(양화)〉 편의 기록을 살펴보자.

17 – 21

宰我問:"三年之喪, 期已久矣。君子, 三年不爲禮, 禮必壞; 三年不爲樂, 樂必崩。舊穀旣沒, 新穀旣升, 鑽燧改火, 期可已矣。" 子曰:"食夫稻, 衣夫錦, 於女安乎?" 曰:"安!" "女安, 則爲之! 夫君子之居喪, 食旨不甘, 聞樂不樂, 居處不安, 故不爲也。今女安, 則爲之!" 宰我出。子曰:"予之不仁也! 子生三年, 然後免於父母之懷。夫三年之喪, 天下之通喪也。予也有三年之愛於其父母乎?"

재아문: "삼년지상, 기이구의. 군자, 삼년불위례, 예필괴; 삼년불위악, 악필붕. 구곡기몰, 신곡기승, 찬수개화, 기가이의." 자왈: "식부도, 의부금, 어여안호?" 왈: "안!" "여안, 즉위지! 부군자지거상, 식지불감, 문악불락, 거처불안, 고불위야. 금여안,즉위지!" 재아출. 자왈: "여지불인야! 자생삼년, 연후면어부모지회. 부삼년지상, 천하지통상야. 여야유삼년지애어기부모호?"

【미언】 재아가 물었다: "삼년상은 기간이 깁니다. 군자가 삼 년 동안 예를 시행하지 않으면, 예가 반드시 무너지고; 삼 년 동안 음악을 하지 않으면, 음악이 반드시 무너질 것입니다. 옛 곡식이 벌써 없어지고, 새 곡식이 이미 익으며, 부싯돌을 끌어 불을 고치니, 일 년이면 될 것입니다." 공자가 이르시기를: "흰 쌀밥을 먹고, 비단옷을 입는 것이, 너에게 편안하더냐?" (재아가) 말했다: "편안합니다!" 공자가 이르시기를: "네가 편하다면, 곧 그리해라! 무릇 군자가 초상을 지낼 때에는, 맛있는 것을 먹어도 달지 않고, 음악을 들어도 즐겁지 않으며, 거처해도 편안하지 않기 때문에, 그렇게 하지 않는 것이다. 지금 네가 편안하다면, 곧 그렇게 해라!" 재아가 밖으로 나갔다. 공자가 이르시기를: "재아는 어질지 못하구나! 자식이 태어나 삼 년, 그 후에야 부모의 품에서 벗어날 수 있는 것이다. 무릇 삼년상은

세상에서 통하는 상례이다. 재아 역시 그 부모에게서 삼 년의 사랑을 받았을 테지?"

【대의】 재아가 물었다: "삼년상은, 기간이 깁니다. 군자가, 삼 년 동안 예를 시행하지 않으면, 예가 반드시 무너지고; 삼 년 동안 음악을 하지 않으면, 음악이 반드시 무너질 것이니, 부모상을 치르느라 삼년을 보내면, 예악제도를 제대로 행할 수 없게 됩니다. 자고로 옛 곡식이 바닥나면 그 다음 해에 새 곡식이 익게 되고, 철이 바뀌면 그 계절의 나무를 비벼대어 새로이 불을 지피는 법이니, 부모상 역시 일 년이면 될 것입니다." 공자가 이르시기를: "부모상을 당했는데도, 너는 흰 쌀밥을 먹고 비단옷을 입는 편안한 생활을 할 수 있겠느냐?" 재아가 말했다: "편안합니다!" 공자가 이르시기를: "네가 편하다면, 곧 그리해라! 무릇 군자가 초상을 지낼 때에는, 맛있는 것을 먹어도 달지 않고, 음악을 들어도 즐겁지 않으며, 거처해도 편안하지 않기 때문에, 그렇게 하지 않는 것이다. 지금 네가 편안하다면, 곧 그렇게 해라!" 재아가 밖으로 나갔다. 공자가 이르시기를: "재아는 어질지 못하구나! 자식이 태어나면 누구라도 부모의 무릎 안에서 자라는 슬하(膝下)자식 삼 년의 기간을 겪고, 그런 후에야 부모의 품에서 벗어날 수 있는 것이다. 무릇 삼년상은 세상에서 통하는 상례이다. 재아 역시 그 부모에게서 삼 년의 사랑을 받았을 테지?"

공자는 [논어] 〈先進(선진)〉편에서 재아(宰我)의 언변능력을 높이 평가한 바 있으니, 그는 뛰어난 달변가였다.

11－2

子曰:“從我於陳蔡者, 皆不及門也。德行: 顔淵, 閔子騫, 冉伯牛, 仲弓; 言語: 宰我, 子貢; 政事: 冉有, 季路; 文學: 子游, 子夏。”

자왈: “종아어진채자, 개불급문야. 덕행: 안연, 민자건, 염백우, 중궁; 언어: 재아, 자공; 정사: 염유, 계로; 문학: 자유, 자하.”

【미언】 공자가 이르시기를: “진과 채 지역에서 나를 따르던 이들은, 모두 문하생이 아니다. 덕행으로는: 안연, 민자건, 염백우, 중궁이었고; 언어로는: 재아, 자공이었으며; 정치로는: 염유, 계로이고; 문(文)을 배움으로는: 자유, 자하이다.”

【대의】 공자가 이르시기를: “진과 채 지역에서 나를 따르던 이들은, 이제 모두 내 곁을 떠났다. 돌이켜보건데, 덕을 몸소 실천한 이로는: 안회, 민자건, 염백우, 중궁이 있었고; 말재간으로는: 재아, 자공이 탁월했으며; 정치로는: 염구, 자로가 출중한 능력이 있었고; 문(文) 즉 옛 전적에 기록된 옛 성현들의 통치이념과 그 업적을 이해하기로는: 자유, 자하가 뛰어났다.”

하지만 이미 위에서 언급했다시피, 재아는 행동이 말에 미치지 못하는 인물이었다. 그러므로 공자는 재아를 알고 나서는 모든 사람의 말을 믿지는 않게 되었다고 피력한 바 있다. 재아의 언변과 관련하여서는, 또 [논어] 〈八佾(팔일)〉편의 다음 기록을 살펴보기로 하자.

3 – 21

哀公問社於宰我。宰我對曰: “夏后氏以松, 殷人以栢, 周人以栗。” 曰: “使民戰栗。” 子聞之, 曰: “成事不說, 遂事不諫, 旣往不咎。”

애공문사어재아. 재아대왈: “하후씨이송, 은인이백, 주인이율.” 왈: “사민전율.” 자문지, 왈: “성사불설, 수사불간, 기왕불구.”

【미언】 애공이 재아에게 토지신에 대해 물었다. 재아가 대답하기를: “하나라의 시조 우는 소나무를 심었고, 은나라 사람은 잣나무를 심었으며, 주나라 사람은 밤나무를 심었습니다.” (그러고는 계속해서) 말하기를: “(이는) 백성으로 하여금 전율케 함입니다.” 공자가 이를 들으시고 이르시기를: “일이 이루어지면 말하지 않고, 이미 다 이루어진 일은 간하지 않으며, 이미 지나간 일은 책망하지 않는 것이다.”

【대의】 애공이 재아에게 토지신으로 섬기는 나무에 대해 물었다. 재아가 대답하기를: “하나라의 시조 우는 소나무를 심었고, 은나라 사람은 잣나무를 심었으며, 주나라 사람은 밤나무를 심었습니다.” 그러고는 계속해서 말하기를: “이는 밤나무를 뜻하는 율(栗)이 두려움을 뜻하는 율(慄)과 발음이 같기 때문이니, 임금께서는 공포정치를 실행하셔야 합니다.” 공자가 이를 들으시고 이르시기를: “일이 이루어지면 말하지 않고, 이미 다 이루어진 일은 더 이상 말하지 않으며, 이미 지나간 일은 책망하지 않는 것이니, 이제 와서 말을 해도 아무런 소용이 없다. 나는 그저 알지 못하는 것을 아는 척하는 재아가 수치스럽도다.”

재아는 그럴싸한 언변으로 사람들을 곧잘 현혹시켰지만, 사실 그의 말은 도(道)에 위배되거니와 심지어 잘 알지 못하는 것에 대해서도 마치 알고 있는 것처럼 주관적인 억측으로 포장하는 경우들도 비일비재했으니, 공자는 다음과 같이 수사와 달변은 전혀 다른 별개의 성질의 것이라고 강조하고 있다.

11 – 20

子曰: "論篤, 是與, 君子者乎? 色壯者乎?"

자왈: "논독, 시여, 군자자호? 색장자호?"

【미언】 공자가 이르시기를: "논지가 독실하다고, 이에 따르면, 군자인가? 얼굴빛만 장엄한 사람인가?"

공자는 "논리적으로 말만 잘한다고 해서, 도를 배우고 부단히 노력하여 실천하는 올바른 지도자인 군자는 아니다!"라고 말함으로써, 단순히 언어의 표면적 기능만을 강조하는 것을 경계하고 있다. 하지만 공자 역시 자신을 비롯한 소수의 능력만으로는 이미 땅에 떨어진 도(道)를 다시 세우기가 어렵다고 한탄하기까지 하고 있으니, 당시에는 이미 본질적 의미로서의 수사가 아닌 표면적 형식으로서의 달변이 세상에 만연했고, 또 그것이 살아가는 데 있어 하나의 장기(長技)까지 되어버린 것이다. 그러므로 공자는 [논어] 〈雍也(옹야)〉 편에서 이러한 현실을 개탄한 바 있다.

6 - 14

子曰: "不有祝鮀之佞而有宋朝之美, 難乎免於今之世矣。"

자왈: "불유축타지녕이유송조지미, 난호면어금지세의."

【미언】 공자가 이르시기를: "축타의 말재주와 송나라 조의 미려함이 있지 않고서는, 지금의 세상에서 피하기가 어렵다."

【대의】 공자가 이르시기를: "종묘를 관장한 위나라 대부 축타의 아첨과 호색한인 송나라 공자 자조의 잘생긴 외모가 있지 않고서는, 지금의 세상에서 화를 피하기가 어렵다."

축타(祝鮀)는 위(衛)나라 대부인데, 이름이 추(鰌)이고 자(字)가 자어(子魚)이다. 대축(大祝: 땅의 신에 제사지내는 벼슬)을 맡았기 때문에 축타(祝鮀)라고 불렸고, 사추(史鰌) 또는 사어(史魚)라고도 칭한다. [左傳(좌전)] 〈定公(정공) 4년〉에 따르면, 주(周)나라 유문공(劉文公)이 초(楚)나라를 공격할지 여부를 상의하기 위해서, 소릉(召陵)에서 제후들을 소집했다. 위(衛)나라 영공(靈公)은 축타를 장홍(萇弘)에게 보내서 채(蔡)나라가 위나라보다 먼저 삽혈(歃血: 동물의 피를 마시거나 입에 발라서 맹세하는 것)하게 되는지를 묻자, 장홍은 채나라의 시조 채숙(蔡叔)이 위나라의 시조인 강숙(康叔)의 형이므로 먼저 하는 것이 맞는다고 대답했다. 이에 축타는 "오남 채숙이 육남 강숙의 형이기는 하지만, 채숙은 주공을 물러나게 하기 위해서 반란을 주도하다가 실패하여 유배된 인물인 반면 강숙은 반란에 참여하지 않았습니다. 따라서 주나라가 문왕과 무왕의 법도를 회복하려면 나이보다는 덕행을 봐야하지 않겠습니까?"라는 감언이설로 장홍을 기쁘게 했고, 장홍은 유문공에게 축타의 말을 전함으로써 결국 위나라가 채나라보다 먼저 삽혈을 하게 된 것이다. 그러므로 여기서도 공자는 진정한 의미로서의 수사 즉 종법제도에 기인하는 화법이 아닌 형식으로서의 달변을 우회적으로 비판하고 있음을 알 수 있는 것이다.

이상의 내용을 살펴보면, 수사의 본질은 말을 화려하거나 그럴싸하게 꾸며내어 하는 데 있는 것이 아니라, 정성을 다하여 함부로 말을 내뱉지 않음으로써 자신이 한 발언을 반드시 지키는 데 그 핵심 의의가 있음을 알 수 있다.

수사라는 것은 언사(言辭)를 갈고 닦는 것이니, 말로서 선(善)을 행할 것을 독려하는 것이다. 하지만 이러한 수사도 결국에는 본인의 결심과 직접적인 행위의 표출이 수반되지 않고는 그 본연의 목표에 온전히 도달할 수 없다는 이론적 한계를 벗어날 수 없다. 따라서 공자도 이 점을 인지하여 실천이 동반되지 않는 언사(言辭)는 무의미한 것으로 보고 있으니, 실천의 중요성에 대해서 [논어] 〈子罕(자한)〉편에서 다음과 같이 피력하고 있다.

9 - 18

子曰: "譬如爲山, 未成一簣, 止, 吾止也。譬如平地, 雖覆一簣, 進, 吾往也。"

자왈: "비여위산, 미성일궤, 지, 오지야. 비여평지, 수부일궤, 진, 오왕야."

【미언】 공자가 이르시기를: "예를 들어서 산을 만드는데, 삼태기 하나가 갖춰지지 않았는데, 그만두면, 내가 그만두는 것이다. 예를 들어서 땅을 고르게 하는데, 비록 한 삼태기를 덮더라도, 나아가면, 내가 향하는 것이다."

【대의】 공자가 이르시기를: "예를 들어서 산을 만드는 데 있어서, 거의 다 완성되어 흙을 담아 나르는 그릇 하나 분량의 흙이 모자랄 뿐인데도, 거기서 포기하면, 그것은 다름 아닌 내 스스로 그만두는 것이다. 예를 들어서 땅을 고르게 하는데, 비록 흙을 담아 나르는 그릇 하나 분량의 흙을 덮더라도, 끝까지 포기하지 않고 힘써 노력하면, 그것은 다름 아닌 내 스스로 앞을 향하여 매진하는 것이다."

이는 모든 것이 자기의 결심과 노력에 달려있음을 강조한 것으로, 다음의 [논어] 述而(술이)편 구절과 서로 통한다.

7 - 29

子曰: "仁遠乎哉? 我欲仁, 斯仁至矣。"

자왈: "인원호재? 아욕인, 사인지의."

【미언】 공자가 이르시기를: "어짊이 먼가? 내가 어질고자 하면, 이에 어짊이 이르는 것이다."

【대의】 공자가 이르시기를: "어짊(자기의 군주를 진심으로 섬기고 따름)을 행하는 것이 그렇게 어려운 일인가? 그렇지 않다! 어질고자 하는 굳건한 의지와 초지일관하는 상(常)의 자세만 있다면, 틀림없이 그렇게 될 수 있다. 진심어린 마음가짐과 노력을 통해서 군주를 섬기고 따른다면, 춘추시대의 혼란 즉 신하가 임금을 부정하고 심지어 시해하는 사태를 충분히 극복할 수 있는 것이다."

이제 이와 관련하여, 또 다음의 기록을 살펴보자.

"嗚呼! 夙夜, 罔或不勤, 不矜細行, 終累大德。爲山九仞, 功虧一簣。"

"아! 아침저녁으로, 혹시라도 부지런히 힘쓰지 않음이 없어야 하니, 공경하여 세심하게 행하지 않으면, 결국 큰 덕이 더럽혀지오. 아홉 길의 산을 만드는데, 공로가 한 삼태기로 무너지오."

[尙書(상서)] 〈旅獒(여오)〉

오랫동안 준비한 계획이 마지막 단 한 번의 실수 또는 부족함으로 인해서 순식간에 무너질 수 있으니, 이는 주(周)나라 무왕(武王)의 동생인 소공(召公) 석(奭)이 무왕이 주나라를 건국한 후 혹시 자만하여 정치를 등한시할까 염려하여 이른 말이다.

따라서 어찌 보면, 행동의 실천이 없는 수사는 그저 표면적 이론에 불과한 것처럼 보일 수도 있다. 그럼에도 불구하고 수사는 우리에게 선(善)을 행해야 한다는 의무론적 윤리성을 부여하고 있으니, 이제 다음 [논어]의 〈爲政(위정)〉과 〈里仁(이인)〉 그리고 〈先進(선진)〉편의 기록들을 살펴보기로 하자.

2 – 18

子張學干祿。子曰: "多聞闕疑, 愼言其餘, 則寡尤。多見闕殆, 愼行其餘, 則寡悔。言寡尤, 行寡悔, 祿在其中矣。"

자장학간록. 자왈: "다문궐의, 신언기여, 즉과우. 다견궐태, 신행기여, 즉과회. 언과우, 행과회, 녹재기중의."

【미언】 자장이 녹봉을 구하는 것을 배우고자 했다. 공자가 이르시기를: "많이 들어서 의심을 없애고, 그 밖의 것은 신중하게 말하면, 곧 허물이 적어진다. 많이 보아서 의심을 없애고, 그 밖의 것은 신중하게 행하면, 곧 과오가 적어진다. 말에 허물이 적고, 행함에 과오가 적으면, 녹봉은 그 안에 있게 된다."

【대의】 자장이 벼슬을 하여 정치에 간여하는 법을 배우고자 했다. 공자가 이르시기를: "많이 들어서 의심을 없애고, 그 밖의 아직 듣지 못해서 잘 모르는 것은 신중하게 말하면, 곧 실수가 적어진다. 많이 보아서 의심을 없애고, 그 밖의 아직 보지 못해서 잘 모르는 것은 신중하게 행하면, 곧 실수가 적어진다. 말에 실수가 적고, 행함에 실수가 적으면, 자연스럽게 중용을 받아서 정치에 참여할 수 있을 것이다."

4 - 22

子曰: "古者, 言之不出, 恥躬之不逮也。"

자왈: "고자, 언지불출, 치궁지불체야."

【미언】 공자가 이르시기를: "옛 사람이, 말을 내지 않는 것은, 몸이 미치지 못함을 부끄러워한 것이다."

【대의】 공자가 이르시기를: "태평성대를 이끌었던 옛 성현들은 함부로 말을 내뱉지 않았는데, 그 이유는 자칫 내뱉은 말을 이행하지 못하면 오히려 허물이 되기 때문이다. 지도자가 먼저 말을 하고 그것을 실천하면 백성이 그다지 그를 중시하지 않지만, 먼저 행동으로 보이고 그것을 말하면 백성이 그를 믿고 따르며 나아가 진심으로 섬기게 된다. 따라서 나라를 다스리는 지도자는 말보다 행동이 앞서야 하니, 말과 명령에 특히 삼가야 하는 것이다."

11 - 13

魯人爲長府。閔子騫曰: "仍舊貫, 如之何? 何必改作?" 子曰: "夫人不言, 言必有中。"

노인위장부. 민자건왈: "잉구관, 여지하? 하필개작?" 자왈: "부인불언, 언필유중."

【미언】 노나라 사람이 장부라는 창고를 만들었다. 민자건이 말하기를: "옛 것을 그대로 쓰면, 어떠한가? 굳이 고쳐져야 하는가?" 공자가 이르시기를: "이 사람은 말을 하지 않지만, 말을 하면 반드시 정곡을 찌른다."

【대의】 노나라 사람이 장부라는 창고를 다시 만들었다. 민자건이 말하기를: "그대로 써도 되는데 굳이 새로 만듦으로써 나라의 재산을 낭비할 필요가 있겠는가?" 공자가 이르시기를: "민자건은 도의 중요한 구성요소인 불언(不言) 즉 말을 함부로 하지 않는 것을 실천하는 인물인데, 이제 도의 또 다른 구성요소인 검(儉), 즉 검소함을 일깨우고 있으니 참으로 덕을 몸소 실천하는 인물이다."

결국 "수사입기성(修辭立其誠)"의 "말을 닦음에 그 성실함을 세운다"는 말은 수사가 함부로 말하지 않는 신(愼: 신중함)과 서로 불가분의 관계에 놓여있음을 의미할 뿐 아니라, 사실상 신(愼: 신중함)과 동일한 개념이 된다고도 볼 수 있다. 그러므로 수사는 비단 선(善)의 내용을 이해하고 설득시키는 언어적이고도 이론적인 기능만을 지니는 것이 아니라, 그러한 이론적 내용을 실천하지 못하면 선(善)의 이론 자체가 무의미해진다는 행동으로의 촉구까지도 강조하는, 이른바 이론과 실천을 아우르는 종합적이고도 총체적인 강령(綱領)이 된다. 다시 말해서, 수사는 사실 성신(誠信: 성실함과 신뢰)과 직결되는 개념이므로, 그 자체로서 도(道)의 중요한 구성요소 중 하나가 되거니와, 정치와 직결되는 불가분의 관계를 지니며, 나아가 실천으로 나아가기 바로 직전 단계로서의 임무를 수행하고 있는 것이다. 따라서 **수사**는 **군자(君子)가 지켜야 할 본질적인 내용**이 되는 것이니, 그렇다면 과연 군자란 누구를 지칭하는 것일까?

5. 군자(君子): 참된 지도자

[논어]에는 **성인(聖人)**이라는 단어가 총 4차례 출현하고, 그 중에서 공자가 직접 성인에 대해서 언급한 부분은 3차례인 반면, 군자(君子)라는 단어는 총 107차례나 등장한다는 점에 주목할 필요가 있다. 거두절미하고 간략하게 성인의 정의에 대해서 간략하게나마 설명하자면, 이는 **대동사회를 이끌었던 지도자 즉 삼황오제(三皇五帝)**를 지칭한다. 그렇다면 과연 군자는 구체적으로 어떠한 의미를 함축하고, 또한 공자는 어떠한 의도에서 군자에 대해서 집중적으로 언급하고 있는 것일까?

군자를 논하기에 앞서서, 먼저 [논어] 〈述而(술이)〉와 〈子張(자장)〉편에 기록된 다음의 두 구절을 살펴보기로 하자.

7 - 25

子曰: "聖人, 吾不得而見之矣。得見君子者, 斯可矣。"

자왈: "성인, 오부득이현지의. 득현군자자, 사가의."

【미언】 공자가 이르시기를: "성인은, 내가 만나볼 수 없구나. 군자를 만나볼 수 있다면, 그것만으로도 좋겠다."

【대의】 공자가 이르시기를: "대동의 사회를 이끌었던 성인은, 내가 만나볼 수 없구나. 군자를 만나볼 수 있다면, 그것만으로도 좋겠다."

19 - 12

子游曰: "子夏之門人小子, 當灑掃應對進退, 則可矣。抑末也, 本之, 則無, 如之何?" 子夏聞之曰: "噫! 言游過矣。君子之道, 孰先傳焉, 孰後倦焉? 譬諸草木, 區以別矣。君子之道, 焉可誣也? 有始有卒者, 其惟聖人乎?"

자유왈: "자하지문인소자, 당쇄소응대진퇴, 즉가의. 억말야, 본지, 즉무, 여지하?" 자하문지 왈: "희! 언유과의. 군자지도, 숙선전언, 숙후권언? 비저초목, 구이별의. 군자지도, 언가무야? 유시유졸자, 기유성인호?"

【미언】 자유가 말하기를, "자하의 제자들은 물 뿌리고 비로 쓸며 손님을 접대하고 나아가고 물러남을 주관하는 것은, 곧 된다. (하지만) 보잘것없는 일만을 주관하고, 그것을 근거로 삼는 것은 곧 없으니, 어찌하겠는가?" 자하가 듣고 말하기를: "아! (그렇게) 말한 유가 지나치다. 군자의 도는 무엇을 먼저 하여 전하고, 무엇을 뒤로 하여 게을리 하겠는가? 그것을 초목에 비유한다면, 구분하여 나누는 것이다. 군자의 도를, 어찌 왜곡할 수 있겠는가? 시작이 있고 끝이 있는 이는, 오로지 성인일 뿐이겠지?"

【대의】 자유가 말하기를, "자하의 제자들은 물 뿌리고 비로 쓸며 손님을 접대하고 어른 앞으로 나아가고 물러나는 것과 같은 하찮은 일을 주관하는 것은 할 수 있다. 하지만 보잘것없는 일만을 주관하고, 군자의 도를 근거로 삼는 것은 하나도 없으니, 나아가 무엇을 할 수 있겠는가?" 그러

자 자하가 듣고 말하기를: "아! 그렇게 말한 자유가 지나치다. 군자의 도는 무엇을 먼저 하여 전하고, 무엇을 뒤로 하여 게을리 하겠는가? 그것을 초목에 비유한다면, 초목이라는 것은 본래 어우러져 있는 것인데 그것을 억지로 구분하여 경중을 나누는 것이다. 군자의 도를 어찌 왜곡할 수 있겠는가? 처음부터 끝까지 한결같이 하는 이는, 오로지 성인일 뿐이겠지?"

위의 두 기록을 살펴보면 성인과 군자는 분명히 동일한 개념이 아님을 알 수 있을 뿐더러, 나아가 둘 사이에는 일정한 고하(高下)의 차이점이 있음을 알 수 있을 것이다. 그런데 이와 관련하여, 공자는 또 [논어] 〈季氏(계씨)〉편에서 다음과 같이 언급한 바 있다.

16 − 9

孔子曰: "生而知之者, 上也; 學而知之者, 次也; 困而學之, 又其次也。困而不學, 民斯爲下矣!"

공자왈: "생이지지자, 상야; 학이지지자, 차야; 곤이학지, 우기차야. 곤이불학, 민사위하의!"

【미언】 공자가 이르시기를: "태어나서 아는 이는, 상등이고; 배워서 아는 이는, 그 다음이며; 곤란하여 배우는 이는, 또 그 다음이다. 곤란함을 겪는데도 배우지 않으면, 백성이 이에 하등으로 삼는다."

바꿔 말해서, 공자는 누구한테서도 배우지 않았지만 도(道)를 스스로 깨달아 실천한 이는 상등이고, 이러한 상등에 속하는 이들의 도(道)를 배워서 깨닫고 실천한 이는 그 다음이라고 명확하게 설명하고 있음을 알 수 있다. 군자와 관련하여, 공자는 또 [논어] 〈憲問(헌문)〉과 〈學而(학이)〉편에서 다음과 같이 설명하고 있다.

14 - 6

子曰: "君子而不仁者有矣夫, 未有小人而仁者也。"

자왈: "군자이불인자유의부, 미유소인이인자야."

【미언】 공자가 이르시기를: "군자임에도 어질지 않은 사람은 있지만, 소인임에도 어진 사람은 없다."

【대의】 공자가 이르시기를: "은나라 주왕(紂王)이 비록 희대의 폭군이었기는 하지만, 주나라 무왕은 신하의 신분으로 임금을 제거하는 역성혁명을 일으켰다. 주나라의 태평성대를 이끈 무왕이 군자이기는 하지만 어진 인물은 아닐진데, 하물며 소인은 말할 나위가 있겠는가?"

1 - 8

子曰: "君子, 不重, 則不威; 學, 則不固。主忠信, 無友不如己者, 過, 則勿憚改。"

자왈: "군자, 부중, 즉불위; 학, 즉불고. 주충신, 무불여기자, 과, 즉물탄개."

【미언】 공자가 이르시기를: "군자가, 진중하지 않으면, 곧 존엄하지 못하고; (도를) 배움에, 곧 확고해지지 못한다. 정성스러움과 성실함을 기본으로 하고, 자기보다 못한 사람을 가까이하지 말며, 잘못을 저지르면,

곧 고치기를 거리끼지 말라."

【대의】 공자가 이르시기를: "군자라고 할지라도 신중하지 못하여 경거망동하면, 높고 엄숙함을 잃어 신임을 잃게 되고; 도를 배워도 결국 자기의 것으로 만들어 실천할 수 없게 된다. 따라서 정성스러움과 성실함을 기본으로 하여 실천하고, 자기보다 못한 사람은 배울 것이 없으므로 가까이하지 말며, 잘못을 저지르면 주저하지 말고 바로 뉘우쳐서 고쳐야 하는 것이다."

이 말은 즉 군자임에도 불구하고 부족한 점이 있을 수 있다는 것이니, 군자란 완전무결한 존재가 아님을 시사하고 있는 것이다. 그러므로 공자는 [논어] 〈季氏(계씨)〉 편에서 다음과 같이 설명하고 있다.

16 – 8

孔子曰: "君子有三畏。畏天命, 畏大人, 畏聖人之言。小人不知天命而不畏也, 狎大人, 侮聖人之言。"

공자왈: "군자유삼외. 외천명, 외대인, 외성인지언. 소인부지천명이불외야, 압대인, 모성인지언."

【미언】 공자가 이르시기를: "군자는 세 가지 두려워함이 있다. 천명을 두려워하고, 대인을 두려워하며, 성인의 말씀을 두려워한다. 소인은 천명을 알지 못하여 두려워하지 않으니, 대인을 업신여기고, 성인의 말씀을 조롱한다."

【대의】 공자가 이르시기를: "도를 배우고 부단히 노력하여 실천하는 올바른 지도자는 세 가지 공경하고도 두려워함이 있다. 하나는 선한 것과 옳은 것을 지키는 것이니, 백성이라는 것이 억압하는 것이 아닌 그들의 천성에 따라 순리대로 다스려야 하는 존재임을 깨닫고, 이를 공경하면서도 두려워하여 받드는 것이다. 둘은 최고위층의 지배계급인 천자를 공경하면서도 두려워하여 받듦으로써 인(仁)을 따르는 것이다. 그리고 마지막은 대동의 사회를 이끈 삼황오제의 말씀을 공경하면서도 두려워하여 따르는 것이다. 하지만 도를 따르지 않고 사사로운 이익만을 탐하는 소인은 백성을 억압하고, 천자를 업신여기며, 대동의 사회를 이끈 삼황오제의 말씀인 도를 비웃는다."

여기서 공자는 간략하게나마 **대인(大人)**에 대해서 언급하고 있는데, 이와 관련하여 다음의 기록을 살펴볼 필요가 있다.

> 大人之器, 威敬; 天子無筮, 諸侯有守筮。
>
> 대인의 그릇이란, 위엄이 있어서 사람들이 공경하는 것이니; 천자는 (위엄이 있어서 함부로) 점치지 않지만, 제후는 (나라를) 지킴에 점친다.
>
> [禮記(예기)] 〈表記(표기)〉

'대인'이란 단어는 [左傳(좌전)]의 〈襄公(양공) 30년〉 〈昭公(소공) 18년〉 〈昭公(소공) 31년〉 및 [國語(국어)]의 〈魯語下(노어하)〉 〈晉語(진어)〉 그리고 [禮記(예기)]의 〈禮運(예운)〉 〈樂記(악기)〉 〈表記(표기)〉 〈緇衣(치의)〉에 등장하고 있다. [국어] 〈晉語(진어)〉에 나오는 대인(大人)만 '키가 큰 사람'을 뜻하고, 나머지는 예외 없이 같은 의미로 쓰이고 있으니, 다름 아닌 **최고위층의 지배계급**을 뜻하는 것이다. 따라서 대인의 상대적인 개념이 되는 **소인**(小人)의 의미 역시 명확하게 드러나고 있으니, 다름 아닌 피지배계급, 즉 **민**(民)**보다도 더 낮은 이른바 천민계층**이 됨을 알 수 있다.

나아가 공자는 또 [논어] 〈子罕(자한)〉과 〈八佾(팔일)〉 그리고 〈公冶長(공야장)〉편에서 다음과 같이 언급하고 있다는 사실에 주목할 필요가 있다.

9 - 1

子罕言利與命與仁。

자한언리여명여인.

【미언】 공자께서는 이익과 천명과 어짊에 대해서는 드물게 말씀하셨다.

3 - 11

或問禘之說。子曰:"不知也。知其說者之於天下也, 其如示諸斯乎。" 指其掌。

혹문체지설. 자왈: "부지야. 지기설자지어천하야, 기여시저사호." 지기장.

【미언】 어떤 사람이 '체'의 말씀을 물었다. 공자가 이르시기를: "알지 못한다. 그 말씀을 아는 이가 천하에 나아감은, 그것이 마치 여기에서 그것을 보는 것과도 같으리니." 그 손바닥을 가리키셨다.

대의: 어떤 사람이 천자가 정월에 하늘에 지내는 제사인 '체'의 의미에 대해서 물었다. 공자가 이르시기를: "나는 제후국인 노나라의 일개 대부였을 따름이니, 하늘에 대해서는 알지 못한다. 신분상으로는 천자, 그리고

도를 이해한 측면으로는 대동사회를 이끌었던 삼황오제와 같은 성인들만이 그 의미를 깨닫고 나아가 세상을 다스려 태평성대로 이끄셨으니, 성인들은 마치 자신의 손바닥을 보듯이 하늘의 도리를 이해하여 나라를 다스렸던 것이다."

5 - 12

子貢曰: "夫子之文章, 可得而聞也。夫子之言性與天道, 不可得而聞也。"

자공왈: "부자지문장, 가득이문야. 부자지언성여천도, 불가득이문야."

【미언】 자공이 말하기를: "스승의 문장은 얻어 들을 수 있지만, 스승의 천성과 하늘의 도에 대한 말씀은 얻어 들을 수가 없다."

【대의】 자공이 말하기를: "스승께서는 대동이 아닌 소강사회로의 복귀를 외치셨다. 따라서 스승께서 하나라와 상나라 그리고 주나라 3대 즉 소강사회의 예악과 제도에 대한 구체적인 내용들은 자주 말씀하셨지만, 삼황오제(三皇五帝)와 같은 성인들이 행한 대동의 무위자연(無爲自然) 통치이념에 대해서는 거의 언급하지 않으셨다."

이를 통해서 공자는 하늘과 천명(天命)에 대해서는 거의 언급하지 않았음을 알 수 있으니, 공자의 도(道)는 천(天) 즉 하늘과 관련이 없는 것이라고 볼 수 있다.

그렇다면 군자는 구체적으로 어떠한 인물을 지칭하는 것일까? 이와 관련하여서는 이미 앞에서 논한 바 있는 [논어] 〈泰伯(태백)〉편의 다음 기록을 다시 한 번 유심히 살펴보면, 단편적으로나마 그 실마리를 찾을 수 있을 것이다.

8 – 7

曾子曰: "可以託六尺之孤, 可以寄百里之命, 臨大節而不可奪也, 君子人與? 君子人也。"

증자왈: "가이탁육척지고, 가이기백리지명, 임대절이불가탈야, 군자인여? 군자인야."

【미언】 증자가 말하기를: "육척(나이 14~15세)의 어린 후계자를 부탁할 수 있고(권력을 탐하지 않고 성심성의로 보필할 수 있고), 백리(면적이 백리인 제후의 나라)의 운명을 맡길 수 있으며, 죽음을 각오하여 지키는 절개를 지켜서(다른 이가 그 큰 절개를) 빼앗을 수 없다면, 군자인 자인가? 군자인 자이다."

【대의】 증자가 말하기를: "주공은 노나라 제후로 봉해졌지만, 그의 아들을 보냄으로써 권력을 탐하지 않고, 또 어린 성왕을 성심성의껏 진심으로 보필하였으며, 예악제도와 종법제도를 확립하여 주나라를 강하게 만들었다. 또 이를 시기한 동생 관숙과 채숙 그리고 곽숙이 은나라의 유민을 이끌던 무경과 함께 반란을 일으키자, 소공의 도움을 받아 진압하기도 했다. 이런 인물은 군자인가? 그렇다."

이처럼 증자는 주공이 군자였다고 평가하고 있으니, 이제 대동(大同)과 소강(小康)에 대해서 설명한 다음의 기록을 살펴보기로 하자.

> 昔者仲尼與于蠟賓。事畢, 出遊于觀之上, 喟然而歎。仲尼之歎, 蓋歎魯也。言偃在側, 曰: "君子何歎?" 孔子曰: "大道之行也, 與三

代之英, 丘未之逮也, 而有志焉。大道之行也, 天下爲公。選賢與能, 講信修睦。故人不獨親其親, 不獨子其子。使老有所終, 壯有所用, 幼有所長, 矜寡孤獨廢疾者皆有所養。男人分, 女有歸。貨, 惡其棄于地也, 不必藏于己; 力, 惡其不出于身也, 不必爲己。是故謀閉而不興, 盜竊亂賊而不作。故外戶而不閉。是謂大同。

今大道旣隱, 天下爲家。各親其親, 各子其子。貨、力爲己。大人世及以爲禮, 城郭溝池以爲固, 禮義以爲紀; 以正君臣、以篤父子、以睦兄弟, 以和夫婦, 以設制度, 以立田裏, 以賢勇智, 以功爲己。故謀用是作, 而兵由此起。禹、湯、文、武、成王、周公由此其選也。此六君子者, 未有不謹于禮者也。以著其義, 以考其信, 著有過, 刑仁講讓, 示民有常。如有不由此者, 在執(勢)者去, 衆以爲殃。是謂小康。"

예전에 공자가 납빈(신들의 가호에 보답하기 위해 올리던 제사)에 참여했다. 일이 끝나고, 누각에 올라 둘러보고는 길게 탄식을 하였다. 공자가 탄식한 것은, 아마도 노나라를 한탄한 것이리라. 언언이 곁에 있다가, 말했다: "군자(스승)께서는 어찌하여 탄식하십니까?" 공자가 말했다: "큰 도가 실행될 때와, 삼대(夏, 商, 周)의 훌륭한 인물들이 정치를 하던 때는 내가 이를 수 없었으나, 기록이 남아 있다. 큰 도가 실행되던 때는 세상이 공천하(公天下)였다. 어질고 재능 있는 이들을 선발하고, 신용을 중시하며 화목함을 갖췄다. 그러므로 사람들은 자신의 어버이만이 어버이가 아니었고, 자신의 자식만이 자식이 아니었다. 노인들로 하여금 귀속되는 바가 있게 하였고, 장년은 쓰임이 있었으며, 어린이들은 키워짐이 있었다. 늙어 부인이 없는 이, 늙어 남편이 없는 아낙, 부모 없는 아이, 자식이 없는 노인, 장애인이 모두 부양받는 바가 있었다. 사내에게는 직분이 있었고, 아낙은 시가(媤家)가 있었다. 재물은 땅에 버려지는 것을 싫어하였지만(지니고 싶어 하였지만), 반드시 자기가 소유하지는 않았고; 힘은 자기 몸에서 나오지 않음을 싫어하였지만(자신이 직접 쓰려 하였지만), 반드시 자신을 위해서 쓰지는 않았다. 이 때문에 계략이 막혀 일어나지 못하고, 도적이나 반란이 발생하지 않았다. 그러므로 밖의 대문을 잠그지 않았다. 이를 대동이라고 일컫는다.

오늘날에는 큰 도가 사라졌으니, 세상이 가천하(家天下)가 되었다. 각각 자신의 어버이만이 어버이가 되고, 자신의 자식만이 자식이 되었다. 재물과 힘은 자신을 위해 썼다. 대인(천자와 제후)은 세습을 예의로 삼았고, 성곽을 쌓고 그 주변에 못을 파서 (적들이 침입하지 못하도록) 공고히 하였으며, 예의로 기강을 삼았으니; 그럼으로써 군신관계를 바로 하고, 그럼으로써 부자관계를 돈독히 하였으며, 그럼으로써 형제간에 화목하게 하고, 그럼으로써 부부 사이를 조화롭게 하였으며, 그럼으로써 제도를 설치하고, 그럼으로써 밭을 구획하였으며, 그럼으로써 용감하고 지혜로운 자를 존중하고, 공적을 자기의 것으로 여겼다. 그러므로 권모술수가 이때부터 흥기하고, 전쟁이 이때부터 발생하였다. 우, 탕, 문왕, 무왕, 성왕, 주공은 이것(예의)으로 그것(시비)을 선별했다. 이 여섯 군자는 예의에 삼가지 않는 이가 없었다. 그럼으로써 그 의로움을 분명히 하고, 그럼으로써 그 신의를 깊이 헤아렸으며, 허물을 드러내고, 형벌과 어짊을 꾀하고 꾸짖어, 백성에게 항상 그러함을 보여주었다. 만약 이에 말미암지 못하는(이에 따르지 않는) 이가 있다면, 집정자(권세가 있는 사람)일지라도 물리쳐, 대중이 재앙으로 삼았다. 이를 일컬어 소강이라고 한다."

[禮記(예기)] 〈禮運(예운)〉

상술한 내용을 몇 가지 부분으로 나누어 구체적으로 분석해보면 다음과 같다.

1. 공자가 말했다: "큰 도가 실행될 때와 삼대(夏, 商, 周)의 훌륭한 인물들이 정치를 하던 때는 내가 이를 수 없었으나, 기록이 남아 있다.

여기서 주목해야 할 것이, 공자는 시대를 대도(大道)가 실행되던 시기인 대동사회와 하, 상, 주 삼대의 정치시기인 소강사회로 나누고 있다는 점이다.

2. 큰 도가 실행되던 때는, 세상이 공천하(公天下)였다. 어질고 재능 있는 이들을 선발하고, 신용을 중시하며 화목함을 갖췄다.

여기서 공자는 대동의 사회는 공천하(公天下)였다고 말하고 있으니, 이는 다름 아닌 천하위공(天下爲公)의 사회 즉 임금을 혈통이 아닌 오로지 정치능력과 인품만으로 선발하던 선양제(禪讓制)를 시행하던 대동의 사회를 가리킨다.

3. 그러므로 사람들은 자신의 어버이만이 어버이가 아니었고, 자신의 자식만이 자식이 아니었다.

따라서 이러한 대동의 사회는 네 것과 내 것을 구분하지 않고 서로 더불어 살아가는 진정한 의미로서의 상생(相生)과 공생(共生)을 실천하던 시기였다.

4. 노인들로 하여금 귀속되는 바가 있게 하였고, 장년은 쓰임이 있었으며, 어린이들은 키워짐이 있었고, 늙어 부인이 없는 이, 늙어 남편이 없는 아낙, 부모 없는 아이, 자식이 없는 노인, 장애인이 모두 부양받는 바가 있

었다. 사내에게는 직분이 있었고, 아낙은 시가(嫁家)가 있었다.

여기서는 오늘날의 사회복지제도와도 같은 개념에 대해서 설명하고 있으니, 이는 두 가지 관점에서 접근할 필요가 있다. 하나는 늙어 부인이 없는 이는 환(鰥), 늙어 남편이 없는 아낙은 고(寡), 부모 없는 아이는 고(孤), 자식이 없는 노인은 독(獨)을 뜻하니, 바로 국가에서 사회의 취약계층을 책임지고 돌보아주었음을 뜻한다. 아울러서 장애인이 모두 부양받는 바가 있었다고도 했는데, 이는 당시 장애인을 오늘날과 같이 차별대우하지 않았다는 것을 의미한다.

그리고 또 하나는 국가에서 장년은 쓰임이 있도록 함으로써 모든 사내에게 적합한 직분이 있다고 했으니, 이는 다름 아닌 젊은이가 때가 되면 공평하게 사회에 나가 기여할 수 있는 기회, 즉 직업을 구할 수 있었음을 뜻한다. 아울러 아낙은 시부모님이 계시는 시가가 있다고도 하였으니, 국가에서 주도적으로 나서서 짝을 구하지 못한 젊은 남녀를 연결시켜 줌으로써 독신으로 외로이 살아가는 이가 없도록 배려했다는 말이 되는 것이다.

5. 재물은 땅에 버려지는 것을 싫어하였지만(지니고 싶어 하였지만), 반드시 자기가 소유하지는 않았고; 힘은 자기 몸에서 나오지 않음을 싫어하였지만(자신이 직접 쓰려 하였지만), 반드시 자신을 위해서 쓰지는 않았다. 이 때문에 계략이 막혀 일어나지 못하고, 도적이나 반란이 발생하지 않았다. 그러므로 밖의 대문을 잠그지 않았다. 이를 대동이라고 일컫는다.

계략이라는 것은 남보다 자신이 더 잘나고 또 잘되기를 바라는 마음에서 비롯된다. 하지만 귀한 물건을 귀히 여기되 나 혼자만 독차지하지 않고, 또 열심히 일하고자 하나 그것이 반드시 자기 자신만을 위함이 아닌즉 함께 하려는 마음이 있다면, 굳이 타인의 것에 욕심을 부리지 않게 되므로 남의 집 대문을 열고자 하는 탐욕이 일지 않게 되는 것이다.

6. 오늘날에는 큰 도가 사라졌으니, 세상이 가천하(家天下)가 되었다. 각각 자신의 어버이만이 어버이가 되고, 자신의 자식만이 자식이 되었다. 재물과 힘은 자신을 위해 썼다. 대인(천자와 제후)은 세습을 예의로 삼았고, 성곽을 쌓고 그 주변에 못을 파서 (적들이 침입하지 못하도록) 공고히 하였으며, 예의로 기강을 삼았으니; 그럼으로써 군신관계를 바로 하고, 그럼으로써 부자관계를 돈독히 하였으며, 그럼으로써 형제간에 화목하게 하고, 그럼으로써 부부 사이를 조화롭게 하였으며, 그럼으로써 제도를 설치하고, 그럼으로써 밭을 구획하였으며, 그럼으로써 용감하고 지혜로운 자를 존중하고, 공적을 자기의 것으로 여겼다. 그러므로 권모술수가 이때부터 흥기하고, 전쟁이 이때부터 발생하였다.

하지만 대동의 선양제가 무너지고 임금의 자리를 한 가문이 대대로 세습하는 시기가 찾아오자, 타고난 계급과 신분이라는 개념이 발생하게 되고, 나아가 사람들의 마음에는 이기심이 생기고야 말았으니, 결국 네 것과 내 것을 구별하게 되고 이에 남보다 내가 더 나아지려고 발버둥치는 풍조가 도래하게 되었다. 이처럼 사람들 가슴속에서 남들보다 더 나아지려는 마음이 생기게 되자, 이에 수단과 방법을 가리지 않고 차지하려는 계략과 권모술수가 둥지를 틀게 되고 심지어는 무력으로라도 빼앗으려는 전쟁조차도 불사하기 시작했던 것이다.

7. 우, 탕, 문왕, 무왕, 성왕, 주공은 이것(예의)으로 그것(시비)을 선별했다. 이 여섯 군자는 예의에 삼가지 않는 이가 없었다. 그럼으로써 그 의로움을 분명히 하고, 그럼으로써 그 신의를 깊이 헤아렸으며, 허물을 드러내고, 형벌과 어짊을 꾀하고 꾸짖어, 백성에게 항상 그러함을 보여주었다. 만약 이에 말미암지 못하는(이에 따르지 않는) 이가 있다면, 집정자(권세가 있는 사람)일지라도 물리쳐, 대중이 재앙으로 삼았다. 이를 일컬어 소강이라고 한다.

서로 자신의 이익만을 도모하려는 이기심이 만연하여 온 세상이 큰 혼돈 속으로 빠지게 되자, 이에 옛 대동사회의 지도자인 성인(聖人)들의 가르침을 계승하고 나아가 인(仁) 의(義) 예(禮) 신(信) 등을 강조하여 먼저 솔선수범한 이들이 나타났으니, 이들이 바로 하(夏)나라 우(禹)임금과 상(商)나라 탕(湯)임금, 주(周)나라 문왕(文王)과 무왕(武王) 성왕(成王) 그리고 주공(周公)과도 같은 뛰어난 지도자인 군자인 것이다. 이처럼 지도자가 먼저 솔선수범하고 나아가 그러한 태도로서 백성을 바로잡으려고 통제하기 시작한 세상이 바로 소강의 사회인 것이다.

바로 여기서 우리는 공자가 "우, 탕, 문왕, 무왕, 성왕, 주공 (생략) 이 여섯 군자"라고 언급한 부분에 주목할 필요가 있다. 즉 증자는 주공의 업적을 열거함으로써 군자의 의미를 보다 구체적으로 설명하려고 했던 것이니, 스승 공자의 가치관을 오롯이 계승하고 있음을 알 수 있는 것이다.

그리고 또 상술한 내용을 통해서 군자란 다름 아닌 소강사회를 이끌었던 여섯 명의 지도자임을 알 수 있거니와, 공자는 춘추시대라는 대 혼란기에서 가장 이상적인 대동사회를 이끌었던 성인을 요구한 것이 아니라, 현실적으로 회복이 가능하다고 판단한 소강사회의 여섯 지도자인 군자를 본받으려 한 것임도 알 수 있다. 바꿔 말해서 공자는 소강사회의 회복을 그 현실적인 목표로 하고, 이러한 꿈을 현실화시키기 위해서 지도자로서의 군자를 요구하여 군자 양성에 힘썼음을 알 수 있는 것이다. 그렇기 때문에 공자 역시 이 여섯 군자가 강조하고 실천한 인의예(仁義禮)의 실천을 그토록 중시한 것이기도 하고.

결국 **군자**란 태초에 하늘이 열리고 그와 함께 시작된 대동사회의 성인과도 같이 태어나면서부터 도(道)를 깨달아 실천한 인물은 아니지만, **후천적으로나마 성인의 도(道)를 배워서 부단히 실천하려고 노력했던 소강사회의 지도자**를 뜻한다. 그렇다면 군자가 평생을 굳건하게 지키려고 그토록 노력했던 도(道)라는 것은 과연 무엇을 의미하는가?

6. 도(道): 지도자의 통치이념

도(道)의 소전체(小篆體: 전국 통일 후 진시황제의 명으로 이사 등이 완성한 통일 문자)는 본래 辵(쉬엄쉬엄 갈 착)과 首(머리 수)가 합쳐져서 만들어진 회의(會意)문자로서, '쉬엄쉬엄 걸으면서 머리를 향하는 곳이 바로 사람이 마땅히 걸어가는 길'이라는 뜻이니, 이는 다음의 기록과도 일맥상통한다.

> 子曰: "道不遠人. 人之爲道而遠人, 不可以爲道。"
>
> 공자가 이르시기를: "도는 사람에게서 멀지 아니하니, 사람이 그것을 행하나 사람에게서 멀어진다면, 도라고 할 수 없다."
>
> [禮記(예기)] 〈中庸(중용)〉

따라서 도(道)는 결코 일순간에 완성되는 것이 아니라, 일생동안 변치 않고 곁에 두면서 묵묵히 걸어가야 한다는 의미를 지니기도 한다. 그런데 도(道)는 또 다음과 같은 특징도 지니고 있다.

天地之道, 博也, 厚也, 高也, 明也, 悠也, 久也。

천지의 도는, 넓고, 두터우며, 높고, 밝으며, 아득하고, 불변함이다.

[禮記(예기)] 〈中庸(중용)〉

天地之道, 可一言而盡也。其爲物不貳, 則其生物不測。

천지의 도는 한 마디로 다할 수 있다. 그 만물을 이룸은 둘이 아니니(하나이니), 곧 만물을 낳은 것은 헤아릴 수가 없다.

[禮記(예기)] 〈中庸(중용)〉

大哉, 聖人之道。洋洋乎發育萬物, 峻極于天。

크구나, 성인의 도여. 광대하게 만물을 발육시키고, 높음이 하늘에 다다른다.

[禮記(예기)] 〈中庸(중용)〉

즉 완전히 통달하여서 다른 곳으로 나뉘어 갈라지지 않는 전일(專一)한 것을 일컬어 도(道)를 행한다고 하므로, **도(道)**는 다름 아닌 **법도(法道)**를 지칭하는 것이다. 그리고 이러한 법도는 지도자가 전념하여서 마땅히 지켜야 하는 도리를 뜻하니, 이는 바로 오늘날의 **지도자의 통치이념**이라고도 풀이할 수 있는데, 공자는 도(道)에 대해서 다음과 같이 설명한 바 있다.

誠者天之道也, 誠之者人之道也。誠者, 不勉而中, 不思而得, 從容中道, 聖人也。誠之者, 擇善而固執之者也。

진실함은 하늘의 도이고, 진실하게 하는 것은 사람의 도이다. 진실한 사람은 힘쓰지 않아도 중하고, 생각하지 않아도 얻게 되어, 차분하게 도에 들어맞는 것이니, 성인이다. 진실하게 한다는 것은 선을 가리어 굳게 잡는 것이다.

[禮記(예기)] 〈中庸(중용)〉

도(道)에는 두 가지가 있는데, 애쓰지 않아도 스스로 진실한 무위자연(無爲自然)은 하늘의 도, 즉 천도(天道)이고, 작위(作爲)하여 애써 노력함으로써 진실하게 하는 것은 사람의 도 즉 인도(人道)이다. 누가 뭐라고 하지 않아도 타고난 천성에 따라서 스스로 진실한 사람은 굳이 그렇게 하려고 힘쓰지 않아도 중(中)하고, 또 굳이 생각하지 않아도 얻게 되어서 차분하게 순리적으로 도(道)에 들어맞게 되니, 이는 대동사회를 이끈 삼황오제(三皇五帝)와도 같은 성인만이 할 수 있는 것이다. 그러므로 천도(天道)는 커다란 도, 즉 대도(大道)라고도 이르는 것이다. 반면에 작위하여 애써 노력함으로써 진실하게 한다는 것은 선(善)을 가리어 굳게 잡음으로써 도(道)에 들어맞게 하는 것이니, 이는 소강사회를 이끈 군자들이 부단히 노력하여 실천하려고 했던 것이다.

孔子侍坐於哀公。哀公曰: "敢問人道誰爲大。" 孔子愀然作色而對曰: "君之及此言也, 百姓之德也。固臣敢無辭而對。人道政爲大。" 公曰: "敢問何謂爲政。" 孔子對曰: "政者, 正也。君爲正, 則百姓從政矣。君之所爲, 百姓之所從也。"

공자가 애공을 모시고 앉았다. 애공이 말하길: "감히 묻노니 사람의 도는 누구를 큰 것으로 여기오?" 공자가 엄정하게 낯빛을 고치고는 대답하여 이르길: "임금께서 이 말씀에 이르신 것은 백성의 덕입니다. 진실로 신은 감히 사양치 않고 대답하겠습니다. 사람의 도는 정치를 큰 것으로 여깁니다." (애)공이 말하기를: "감히 묻겠는데 어떤 것이 정치를 한다고 일컫는 것이오?" 공자가 대답하여 이르길: "정치는, 바로잡는 것입니다. 임금이 바르게 하면, 곧 백성이 정치에 따릅니다. 임금의 행하는 바는 백성의 따르는 바입니다.

[禮記(예기)] 〈哀公問(애공문)〉

그렇다면 공자는 천도(天道)와 인도(人道) 중에서, 과연 어떠한 것을 선택하여 일생동안 추구하였을까? 이 점에 대해서, 공자는 [논어] 〈八佾(팔일)〉편에서 다음과 같이 명확하게 드러내고 있다.

3 – 14

子曰: "周監於二代, 郁郁乎, 文哉! 吾從周。"

자왈: "주감어이대, 욱욱호, 문재! 오종주."

【미언】 공자가 이르시기를: "주나라는 두 왕조를 살폈으니, 찬란하도다, 文(문)이여! 나는 주나라를 따르리라."

주지(周知)하다시피 공자는 주공(周公)을 가장 존경하고 섬겼다. 다시 말해서, 주나라의 문왕(文王)과 무왕(武王) 그리고 주공이 하나라와 상나라의 예악제도를 계승하고 나아가 종법제도를 완성시켰으니, 공자는 주나라 예악제도야말로 문(文), 즉 통치에 필요한 모든 법도와 그러한 법도들의 구체적인 내용을 찬란하게 드러낸 가장 이상적인 것이라고 여겼던 것이다. 따라서 공자는 일생동안 주나라의 예악제도와 종법제도를 따랐던 것이니, 공자의 가르침의 목표는 태어나면서부터 도(道)를 깨닫고 실천한 성인이 아니라, 옛 성인의 도리를 배워서 부단히 실천하려고 노력하는 군자에 있는 것이다. 그리고 이러한 취지는 다음의 기록에도 오롯이 드러나고 있다.

仲尼. 祖述堯舜. 憲章文武. 上律天時. 下襲水土。

중니는 요임금과 순임금을 근본으로 하여 그 뜻을 서술하고, (주나라) 문왕과 무왕을 규범으로 삼았으며, 위로는 하늘의 때를 따르고, 아래로는 물과 풍토를 따랐다.

[禮記(예기)] 〈中庸(중용)〉

결국 공자는 대동사회를 이끈 요임금과 순임금을 근본으로 하여 그 뜻을 서술하고, 또한 소강사회를 이끈 주나라 문왕과 무왕을 규범으로 삼았으며, 위로는 하늘의 때를 따르고도 아래로는 물과 풍토를 따랐으니, 다시 말해서 공자는 비록 요순의 대동사회 도를 근본, 즉 이상향으로 삼았지만 궁극적으로는 주나라 문왕과 무왕의 소강사회의 도를 실천이념으로 따랐던 것이다. 그러므로 사실상 천도(天道)와 인도(人道)는 분리된 별개의 개념이 아닌 상호 계승관계에 있는 것이니, 이러한 사실은 다음의 기록들을 통해서도 확인할 수 있다.

天命之謂性, 率性之謂道, 修道之謂教。道也者, 不可須臾離也, 可離, 非道也。是故君子, 戒愼乎其所不睹, 恐懼乎其所不聞。莫見乎隱, 莫顯乎微, 故君子愼其獨也。

하늘(天)이 명(命)한 것을 성(性)이라 하고, 성(性)을 따르는 것을 도(道)라 하며, 도(道)를 닦는 것을 교(教)라고 한다. 도라는 것은 잠시도 떠날 수 없는 것이니, 떠날 수 있다면, 도가 아니다. 이 때문에 군자는 보이지 않는 바를 조심하고 삼가며, 들리지 않는 바를 두려워한다. 숨기는 것보다 더 드러나는 것이 없고, 미세한 것보다 더 잘 나타나는 것이 없으니, 따라서 군자는 그 홀로 있음을 삼가는 것이다.

[禮記(예기)] 〈中庸(중용)〉

故君子居易以俟命, 小人行險以徼幸。

따라서 군자는 평온함에 머물면서 명을 기다리고, 소인은 위험을 행하면서 요행을 바란다.

[禮記(예기)] 〈中庸(중용)〉

이러한 가치관을 일관되게 전개했던 공자였기에, 그는 [논어] 〈學而(학이)〉편에서 다음과 같이 피력한 바 있다.

1 – 14

子曰: "君子, 食無求飽, 居無求安, 敏於事而愼於言。就有道而正焉, 可謂好學也已。"

자왈: "군자, 식무구포, 거무구안, 민어사이신어언. 취유도이정언, 가위호학야이."

【미언】 공자가 이르시기를: "군자는 먹음에 배부르기를 구하지 않고, 거처함에 편안하기를 구하지 않으며, 나라의 큰일에 힘쓰면서 말과 명령을 삼간다. 나아가 도를 가까이하여 다스리면, 배우기 좋아한다고 할 수 있다."

따라서 공자는 성인의 도(道)보다는 군자의 도(道)를 염두에 두었기에, "도(道)를 배우고 부단히 노력하여 실천하는 올바른 지도자인 군자는 배부르게 먹거나 편안하게 거처하기에 힘쓰지 않고, 벼슬에 나아가서는 온 힘을 쏟아 나랏일에 힘쓰면서 말과 명령을 함부로 하지 않는다. 이에 한 걸음 더 나아가 태평성대를 이끌었던 옛 성현들이 실천한 법도와 그 구체적인 내용들인 문장(文章) 즉 [詩經(시경)]이나 [書經(서경)] 등의 전적(典籍)들을 살펴서 통치에 임한다면, 진정 옛 성현들이 실천한 태평성대의 통치이념인 도(道)를 배우고자 하는 사람이라고 할 수 있는 것이다."라고 말했던 것이다. 그리고 이와 관련하여, 특히 공자는 [논어] 〈衛靈公(위령공)〉 편에서 다음과 같이 언급한 바 있다.

15 − 29

子曰: "人能弘道, 非道弘人。"

자왈: "인능홍도, 비도홍인."

【미언】 공자가 이르시기를: "사람이 도를 넓힐 수 있는 것이지, 도가 사람을 넓히는 것은 아니다."

이처럼 공자는 사람이 도(道)를 넓힐 수 있는 것이지, 도(道)가 사람을 넓히는 것은 아니라고 생각했으니, 공자는 춘추시대와 같은 혼란기에는 사람의 천성(天性)을 따르는 무위자연의 천도(天道), 즉 대동사회의 통치이념이 아닌 작위하여 애써 바로잡아야 하는 인도(人道), 즉 소강사회의 통치이념으로 다스려야 한다고 믿었다. 또 그러하기에 성인이 아닌 군자를 양성하려고 애쓴 것이다. 그러므로 공자는 [논어] 〈學而(학이)〉 편에서 다음과 같이 설명한다.

1 − 1

子曰: "學而時習之, 不亦說乎? 有朋自遠方來, 不亦樂乎? 人不知而不慍, 不亦君子乎?"

자왈: "학이시습지, 불역열호? 유붕자원방래, 불역낙호? 인부지이불온, 불역군자호?"

【미언】 공자가 이르시기를: "배우고 늘 그것을 익히면, 또한 기쁘지 아니한가? 무리가 있어서 먼 곳으로부터 찾아오면, 또한 즐겁지 아니한가? 사람들이 알아주지 않아도, 원망하거나 성내지 않으면, 또한 군자가 아니겠는가?"

【대의】 공자가 이르시기를: "도(道: 태평성대를 이끈 옛 성인들의 통치이념)를 배우고 항상 변치 않는 태도로 부단히 노력하여, 그 성인들의 도를 자신의 것으로 만든다면 기쁘지 않겠는가? 그렇게 배운 성인들의 도를 부단히 실천하여 나라를 다스리면, 자연스레 주변의 백성이 그 나라가 살기 좋다는 소식을 듣고 몰려와서 지도자를 따를 터이니, 또한 즐겁지 않겠는가? 군자(도를 배우고 부단히 노력하여 실천하는 올바른 지도자)는 남에게 보여주려고 하는 것이 아니라 자신을 위해서 삼가여 부단히 도를 닦는 것이니, 설령 자신이 이처럼 부단히 노력하여 통치를 잘하고 있음을 남들이 알아주지 않아도 화를 내거나 속상해하지 않으면, 이것이야말로 참된 지도자가 아니겠는가?"

공자는 도(道)를 배우고 항상 변치 않는 태도로 부단히 노력하여, 그 성인들의 도를 자신의 것으로 만든다면 어찌 기쁘지 않겠느냐고 말하고 있으니, 다름 아닌 학(學) 즉 배움의 중요성을 강조한 것이다. 그리고 이러한 배움의 학(學)은 무위자연이 아닌 작위하여 애써 노력하는 것이니, 공자는 배움의 중요성에 대해서 다음과 같이 설명하고 있다.

> 古之教者, 家有塾, 黨有庠, 術有序, 國有學。比年入學, 中年考校。一年, 視離經辨志。三年, 視敬業樂羣。五年, 視博習親師。七年, 視論學取友 謂之小成。九年, 知類通達, 强立而不反 謂之大成。夫

然後, 足以化民易俗, 近者說服而遠者懷之。此大學之道也。

옛날의 가르침은 집에는 글방(행랑방)이 있고, 향리에는 향학이 있으며, 취락에는 학당이 있고, 나라에는 국학이 있었다. 매년 입학하고, 매년 중반에 시험을 치렀다. 1년 차에는, 경을 나누고 뜻을 밝히는 것을 본다. 3년 차에는, 학업을 공경하고 벗들과 즐기는지를 본다. 5년 차에는, 널리 익히고 스승을 가까이하는지 본다. 7년 차에는, 배움을 논하고 벗을 골라 뽑는 것을 보니 이를 일컬어서 소성(기본기 완성)이라고 한다. 9년 차에는, 대부분을 깨달아서 통달하고, 굳건히 세워서 어긋나지 않으니 이를 일컬어서 대성(크게 이룸)이라고 한다. 무릇 그러한 후에는, 백성을 교화시키고 풍속을 바꿀 수 있으니, 가까운 이들(나라 안 백성)이 기꺼이 복종하고, 먼 이들(나라 밖의 타 지역 백성)이 따르게 된다. 이것이 큰 배움의 길이다.

[禮記(예기)] 〈學記(학기)〉

또한 지도자가 이처럼 애써 노력하여 배운 성인들의 도를 부단히 실천하여 나라를 다스리면, 자연스레 멀리 있던 백성이 그 나라가 살기 좋다는 소식을 듣고 몰려와서 그 지도자를 따를 터이니, 어찌 또한 즐겁지 않겠느냐고 말하고 있으니, 이는 [논어] 〈子路(자로)〉편의 다음 구절과도 긴밀하게 연결된다.

13 - 16

葉公問政。子曰: "近者說, 遠者來。"

섭공문정. 자왈: "근자열, 원자래."

【미언】 섭공이 정치에 대해 물었다. 공자가 이르시기를: "가까이 있는 사람을 기쁘게 하고, 먼 데 있는 사람이 오게 하는 것입니다."

【대의】 섭공이 정치에 대해 물었다. 공자가 이르시기를: "가까이 있는 사람은 자기 백성을 뜻하고, 먼 데 있는 사람은 다른 나라 백성을 뜻합니다. 따라서 참된 정치란 지도자가 통치하는 영토 안에 살고 있는 본래의 백성을 행복하게 하고, 또 그 소식을 전해들은 타 지역 백성이 몰려와 참된 지도자를 섬기게 하는 것입니다."

이처럼 공자는 도(道)를 한 국가의 정치와 직결된 개념으로 설명하고 있으니, 다음의 [논어] 〈雍也(옹야)〉 및 〈先進(선진)〉편의 기록 역시 그의 가치관과 일맥상통하고 있다.

6 – 15

子曰: "誰能出不由戶, 何莫由斯道也?"

자왈: "수능출불유호, 하막유사도야?"

【미언】 공자가 이르시기를: "누가 출입구로 말미암지 않고 나갈 수 있겠는가마는, 어찌하여 이러한 도로 말미암지 않는가?"

【대의】 공자가 이르시기를: "도(옛 태평성대를 이끌었던 성현들의 통치이념)는 바로 세상으로 나가는 유일한 출입구와도 같으니, 오직 도로 세상을 다스려야만 나라가 안정될 수 있다."

11 - 19

子張問善人之道。子曰: “不踐迹, 亦不入於室。”

자장문선인지도. 자왈: “불천적, 역불입어실.”

【미언】 자장이 착한 사람의 도에 대해서 물었다. 공자가 이르시기를: “(성인의) 자취를 밟지 않으면, 방에 들어가지 못할 따름이다.”

【대의】 자장이 착한 사람의 도에 대해서 물었다. 공자가 이르시기를: “너는 명성을 얻을 것만 생각하고, 또 어떻게 해야 정치에 종사할 수 있는지를 묻고 있으니, 이는 향상됨을 구하는 것이 아니라 빨리 이루기를 바라는 것이다. 성급하게 정치에 참여하고자 하는 자세를 버리고, 도(성인들의 통치이념)의 구성요소를 하나씩 배워가면서 실천해야 한다. 도의 구성요소를 하나씩 배워가면서 실천하지 않으면, 결국 성인의 도를 깨우치지 못한다.”

결국 공자는 대동사회의 성인들이 행한 천성에 따라서 무위자연으로 다스리는 천도(天道)를 근간으로 하고 있지만, 춘추시대와도 같은 혼란기에서는 작위하여 애써 바로잡는 인도(人道)로서 다스려야 한다고 믿었던 것이니, 이와 관련하여서는 [左傳(좌전)] 〈昭公(소공) 20년〉의 기록을 살펴볼 필요가 있다.

정(鄭)나라의 자산(子産)이 병에 들자, 그는 자대숙(子大叔)을 불러서 말했다. “내가 죽으면 그대가 다스릴 터인데, 오로지 덕(德)이 있는 사람만이 백성을 관대하게 복종시킬 수 있으니, 그 다음으로는 엄격하게 다스리는 것이 가장 좋소. 불은 맹렬하기에 불에 죽는 사람이 적지만, 물은 관대하기에 가까이하다가 죽는 이들이 많소. 그러므로 관대함으로 다스리는 것은 어려운 것이오." 자산이 죽고 나서 자대숙이 그를 이어 통치했는데, 백성을 관대하게 다스리자 오히려 도둑이 많아졌다. 자대숙이 자산의 말을 듣지 않은 것을 후회하고 그들을 잡아다 죽이자, 도둑이 줄어들게 되었다. 이 일에 공자는 "통치를 관대하게 하면 백성이 게을러지고, 게을러지면 엄격하게 바로잡아야 하지만, 엄격하게 통제하면 백성이 상처를 받으니 다시 관대함을 베풀어야 한다. 따라서 관대함과 엄격함이 조화를 이루는 정치가 가장 좋은 것이다"라고 평가했다. [史記(사기)] 〈孔子世家(공자세가)〉에 따르면 노나라 소공(昭公) 20년, 즉 공자가 30세일 때 자산이 죽었는데, 공자는 눈물을 흘리며 그는 예로부터 전해오는 사랑을 따른 사람이었다고 말하며 슬퍼했다고 한다.

이처럼 공자는 이상적인 천도(天道)보다는 현실적으로 실현가능한 즉 애써 바로잡는 인도(人道)를 선택했으니, 이와 관련하여 또 [논어] 〈헌문(憲問)〉편의 기록을 살펴보도록 하자.

14 – 15

子曰: "晉文公, 譎而不正; 齊桓公, 正而不譎。"

자왈: "진문공, 휼이불정; 제환공, 정이불휼."

【미언】 공자 말씀하시기를, "진나라 문공은 속이고 기만하여 바르지 않지만; 제나라 환공은, 올바르므로 속이고 기만하지 않는다."

제(齊)나라 환공(桓公)에 이어서 진(晉)나라 문공(文公) 역시 당시 남방의 오랑캐였던 초(楚)나라의 영토 확장을 막아냄으로써, 주나라 천자의 권위를 높인 공로를 인정받았다. 따라서 역사적으로는 제환진문(齊桓晉文: 제나라의 환공과 진나라의 문공)이라고까지 칭송하고 있는데, 공자는 여기서 정(正)으로 이 두 사람을 구분 짓고 있다. 왜일까?

[좌전] 등의 자료들을 정리하여 간단하게 설명하자면, 제나라 환공은 천자의 나라인 주나라에 조공을 바치지 않은 죄를 물어서 초나라를 쳤다. 반면 진나라 문공은 송(宋)나라가 초나라를 배신하도록 하고, 이에 초나라가 송나라를 치려고 하자 진나라는 조(曹)나라와 위나라를 공격했다. 그런데 초나라는 조나라 및 위나라와 혼인을 통한 동맹관계였기 때문에, 송나라를 포기하고 이 두 나라를 도와줄 수밖에 없었다. 이렇게 진나라와 초나라는 전쟁을 하게 되었고, 초나라는 마침내 성복(城濮)전투에서 패하고 말았다.

결국 공자는 명분의 유무로 이 두 사람에 대해서 대조적인 평가를 한 것이니, 제나라 환공은 주나라 천자를 위한다는 명분으로 초나라를 격파했지만, 반면 진나라 문공은 아무런 명분도 없이 계략을 써서 초나라와 전쟁을 한 것이다. 이제 여기서 **정(正)**의 의미가 명확하게 드러나니, 바로 **명(名: 명분 즉 제도)에 의거하여 바로잡는 것**을 뜻한다.

인도(人道)는 바로잡는 도(道)이기 때문에 정(正: 올바름)의 정치를 뜻한다. 그리고 바로 이것이 공자가 그토록 명(名: 명분)을 강조한 이유가 되기도 한다. 그렇다면 공자가 말하는 인도(人道)로 바로잡는 명분으로는 과연 어떠한 것들이 필요한가?

7. 덕(德): 강함과 유함을 조화롭게 실천하는 절조

덕(德)은 본래 덕(悳)으로 쓰였다가 후대에 彳(조금 걸을 척)이 첨가되었다. 따라서 본래의 문자는 덕(悳)인데, 이는 直(곧을 직)과 心(마음 심)이 합쳐진 회의(會意)문자이다. 直(곧을 직)은 十(열 십)과 目(눈 목) 그리고 乚(숨을 은)이 합쳐져서 만들어진 회의문자로서, 열 개의 눈으로 숨은 것을 바라보면 바르고 곧아진다는 뜻이다. 그러므로 **덕(悳)**이란 **마음을 바르고 곧게 하면 타인이 얻는 바가 있게 되고, 자기 자신 역시 얻는 바가 있게 된다**는 의미가 되는 것이다.

이제 덕(德)과 관련하여, 다음의 기록들을 살펴보자.

> 貴有德何爲也? 爲其近於道也。
>
> 덕이 있음을 숭상하는 것은 어찌된 것인가? 그것(덕)이 도에 가깝기 때문이다.
>
> [禮記(예기)] 〈祭義(제의)〉

故大德者必受命。

따라서 큰 덕을 지닌 이는 반드시 명을 받는다.

[禮記(예기)] 〈中庸(중용)〉

故曰: 苟不至德, 至道不凝焉。

따라서 말하기를: 진실로 덕에 이르지 못하면, 도가 머물지 않는다.

[禮記(예기)] 〈中庸(중용)〉

공자는 이처럼 도(道)와 덕(德)의 관계를 명확히 하고 있으니, 즉 덕(德)을 통해서 궁극적으로 도(道)에 이르는 것이라고 규정하고 있다. 이를 좀 더 구체적으로 표현한다면 덕(德)이란 도(道) 바로 다음의 하위개념이 되는 것이니, 덕(德)에 이르러야 비로소 도(道)가 완성될 수 있음을 뜻한다. 그런데 공자는 덕을 설명할 때 [논어] 〈爲政(위정)〉편에서 다음과 같이 말하고 있다.

2 - 1

子曰: "爲政以德, 譬如, 北辰居其所而衆星共之。"

자왈: "위정이덕, 비여, 북신거기소이중성공지."

【미언】 공자가 이르시기를: "정치를 행함에 덕으로 하는 것은, 비유하자면, 마치 북두성이 그곳에 자리를 잡아서 여러 별이 함께 하는 것과도 같다."

【대의】 공자가 이르시기를: "지도자가 덕으로 다스리면, 마치 북극

성 주변에 수많은 별이 위치하듯이 주변의 수많은 사람이 몰려와 그를 지지하고 따르게 된다.

그렇다면 공자는 왜 덕(德)과 정치를 연계하여 설명하는 것일까? 이제 다음의 기록을 보면, 쉬이 이해할 수 있을 것이다.

> 自太甲, 歷沃丁, 太庚, 小甲, 雍己, 至太戊, 亳有祥桑穀共生于朝, 一日暮大拱, 伊陟曰, 妖不勝德, 君其脩德, 太戊修先王之政, 二日而祥桑枯死, 殷道復興, 號稱中宗。
>
> 태갑으로부터 옥정 태경 소갑 옹기를 거쳐, 태무에 이르러, 박에 요망한 뽕나무와 곡식(또는 닥나무)이 함께 아침에 나서 하루가 지나 저물녘에 크게 한 아름만 해지니 이척(이윤의 아들)이 말하기를, "요망함은 덕을 이기지 못하니 임금님께서는 그 덕을 닦으소서" 하였다. 태무가 선왕(선대의 어진 임금)의 정치를 닦으니 이틀 만에 요망한 뽕나무가 말라죽고 은나라의 왕도가 다시 일어나니 이를 불러 중종이라 일컬었다.
>
> [十八史略(십팔사략)] 〈殷王朝篇(은왕조편)〉

즉 덕(德)을 닦는다는 것은, 막연하게나마 태평성대를 이끌었던 선왕들의 정치를 배워서 실천하는 것임을 알 수 있다. 따라서 위 [논어] 〈위정편〉의 말은 지도자가 덕으로 다스리는 덕치(德治)를 행하면 수많은 사람이 몰려와 그를 지지하고 따르게 된다는 뜻이 되니, 바로 위에서 이미 언급했었던 [논어] 〈學而(학이)〉편의 다음 구절과 일치하게 된다.

1 – 1

子曰: "學而時習之, 不亦說乎? 有朋自遠方來, 不亦樂乎? 人不知而不慍, 不亦君子乎?"

자왈: "학이시습지, 불역열호? 유붕자원방래, 불역낙호? 인부지이불온, 불역군자호?"

【미언】 공자가 이르시기를: "배우고 늘 그것을 익히면, 또한 기쁘지 아니한가? 무리가 있어서 먼 곳으로부터 찾아오면, 또한 즐겁지 아니한가? 사람들이 알아주지 않아도, 원망하거나 성내지 않으면, 또한 군자가 아니겠는가?"

즉 '무리'는 다름 아닌 백성을 지칭하는 말로서, 그간 주희(朱熹)의 해설을 따라서 '뜻을 같이하는 사람들'이나 심지어 '벗, 친구'로 해석하는 것은 본의와 괴리된 것임을 밝혀둔다.

아무튼 덕(德)이라는 것은 이처럼 정치의 구체적인 방법이니, 이제 그 구체적인 항목들에 대해서 살펴보기로 하자.

> 皐陶曰: "都! 亦行有九德。亦言, 其人有德, 乃言曰, 載采采。" 禹曰: "何" 皐陶曰: "寬而栗, 柔而立, 愿而恭, 亂而敬, 擾而毅, 直而溫, 簡而廉, 剛而塞, 彊而義。彰厥有常, 吉哉! 日宣三德, 夙夜浚明, 有家。日嚴祗敬六德, 亮采, 有邦。翕受敷施, 九德咸事, 俊乂在官, 百僚師師。百工惟時, 撫于五辰, 庶績其凝。"
>
> 고요가 말했다: "아! 행함에는 또한 구덕(아홉 가지 덕)이 있습니다. 그 사람에게 덕이 있으면, 이에 가리고 가려 행했다고 말합니다." 우가 말했다: "어떤 것입니까?" 고요가 말했다: "관대하면서도 엄격하고, 온유하

면서도 확고히 서며, 정중하면서도 함께하고, 다스리면서도 공경하며, 길들이면서도 강인하고, 정직하면서도 부드러우며, 질박하면서도 청렴하고, 강직하면서도 정성스러우며, 굳세면서도 의로운 것이니, 항상 그러함을 밝히면, 길합니다. 날마다 세 가지 덕을 널리 펴고, 아침저녁으로 삼가 밝히면 가문을 소유할 수 있습니다. 날마다 여섯 가지 덕을 엄격하게 떨치고 공경하며, 명확하게 분간하면, 나라를 소유할 수 있습니다. 합해 거두어 널리 베풀어서 아홉 가지 덕을 모두 섬기면, 뛰어난 인재가 관직에 있게 되어, 모든 관료가 기준으로 삼고 따를 것입니다. 모든 관료가 때에 맞춰 오진(오행)을 따르면, 모든 공적이 이루어질 것입니다."

[尙書(상서)] 〈皐陶謨(고요모)〉

상술한 내용들을 정리해보면, 구덕(九德) 즉 아홉 가지 덕은 1. 관이율(寬而栗): 관대하면서도 엄격함, 2. 유이립(柔而立): 온유하면서도 확고히 섬, 3. 원이공(願而共): 정중하면서도 함께 함, 4. 치이경(治而敬): 다스리면서도 공경함, 5. 요이의(擾而毅): 길들이면서도 강인함, 6. 직이온(直而溫): 정직하면서도 부드러움, 7. 간이염(簡而廉): 질박하면서도 청렴함, 8. 강이실(剛而實): 강직하면서도 정성스러움, 9. 강이의(強而義): 굳세면서도 의로움을 말하는 것이다. 이 중에서 삼덕(三德), 즉 세 가지 덕을 행하면 가문을 소유할 수 있으니 바로 '제가(齊家)'를 뜻하고, 육덕(六德) 즉 여섯 가지 덕을 행하면 나라를 소유할 수 있으니 '치국(治國)'을 의미한다. 이 모두를 합친 구덕(九德), 즉 아홉 가지 덕을 섬기면 모든 관료들이 엄숙하고 삼가게 되니 '평천하(平天下)'를 가리킨다. 그런데 이 아홉 가지 덕목을 자세히 살펴보면, 모두 강함과 부드러움의 조화라는 공통점을 발견할 수 있을 것이다. 따라서 **덕(德)**이란 바로 **성인들이 행한 엄격함과 부드러움이 통치법을 조화롭게 실천하려는 절조(절개와 지조)**가 되는 것이다.

하지만 정치를 하는 지도자가 어떻게 이 강함과 부드러움을 모두 갖춤으로써 조화롭게 실천할 수 있을까? 타인의 실수는 너그러이 포용하여 감싸주는 반면 자신의 실수는 엄격하게 따짐으로써 그 허물을 고치는데 부끄러워하지 않는 모습, 그리고 자신은 검소하게 지내면서 백성에게는 오히려 베푸는 모습이 바로 그것이다.

그렇다면 이 '구덕' 중에서 '삼덕'과 '육덕'은 어떻게 구별해야 할까? 이어서 다음의 기록들을 살펴보자.

> 三德, 一曰正直, 二曰剛克, 三曰柔克, 平康正直, 彊弗友剛克, 燮友柔克, 沈潛剛克, 高明柔克。
>
> 삼덕(세 가지 덕)이라 함은, 첫 번째는 정직함을 말하는 것이요, 두 번째는 강직함으로 다스림을 말하는 것이요, 세 번째는 유함으로 다스림을 말하는 것이니, 평화롭고 안락하면 정직함으로 하고, 굳어서 따르지 않으면 강직함으로 다스리며, 화해하여 따르면 유함으로 다스리고, 성정이 가라앉아 겉으로 드러나지 않으면 강직함으로 다스리며, 식견이 높으면 유함으로 다스리는 것입니다.
>
> [尙書(상서)] 〈周書(주서)〉

즉 삼덕은 정직함과 강직함 그리고 부드러움으로 다스리는 것을 말하는 것이니, 이는 위의 구덕 중에서 2. 유이립(柔而立): 온유하면서도 확고히 섬, 6. 직이온(直而溫): 정직하면서도 부드러움, 8. 강이실(剛而實): 강직하면서도 정성스러움에 해당하고, 나머지는 바로 육덕이 됨을 알 수 있다. 이제 이를 그림으로 정리하면 다음과 같다.

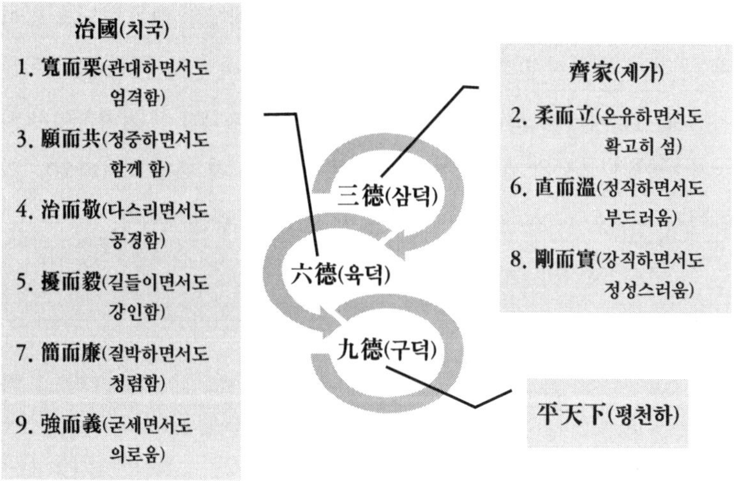

그렇다면 이러한 '삼덕'과 '육덕' 그리고 '구덕'은 언제부터 있었던 개념일까?

> 收九牧之金, 鑄九鼎, 三足象三德。
>
> (우 임금이) 구주(전 중국)의 쇠를 거두어 아홉 개의 솥을 주조하니, 세 발은 삼덕을 상징하였다.
>
> [十八史略(십팔사략)] 〈夏王朝篇(하왕조편)〉

상술한 기록을 살펴보면 '삼덕'은 우(禹)임금 때 존재했음을 알 수 있는데, 그보다 위에서 언급했던 고요의 말을 자세히 살펴보면 순임금 때에 이미 '구덕'의 개념이 확립되어 있음을 엿볼 수 있으니, 이러한 삼덕, 육덕, 구덕은 공자를 떠나서 상고시대인 대동의 사회부터 존재했었던 것이다.

또 바로 여기서 한 가지 풀고 넘어가야 할 오해가 있으니, 그간 [논어]

등을 통해서 알려진 공자의 사상은 공자로부터 비롯된 것이 아님을 알아야 할 것이다. 다시 말해서, 공자는 대동사회로부터 시작하여 소강사회를 거쳐서 계승되어온 도(道)를 온전하게 배워 실천하고자 한 정치가이자 사상가 나아가 그것을 제자들에게 오롯이 가르치고자 했던 교육자였던 인물이지, 새로운 사상이나 가치관의 창시자는 아니었던 것이다.

7-1. 오미사악(五美四惡): 육덕(六德)의 구체화

[논어] 〈堯曰(요왈)〉 편에는 다음과 같은 기록이 있다.

20 - 2

子張問於孔子曰: “何如斯, 可以從政矣?” 子曰: “尊五美, 屛四惡, 斯可以從政矣。” 子張曰: “何謂五美?” 子曰: “君子, 惠而不費, 勞而不怨, 欲而不貪, 泰而不驕, 威而不猛。” 子張曰: “何謂惠而不費?” 子曰: “因民之所利而利之, 斯不亦惠而不費乎? 擇可勞而勞之, 又誰怨? 欲仁而得仁, 又焉貪? 君子, 無衆寡, 無小大, 無敢慢, 斯不亦泰而不驕乎? 君子, 正其衣冠, 尊其瞻視, 儼然人望而畏之, 斯不亦威而不猛乎?” 子張曰: “何謂四惡?” 子曰: “不敎而殺, 謂之虐。不戒視成, 謂之暴。慢令致期, 謂之賊。猶之與人也, 出納之吝, 謂之有司。”

자장문어공자왈: “하여사, 가이종정의?” 자왈: “존오미, 병사악, 사가이종정의.” 자장왈: “하위오미?” 자왈: “군자, 혜이불비, 노이불원, 욕이불탐, 태이불교, 위이불맹.” 자장왈: “하위혜이불비?” 자왈: “인민지소리이리지, 사불역혜이불비호? 택가로이로지, 우수원? 욕인이득인, 우언탐? 군자, 무중과, 무소대, 무감만, 사불역태이불교호? 군자, 정기의관, 존기첨시, 엄연인망이외지, 사불역위이불맹호?” 자장왈: “하위사악?” 자왈: “불교이살, 위지학. 불계시성, 위지포. 만령치기, 위지적. 유지여인야, 출납지린, 위지유사.”

【미언】 자장이 공자에게 묻기를: "어떤 것을 다해야, 정치에 종사할 수 있습니까?" 공자가 이르시기를: "다섯 가지 좋은 일을 높이고, 네 가지 잘못을 물리치면, 이에 정치에 종사할 수 있다." 자장이 말하길: "무엇을 다섯 가지 좋은 일이라고 합니까?" 공자가 이르시기를: "군자는, 은혜롭지만 낭비하지 않고, 수고롭지만 원망하지 않으며, 원하지만 탐내지 않고, 편안하지만 교만하지 않으며, 위엄이 있지만 사납지 않다." 자장이 말하길: "무엇을 은혜롭지만 낭비하지 않는다고 합니까?" 공자가 이르시기를: "백성이 이롭게 여기는 것을 이롭게 해주면, 이 또한 은혜롭지만 낭비하지 않는 것이 아니겠는가? 수고롭게 할 만한 일을 골라서 수고롭게 하면, 또 누가 원망하겠는가? 어질고자 하여 어짊에 이르니, 또 어찌 탐내겠는가? 군자는 많거나 적거나, 작거나 큼에 상관없이 감히 태만하지 않으니, 이 또한 평안하고도 교만하지 않은 것이 아니겠는가? 군자는 그 의관을 바르게 하고, 바라보는 것을 존엄히 하며, 엄숙하여 사람들이 바라보면 그를 경외하니, 이 또한 위엄이 있지만 사납지 않은 것이 아니겠는가?" 자장이 말하길: "무엇을 네 가지 잘못이라고 합니까?" 공자가 이르시기를: "가르치지 않고 죽이는 것을, 모질다고 한다. 훈계하지 않고 성과를 바라는 것을, 난폭하다고 한다. 느슨하게 부리고 기한을 빽빽이 하는 것을, 도적이라고 한다. 오히려 사람들에게 주어야 하는데, 출납을 인색하게 하는 것을, 유사(사무를 맡아보는 직무)라고 한다."

상술했다시피 정치란 덕(德)으로 하는 덕치(德治)를 행하는 것이고, 덕(德)은 성인들이 행한 강함과 부드러움의 통치법을 조화롭게 실천하려는 절개와 지조로서 아홉 가지가 있으니 구덕(九德)이라고도 불린다.

그런데 여기서 공자는 자장(子張)의 물음에 군자, 즉 도(道)를 배우고 부단히 노력하여 실천하는 올바른 지도자는 다섯 가지 좋은 일을 숭상함으로써 정치에 종사한다고 말하고 있으니, 이는 필경 치국(治國)에 필요한 육덕(六德: 여섯 가지 덕)과 분명 모종의 연관성이 있을 것이다. 따라서 이제 치국(治國)의 육덕(六德)과 본문에서 공자가 언급한 다섯 가지 좋은 일을 상호 비교함으로써, 양자 간에는 과연 어떠한 상관관계가 있는지 알아보기로 하자.

오미(五美)	공자의 풀이	치국(治國)의 육덕(六德)
1. 혜이불비(惠而不費): 은혜롭지만 낭비하지 않음.	백성이 이롭게 여기는 것을 이롭게 해주면, 이 또한 은혜롭지만 낭비하지 않는 것이 아니겠는가?	3. 원이공(願而共): 정중하면서도 함께 함.

백성이 진정으로 원하는 바를 이해하고 그들의 뜻을 따른다는 것은, 바로 지도자가 백성에게 정중하고도 공손한 모습을 보이는 것이다. 또한 그렇게 되면 백성이 지도자를 따를 것이고 지도자 역시 백성을 섬기게 되는 것이니, 이것이야말로 진정 함께 하는 상생과 공생의 모습이 아니겠는가? 따라서 공자는 말한다. 지도자가 백성이 진정 원하는 것을 개선하는 데 과감히 국고(國庫)를 열면, 이는 백성을 위한 것이므로 낭비가 되지 않는다고.

오미(五美)	공자의 풀이	치국(治國)의 육덕(六德)
2. 노이불원(勞而不怨): 수고롭지만 원망하지 않음.	수고롭게 할 만한 일을 골라서 수고롭게 하면, 또 누가 원망하겠는가?	5. 요이의(擾而毅): 길들이면서도 강인함.

백성이 수긍할 수 있는 범위 내에서의 지도자 결정을 따르지 않는 백성은 없다. 지도자가 그런 백성의 뜻을 헤아려서 수고롭게 한다면, 백성은 지도자의 뜻에 따라서 길들여지고 또 그러한 과정을 통해서 스스로 강인해진다. 따라서 공자는 말한다. 지도자가 백성이 수긍할 수 있는 범위 내에서 그들을 수고롭게 한다면, 백성은 결코 지도자의 결정에 불만을 품거나 원망을 하지 않는다고.

오미(五美)	공자의 풀이	치국(治國)의 육덕(六德)
3. 욕이불탐(欲而不貪): 원하지만 탐내지 않음.	어질고자 하여 어짊에 이르니, 또 어찌 탐내겠는가?	4. 치이경(治而敬): 다스리면서도 공경함.

정치를 담당하는 지도자가 백성을 올바름으로 이끌어 국가를 안정시키는 것은 결코 자신의 사적인 이익을 탐해서가 아니니, 이는 나아가 결국 국가 최고지도자인 임금을 진심으로 섬기고 따르는 것이 된다. 따라서 공자는 말한다. 정치를 담당하는 지도자가 아래로 백성을 올바르게 다스리는 것은, 결국 위로는 임금을 진심으로 섬기고 공경하는 것이 된다고.

오미(五美)	공자의 풀이	치국(治國)의 육덕(六德)
4. 태이불교(泰而不驕): 편안하지만 교만하지 않음.	군자는 많거나 적거나, 작거나 큼에 상관없이, 감히 태만하지 않으니, 이 또한 평안하고도 교만하지 않은 것이 아니겠는가?	7. 간이염(簡而廉): 질박하면서도 청렴함.

재물에 집착하면 평상심을 잃게 되어 탐욕이 생기게 되고, 또 그렇게 되면 백성보다 자신의 이익을 먼저 생각하게 된다. 그러므로 도(道)를 배워서 실천하려고 부단히 실천하는 참된 지도자인 군자는 재물에 집착하지 않으므로 항상 마음을 평안하게 하지만 결코 태만한 모습을 보이지는 않는 것이다. 따라서 공자는 말한다. 군자는 오직 나라와 백성의 안위만을 생각하므로, 청렴한 자세를 유지하기 위해서 탐욕을 생기게 하는 재물에 마음을 두지 않는다고.

오미(五美)	공자의 풀이	치국(治國)의 육덕(六德)
5. 위이불맹(威而不猛): 위엄이 있지만 사납지 않음.	군자는, 그 의관을 바르게 하고, 바라보는 것을 존엄히 하며, 엄숙하여 사람들이 바라보면 그를 경외하니, 이 또한 위엄이 있지만 사납지 않은 것이 아니겠는가?	1. 관이율(寬而栗): 관대하면서도 엄격함.

참된 지도자인 군자는 항시 스스로를 추스르고 자신에게 엄격히 하며 올곧은 모습을 보이기에, 멀리서 보는 백성은 쉬이 다가서지 못한다. 하지만 군자는 오로지 나라와 백성의 안위만을 생각하고 타인에게 관대하며 백성의 마음을 이해하고 따르려 노력하므로, 가까이 다가서면 그 누구보다도 인자하고 부드러운 모습을 띠는 것이다. 따라서 공자는 말한다. 참된 지도자는 이처럼 엄격함과 관대함을 모두 갖추고 있다고.

즉 본문에서 언급한 정치에 필요한 오미(五美)는 결국 육덕(六德) 중 다섯 가지 미덕(美德)을 뜻하는 것임을 알 수 있다. 그렇다면 공자는 왜 육덕

(六德) 중 하나인 9. 강이의(強而義)에 대해서는 언급하지 않은 것일까?

오미(五美)	공자의 풀이	치국(治國)의 육덕(六德)
		9. 강이의(強而義): 굳세면서도 의로움.

이와 관련하여서는, 먼저 다음의 두 기록을 살펴보기로 하자.

子路問强。子曰: 南方之强與, 北方之强與, 抑而强與? 寬柔以教, 不報無道, 南方之强也, 君子居之。衽金革, 死而不厭, 北方之强也, 而强者居之。故君子和而不流, 强哉矯! 中立而不倚, 强哉矯! 國有道, 不變塞焉, 强哉矯! 國無道, 至死不變, 强哉矯。

자로가 강함을 물었다. 공자가 말씀하시기를: 남방의 강함인가, 북방의 강함인가, 아니면 너의 강함인가? 너그럽고 부드러움으로 가르치고, 무도함에 보복하지 않는 것은 남방의 강함이니, 군자가 머문다. 병기와 갑옷을 깔고(늘 전쟁을 하고), 죽어도 싫증내지 않는 것은 북방의 강함이니, 따라서 흉포한 자가 머문다. 따라서 군자는 화목하게 지내지만 선을 넘어서 바깥으로 번지지는 않으니, 강하도다 꿋꿋함이여! 중(中)에 서서 기울어지지 않으니 강하도다 꿋꿋함이여! 나라에 도가 있으면 성실함이 변하지 않으니, 강하도다 꿋꿋함이여! 나라에 도가 없으면 죽음에 이르러도 변하지 않으니, 강하도다 꿋꿋함이여!

[禮記(예기)] 〈中庸(중용)〉

何謂人義? 父慈、子孝、兄良、弟弟、夫義、婦聽、長惠、幼順、君仁、臣忠、十者謂之人義。

> 무엇을 의라고 일컫는가? 아버지는 자애롭고, 아들은 효도하며, 형은 착하고, 아우는 공경하며, 남편은 합당한 행동을 하고, 아내는 순종하며, 어른은 은혜를 베풀고, 어린이는 따르며, 임금은 진심으로 섬겨서 따르고, 신하는 충후해야 하니, (이) 열 가지를 사람의 의라고 일컫는다.
>
> [禮記(예기)] 〈(禮運(예운)〉

사전을 찾아보면, 강(强)은 '강하다, 굳세다, 힘쓰다'라는 긍정적인 의미도 있지만, 또 한편으로는 '강제로 하다, 억지로 시키다'라는 부정적인 의미도 함께 지니고 있다. 따라서 **강(强),** 즉 진정한 강함이란 흉포함이 아니라, **너그럽고 부드러움으로 가르치고, 또 무도함에 보복하지 않는 강함과 부드러움이 조화를 이룬 자애로움**을 뜻한다. 또한 의(義), 즉 의로움이라는 것은 뒤에서 보다 구체적으로 설명하겠지만, 여기서 간략하게나마 정의를 내린다면 계급상의 서열을 명확하게 하고, 그 서열에서 마땅히 지켜야 할 바를 목숨을 걸고 지키는 것이다. 따라서 이제 이 두 가지를 합쳐 보면, 백성을 이끄는 지도자는 마땅히 백성을 누구보다 아끼고 보호할 줄 알아야 한다는 것이다. 바로 이것이 9. 강이의(强而義) 즉 굳세고도 의로움의 참된 의미가 되는 것이다.

이어서 사악(四惡: 네 가지 잘못)의 구체적인 내용을 정리해보자.

1. 학(虐): 가르치지 않고 죽이는 것을, 모질다고 한다.

2. 폭(暴): 훈계하지 않고 성과를 바라는 것을, 난폭하다고 한다.

3. 적(賊): 느슨하게 부리고 기한을 빽빽이 하는 것을, 도적이라고 한다.

4. 유사(有司): 오히려 사람들에게 주어야 하는데, 출납을 인색하게 하는 것을, 유사(사무를 맡아보는 직무)라고 한다.

이 중 첫 번째와 두 번째는 [논어] 〈자로(子路)〉편의 다음 두 구절과 연결된다.

13 – 30

子曰: “以不教民戰, 是謂棄之。”

자왈: “이불교민전, 시위기지.”

【미언】 공자가 이르시기를: “가르치지 않은 백성으로 전쟁을 하는 것, 이를 일컬어 그들을 버리는 것이라고 한다.”

이는 이미 6장에서 언급했던 [禮記(예기)] 〈學記(학기)〉편의 내용을 되새겨보면, 그 뜻을 자연스레 이해할 수 있을 것이다.

13 – 11

子曰: “善人爲邦百年, 亦可以勝殘去殺矣。誠哉, 是言也!”

자왈: “선인위방백년, 역가이승잔거살의. 성재, 시언야!”

【미언】 공자가 이르시기를: “선한 이가 백 년 동안 나라를 다스리면, 잔혹함을 없애고 사형제도를 없앨 수 있다고 하였다. 참되구나, 이 말이!”

이와 관련하여서는, 아래에 제시하는 기록들을 살펴보기로 하자.

周公曰: 嗚呼! 厥亦惟我周太王王季, 克自抑畏。文王卑服卽康功田功, 徽柔懿恭, 懷保小民, 惠鮮鰥寡。自朝至于日中昃, 不遑暇食, 用咸和萬民。文王不敢盤于遊田, 以庶邦惟正之供, 文王受命惟中身, 厥享國五十年。周公曰, 嗚呼。

주공이 말했다: '아! 또한 우리 주나라 태왕과 그의 아들 왕계는 능히 스스로 조심하고 두려워하셨습니다. 문왕은 허름한 옷을 입고 곧 편히 해주는 일과 밭일을 하셨으니, 아름답게 복종하고 훌륭하게 공경하여 신분이 낮은 백성을 아끼고 보호하며, 홀아비와 과부들을 사랑하고 새로이 하셨습니다. 아침부터 한낮을 거쳐 해가 기울 때까지 한가하게 밥을 먹지 못하고, 모든 백성을 다 화목하게 하셨습니다. 문왕은 감히 노닐거나 사냥하지 않고, 그럼으로써 온 나라를 올바름으로 받드셨으니, 문왕이 천명을 받은 것이 단지 마흔이었고, 나라를 오십 년 누리셨습니다.

[尙書(상서)] 〈無逸(무일)〉

주나라 문왕은 50년 동안 임금 자리에 있으면서 다스림에 항상 삼가고 백성을 억지로 누르지 않았으며 그 천성을 누릴 수 있도록 최선을 다했다. 그의 아들 무왕 역시 13년 동안 임금 자리에 있으면서 태평성대를 구가했고, 뒤이은 성왕(成王)과 강왕(康王)은 각각 22년과 26년 동안 재위하면서 성강지치(成康之治)의 시대를 이끌었다.

旣絀殷命, 襲淮夷, 歸在豐, 作周官。興正禮樂, 度制於是改, 而民和睦, 頌聲興。

(성왕은) 은나라의 명을 물리치고, 회이를 습격하고, 돌아와 풍 지역에 있으면서 주관을 지었다. 일으켜 예와 악을 바로잡고, 법도가 여기에서 고쳐져, 백성이 화목하고, 여러 사람이 기리어 기뻐하였다.

[史記(사기)] 〈周本紀(주본기)〉

成王崩, 子康王釗立, 成康之際, 天下安寧, 刑錯四十餘年不用。

성왕이 죽고, 아들 강왕 쇠가 즉위하니, 성왕과 강왕의 시대에는, 세상이 안녕하여 형벌을 시행했지만 40여 년간 쓰이지 않았다.

[十八史略(십팔사략)] 〈周王朝篇(주왕조편)〉

소강사회를 이끌었던 군자들은 먼저 자기가 직접 솔선수범함을 보이고 그런 후에 이를 백성에게 훈계하였으니, 그 결과 주나라에는 형벌이 있어도 어기는 백성이 없어서 이를 쓸 일이 없었다고 한다. 따라서 공자가 본문에서 말한 백 년은 바로 주나라 초기의 태평성대를 일컬은 것이 아니었겠는가?

또한 세 번째와 네 번째는 당시 관료들의 파렴치한 행태를 적나라하게 드러내어 고발하고 있음을 알 수 있다. 이와 관련하여서는 [논어] 〈陽貨(양화)〉 편의 다음의 구절을 참고할 수 있다.

17 - 13

子曰: "鄕原, 德之賊也。"

자왈: "향원, 덕지적야."

【미언】 공자 말씀하시기를, "향원은, 덕의 도둑이다."

【대의】 공자 말씀하시기를, "겉으로는 선량한 척하면서 백성에게 돌아가야 할 혜택을 중간에서 가로채는 촌락의 토호인 향원은, 덕을 갉아먹는 해충이다."

향원은 당시 겉으로는 선량한 척하면서 백성에게 돌아가야 할 혜택을 중간에서 가로채는 촌락의 토호를 지칭한다. 따라서 이 말은 "겉으로는 선량한 척하면서 백성에게 돌아가야 할 혜택을 중간에서 가로채는 촌락의 토호인 향원은, 덕을 갉아먹는 해충이다"라는 의미로 이해할 수 있을 것이다.

결국 공자는 모두 당시 관료들의 파렴치한 행태를 적나라하게 드러내어 고발하고 있음을 알 수 있으니, 이미 위에서 언급했다시피 9. 강이의(強而義: 굳세면서도 의로움)는 "백성을 이끄는 지도자는 마땅히 백성을 누구보다 아끼고 보호할 줄 알아야 한다"는 의미를 함축하고 있다. 따라서 공자는 마지막의 9. 강이의(強而義)에 대해서는 그와 상반되는 **사악(四惡: 네 가지 잘못)**의 예를 열거함으로써, **육덕(六德)의 하나인 강이의(強而義)를 보다 구체적으로 풀어서 설명**하고 있음을 알 수 있는 것이다.

7-2. 일(一): 순일(純一)한 덕(德)

공자는 [논어] 〈里仁(이인)〉편에서 다음과 같이 자신의 가치관을 밝힌 바 있다.

4 - 15

子曰: "參乎, 吾道一以貫之。"
자왈: "삼호, 오도일이관지."

【미언】 공자가 이르시기를: "삼아, 나의 도는 하나로 그것을 꿰뚫는다."

공자는 자신의 도(道), 즉 통치이념은 일(一: 하나)로 꿰뚫는다고 했는데, 이와 관련하여 먼저 다음의 기록을 살펴보자.

> 嗚呼! 天難諶, 命靡常, 常厥德, 保厥位, 厥德匪常, 九有以亡。夏王弗克庸德, 慢神虐民, 皇天弗保, 監于萬方, 啓迪有命, 眷求一德, 俾作神主。惟尹躬暨湯, 咸有一德, 克享天心, 受天明命。(생략) 非天私我有商, 惟天佑于一德, 非商求于下民, 惟民歸于一德。德惟一, 動罔不吉, 德二三, 動罔不凶。

아! 하늘을 믿기 어려운 것은 천명이 항구하지 않기 때문이니 그 덕이 항구하면 그 지위를 보존하고, 그 덕이 항구하지 못하면 구주(세상)가 망하게 됩니다. 하나라 왕이 덕을 능히 변치 않게 하지 못하여 귀신을 업신여기고, 백성을 해치자 황천이 보호하지 않고, 만방을 살펴보아 천명이 있는 이를 가르쳐 길을 열었습니다. 순일(純一)한 덕(德)이 있는 이를 찾아 돌보시니, 귀신을 받드는 주인이 되게 하였습니다. 저 이윤은 몸소 탕(탕왕)과 함께, 모두 순일한 덕을 갖춰서, 능히 천심을 누릴 수 있었으니, 하늘의 밝은 명을 받은 것입니다. (생략) 하늘이 우리 상나라에 사사로움이 있는 것이 아니라, 하늘이 순일한 덕을 도운 것이고, 상나라가 백성에게 청한 것이 아니라, 백성이 순일한 덕으로 귀속한 것입니다. 덕이 한결같으면, 움직여서 길하지 않은 것이 없고, 덕이 두셋으로 나뉘면(한결같지 않으면), 움직여서 흉하지 않은 것이 없습니다.

[尙書(상서)] 〈咸有一德(함유일덕)〉

덕(德)이란 성인들이 행한 강함과 부드러움의 통치법을 조화롭게 실천하려는 절조(節操: 절개와 지조)이다. 따라서 **일(一)**이란 바로 **순일(純一)한 덕(德)**을 가리키는 것이고, 이러한 순일(純一)한 덕(德)은 천명(天命)에 따라 두 마음을 품지 않고 한결같게 행하는 절조, 다시 말해서 **지도자가 사사로운 이익을 탐하지 않고 오로지 백성과 나라를 생각하는 절조**를 뜻함을 알 수 있다.

이제 다음으로는 이러한 순일(純一)한 덕(德)을 실천하기 위해서 필요한 요소들에는 또 무엇이 있는지 살펴보기로 하자.

8. 중화(中和): 덕(德)의 양대 요소

앞에서 덕(德)은 도(道)에 이르기 바로 전의 단계로서, 성인들이 행한 강함과 부드러움의 통치법을 조화롭게 실천하려는 절조(절개와 지조)라고 설명한 바 있다. 그렇다면 이 덕(德)을 실천하기 위한 구체적인 행동강령, 다시 말해서 덕을 구성하는 요소들에는 과연 어떠한 것이 있을까? 먼저 이와 관련하여 다음의 기록을 살펴보자.

> 喜怒哀樂之未發, 謂之中, 發而皆中節, 謂之和。中也者, 天下之大本也, 和也者, 天下之達道也。致中和, 天地位焉, 萬物育焉。
>
> 희로애락이 드러나지 않은 것, 그것을 중이라고 일컫고, 드러나지만 모두 절도에 맞는 것, 그것을 화라고 한다. 중이라는 것은 세상의 큰 근본이고, 화라고 하는 것은 세상이 도에 닿은 것이다. 중과 화에 이르면 천지가 자리를 잡고, 만물이 자란다. [禮記(예기)] 〈中庸(중용)〉

상술한 기록에 따르면, 중(中)은 도(道)의 근본이고 화(和)는 그 자체로 이미 도(道)에 도달했음을 증명하는 것이다. 또한 중(中)과 화(和)에 이르면 세상이 도(道)에 닿아서 천지가 자리를 잡고 만물이 자란다고 말하고 있으니, 이는 중(中)과 화(和)가 도(道)의 바로 전 단계임을 드러내는 것이다. 그리고 앞에서 도(道)의 바로 전 단계가 덕(德)이라고 설명한 바 있으므로, 결국 중(中)과 화(和)는 덕(德)을 이루는 양대(兩大) 요소(要素)가 됨을 알 수 있다. 이러한 이론을 더욱 확실하게 증명하는 것이 바로 앞에서 잠시 언급한 바 있는 [논어] 〈里仁(이인)〉편의 다음 내용이다.

4 – 15

子曰: "參乎, 吾道一以貫之。" 曾子曰: "唯。" 子出。門人問曰: "何謂也?" 曾子曰: "夫子之道, 忠恕而已矣。"

자왈: "삼호, 오도일이관지." 증자왈: "유." 자출, 문인문왈: "하위야?" 증자왈: "부자지도, 충서이이의."

【미언】 공자가 이르시기를: "삼아, 나의 도는 하나로 그것을 꿰뚫는다." 증자가 말하기를: "예." 공자께서 나가셨다. 문하의 제자가 말하기를: "무엇을 이르신 것입니까?" 증자가 말하기를: "선생님의 도는, 충(정성스러움)과 서(남의 처지에 서서 이해하고 동정하는 마음)뿐이다."

【대의】 공자가 이르시기를: "증자야, 나의 통치이념은 순일한 덕, 즉 지도자가 사사로운 이익을 탐하지 않고 오로지 백성과 나라를 생각하는 절조로서 일관하여 섬기는 것이다." 증자가 말하기를: "예." 공자께서 나가셨다. 문하의 제자가 말하기를: "무엇을 이르신 것입니까?" 증자가 말하기를: "스승께서 추구하시는 도(태평성대를 이끈 성현들의 통치이념)는, 정성스러움과 남의 처지에 서서 이해하고 동정하는 마음으로 하는 것일 따름이다."

이미 앞에서 누차 강조했다시피, 덕(德)이란 성인들이 행한 강함과 부드러움의 통치법을 조화롭게 실천하려는 절개와 지조이다. 따라서 하나란 바로 순일(純一)한 덕(德)을 가리키는 것이고, 이러한 순일한 덕(德)은 천명에 따라 두 마음을 품지 않고 한결같게 행하는 절조, 다시 말해서 지도자가 사사로운 이익을 탐하지 않고 오로지 백성과 나라를 생각하는 절조를 뜻한다.

그렇다면 충(忠)은 구체적으로 어떤 의미를 지니고 있을까? [좌전] 〈昭公(소공) 28년〉에 다음과 같은 기록이 전해진다. 진(晉)나라의 가신(賈辛)이 한 고을의 원님으로 부임하기 전에 위헌자(魏獻子)를 찾았는데, 위헌자는 그에게 숙향(叔向)의 일화를 소개했다. "숙향이 정(鄭)나라에 갔을 때, 종멸(鬷蔑)이라는 못생긴 인물이 심부름꾼으로 가장해서 그에게 다가가 훌륭한 말을 했소. 그 말을 들은 숙향은 술을 마시다가 말고 '저 사람은 분명히 종멸일 것이다.'라고 하여, 그의 손을 잡고 이런 말을 했다고 하오. '옛날 가(賈)나라의 대부가 못생겼는데, 그의 아내는 아름답더랍니다. 하지만 어찌된 일인지 결혼한 지 3년이 되도록, 그녀는 말하지도 웃지도 않더라는 군요. 하루는 그 대부가 아내를 데리고 밖으로 나가 활을 쏘아 꿩을 잡아주었더니, 그제야 웃더랍니다. 이에 가나라 대부는 사람이란 반드시 한 가지 재주는 있어야 한다고 말했으니, 자신이 못생겼는데 활조차 잘 쏘지 못했더라면, 아내가 평생 말하지도 웃지도 않았을 것이기 때문입니다. 이제 종멸 그대가 훌륭한 말을 해주지 않았더라면, 나는 그대를 잃었을 것이오.' 그러고는 그날부터 숙향과 종멸은 마치 오랜 친구처럼 지냈다고 하오. 이제 가신 그대가 고을을 다스리러 떠나니, 정성을 다해야 할 것이오!"

이에 공자는 위헌자가 자기와의 관계가 가깝고 멂을 따지지 않고 공정하게 인재를 선발하였으니 의(義)로운 사람이고, 또한 옳은 말로 가신을 타일렀으니 충(忠)한 인물이라고 평가했다. 따라서 **충(忠)**은 바로 **정성을 다한다**는 의미로 풀이해야 마땅할 것이다.

서(恕)와 관련하여서는, 다음 [孟子(맹자)] 〈離婁(이루)〉 편의 기록을 살펴보기로 하자.

> 禹稷顔子易地, 則皆然。
>
> 우와 직 그리고 안자는 처지(신분)를 바꿔도, 곧 모두 그러할 것이다.

요임금은 곤(鯀)으로 하여금 홍수를 다스리게 하였으나 실패하자, 순임금에 이르러 그의 아들 우(禹)에게 아버지의 사업을 맡겼다. 우는 또 직(稷)을 추천하여 농업을 관장하게 하였으니, 이 두 사람은 물에 빠지거나 굶주리는 백성을 보면 모두 자신이 일을 잘못해서 그렇게 되었다고 여겼다. 그리고 안자(顔子) 즉 안회(顔回)는 어려운 환경 속에서도 도를 배우는 즐거움을 고치지 않았던 인물이다.

따라서 이 세 명은 처지를 서로 바꿔도 분명 그렇게 했을 것이라고 말하고 있으니, 이것이 바로 그 유명한 역지사지(易地思之) 즉 입장을 바꿔서 생각하다는 성어(成語)의 원의(原義)가 되는 것이다. 그러므로 이를 정리해 보면, **서(恕)**는 바로 **남의 처지에 서서 이해하고 같아지려는 마음**이 되는 것임을 알 수 있다.

이제 상술한 내용들을 토대로 하여, 또 다음의 기록을 살펴보자.

> 忠恕違道不遠, 施諸己而不願, 亦勿施於人。
>
> 충과 서는 도에서 멀리 떨어져 있지 않으니, 자기에게 베푸는 것을 원하지 않으면, 역시 남에게 베풀지 말아야 한다.
>
> [禮記(예기)] 〈中庸(중용)〉

도(道)에 이르기 바로 직전의 단계가 덕(德)이다. 즉 공자는 도(道)에 이르기 위해서 하나(一)로 일관한다고 하고 있으니 순일(純一)한 덕(德)을 말하는 것이고, 공자는 이러한 덕(德)을 이루는 양대 요소인 중(中)과 화(和)를 충(忠)과 서(恕)로 달리 표현하여 설명한 것이다. 결국 **중(中)과 충(忠) 그리고 화(和)와 서(恕)**는 사실상 **이름만 다르고 그 본질은 같은 개념**이 되는 것이다. 이제 충(忠)과 서(恕)의 또 다른 이름이 되는 중(中)과 화(和)가 과연 어떠한 의미를 지니는지 알아보기로 하자.

8-1. 중(中): 객관성과 공정성

우리는 중(中)을 '중립(中立)' 또는 '중간(中間)'이라는 의미로 인식하는 데 이미 익숙해져 있고, 또 그렇게 자주 사용하고 있다. 그렇다면 공자가 말하는 중(中) 역시 그러한 의미를 지니는 것일까? 자정자(子程子)는 이에 대해서 다음과 같이 설명하고 있다.

> 中者, 不偏不倚無過不及之名, 庸, 平常也。
>
> 중이라는 것은 편벽되지 않고 치우치지 않으며, 지나치거나 미치지 못함이 없는 것의 이름이요, 용은 늘 그러함이다.
>
> [禮記(예기)] 〈中庸·序(중용·서)〉

용(庸)은 '늘 그러함'이니 상(常)과 같은 개념이 되는데, 이는 뒤에서 좀 더 구체적으로 살펴보기로 한다. 그렇다면 **중(中)**은 편벽되지 않고 치우치지 않으며, 지나치거나 미치지 못함이 없는 상태가 되는 것이니, 다름 아닌 **공정(公正)하고도 객관(客觀)적인 자세를 견지하는 것**이 되는 것이다. 따라서 공자 역시 다음과 같이 말한 바 있다.

> 君子依乎中庸, 遯世不見知而不悔, 唯聖者能之。
>
> 군자는 중용에 의지하여, 세상을 피해 알아주지 않는다 하더라도 후

회하지 않으니, 오로지 성인이라야 그렇게 할 수 있다.

[禮記(예기)] 〈中庸(중용)〉

여기서도 공자는 군자의 도(道)에 있어서 중(中)이 얼마나 중요한 구성 요소가 되는지를 강조하고 있는데, 특히 이러한 중(中)의 태도가 실천하기 얼마나 어려운지에 대해서는, 사실상 성인만이 오롯이 실천할 수 있는 성질의 것이라고 강조하고 있음에 유의할 필요가 있다.

또한 [논어] 〈爲政(위정)〉편에서는 다음과 같이 언급한 바 있다.

2 – 14

子曰: "君子周而不比; 小人比而不周。"

자왈: "군자주이불비; 소인비이불주."

【미언】 공자가 이르시기를: "군자는 두루 미쳐서 편들고 가려서 뽑지 않지만; 소인은 편들고 가려서 뽑지 두루 미치지 않는다."

【대의】 공자가 이르시기를: "군자(도를 배우고 부단히 노력하여 실천하는 올바른 지도자)는 어느 한쪽으로 치우쳐 편들지 않고 공정하게 판단하지만; 반면에 소인은 한쪽으로 치우쳐 편들기에 공정하게 판단하지 못한다."

이를 종합하여 위에서 공자가 한 말을 살펴보면, 군자는 항상 공변된(한쪽으로 치우치지 않고 공평한) 태도로 변하지 않고 부단히 노력하는 데에만 힘을 기울인다는 뜻인 것이니, 이러한 중(中)의 태도는 다음의 기록을 통해서 그 깊이가 더욱 드러난다.

愛而知其惡, 憎而知其善。

사랑하지만 그 나쁜 점을 알고, 미워하지만 그 좋은 점을 아는 것이다.

[禮記(예기)] 〈曲禮上(곡례상)〉

이제 이와 관련하여 [논어] 〈八佾(팔일)〉과 〈憲問(헌문)〉편의 두 기록을 살펴보도록 하자.

3 – 22

子曰: "管仲之器小哉。" 或曰: "管仲儉乎?" 曰: "管氏有三歸, 官事不攝, 焉得儉?" "然則管仲知禮乎?" 曰: "邦君樹塞門, 管氏亦樹塞門。邦君爲兩君之好有反坫, 管氏亦有反坫。管氏而知禮, 孰不知禮?"

자왈: "관중지기소재." 혹왈: "관중검호?" 왈: "관씨유삼귀, 관사불섭, 언득검?" "연칙관중 지례호?" 왈: "방군수색문, 관씨역수색문. 방군위양군지호유반점, 관씨역유반점. 관씨이지예, 숙불지예?"

【미언】 공자가 이르시기를: "관중의 그릇이 작도다." 어떤 이가 말하기를: "관중은 검소합니까?" (공자가) 이르시기를: "관중은 세 번 돌아갔고, 관청의 일을 겸하지 못하게 했으니 어찌 검소하다고 하겠는가?" (혹자가 말하기를): "그렇다면 관중은 예를 압니까?" (공자가) 이르시기를: "나라의 임금이라야 막아서 문을 가리는데, 관중 역시 막아서 문을 가렸다. 나라의 임금이라야 두 임금의 우의를 위해서 반점을 두는데, 관중 역시 반점을 두었다. 관중이 예를 안다면, 누가 예를 알지 못하겠는가?"

【대의】 공자가 이르시기를: "관중의 그릇이 작도다." 어떤 이가 말하기를: "관중은 검소합니까?" 그러자 공자가 이르시기를: "관중은 세 여자와 혼인을 했고, 관청의 한 관직에 한 가지 일만 하게 하여 재정을 낭비했으니 어찌 검소하다고 하겠는가?" 혹자가 말하기를: "그렇다면 관중은 예를 압니까?" 공자가 이르시기를: "나라의 임금이라야 병풍으로 문을 가려서 건물 안이 보이지 않도록 하는데, 관중 역시 병풍으로 막아서 문을 가렸다. 나라의 임금이라야 두 임금의 우의를 위해서 술잔을 놓는 대인 반점을 두는데, 관중 역시 반점을 두었다. 관중이 예를 안다면, 누가 예를 알지 못하겠는가?"

14 – 9

或問子産。子曰: "惠人也。" 問子西。曰: "彼哉, 彼哉。" 問管仲。曰: "人也。奪伯氏騈邑三百, 飯疏食, 沒齒無怨言。"

혹문자산. 자왈: "혜인야." 문자서. 왈: "피재, 피재." 문관중. 왈: "인야. 탈백씨병읍삼백, 반소사, 몰치무원언."

【미언】 어떤 이가 자산에 대해서 물었다. 공자가 이르시기를: "베푸는 사람이다." 자서에 대해서 물었다. (공자가) 이르시기를: "그 사람은, 그 사람은 말이다." (이어서) 관중에 대해서 물었다. (공자가) 이르시기를: "인재이다. 백씨 병읍 삼백호를 빼앗았지만, 변변치 않은 음식을 먹고도, 한평생 원망하는 말이 없었다."

【대의】 어떤 이가 정나라의 자산에 대해서 물었다. 공자가 이르시기를: "큰 나라 사이에서도 작은 정나라를 잘 다스리고 있으니, 이는 백성

에게 은혜를 베푸는 사람이다." 이어서 초나라의 자서에 대해서 물었다. 공자가 이르시기를: "초나라 소왕(昭王)이 나를 중용하려고 하자 반대하였고, 결국 나라를 환난에 이르게 하였으니, 내가 객관적으로 평가할 수 없다." 이어서 제나라의 관중에 대해서 물었다. 공자가 이르시기를: "덕은 없지만 재능이 있는 인물이다. 백씨 즉 백언(伯偃)이 자기 소유의 병읍(駢邑)이라는 지역을 담화(覃禾)라는 인물에게 맡겼는데, 담화는 백언 몰래 병읍의 백성을 갈취했다. 이를 참지 못한 병읍의 몇몇이 백언에게 상소했으나, 담화의 감언이설에 속은 백언은 계속해서 담화를 신뢰했다. 결국 병읍 백성은 이 일을 관중에게 알리자, 관중은 그 죄를 물어 담화를 극형에 처하고 백언의 땅 역시 몰수하여 국가에 귀속시켰다. 백언은 이에 변변치 않은 음식을 먹을 정도로 가난해졌지만, 관중이 정당하게 판결했으므로 한평생 그를 원망하지 않았다. 따라서 관중은 일을 공명정대하게 판단한 인물이었던 것이다."

즉 공자는 관중(管仲)의 장점과 단점을 분명히 가려서 평가하였으니, 바로 중(中: 한쪽으로 치우치지 않고 공정한 자세)을 몸소 실천한 것으로 보아야 할 것이다. 이처럼 중(中)이란 자신의 이해관계에 얽매이지 않고 철저하게 공정하고도 객관적으로 판단하는 자세를 잃지 않는 것이므로, 다음의 기록 역시 그러한 점을 여실히 부각시키고 있다.

在上位不陵下, 在下位不援上, 正己而不求於人則無怨, 上不怨天, 下不尤人。

윗자리에서는 아래를 업신여기지 않고, 아랫자리에서는 위에 매달리지 않으며, 자기를 바르게 하고 남에게 구하지 않으면 곧 원망이 없을 것이니, 위로는 하늘을 원망치 아니하며, 아래로는 남을 탓하지 않는다.

[禮記(예기)] 〈中庸(중용)〉

이제 공자가 왜 이처럼 지도자에 있어서 중(中)의 자세를 강조하고 있는지, 다음의 기록들을 통해서 하나하나 확인해보도록 하자.

高辛生而神靈, 自言其名。普施利物, 不於其身。聽以知遠, 明以察微。順天之義, 知民之急。仁而威, 惠而信, 脩身而天下服。取地之財而節用之, 撫教萬民而利誨之, 曆日月而迎送之, 明鬼神而敬事之。其色郁郁, 其德嶷嶷。其動也時, 其服也士。帝嚳溉執中而遍天下, 日月所照, 風雨所至, 莫不從服。

고신(제곡)은 태어나면서 신통하고 영묘하여, 스스로 자신의 이름을 말했다. 두루 베풀어 만물을 이롭게 하였지만, 자신에게는 아니었다(자신을 돌보지 않았다). 귀가 밝아 멀리까지 알았고, 눈이 밝아 작은 것을 살폈다. 하늘의 법도를 따르고, 백성의 긴요함을(백성이 무엇을 긴요하게 생각하는지를) 알았다. 어질면서도 위엄 있고, 은혜로우면서도 믿음이 있었으며, 자신을 닦았기에 세상이 복종했다. 땅의 재물을 얻어 아껴 쓰고, 백성을 위로하고 가르치면서 이롭게 인도하였으며, 해와 달을 셈하여 맞이하거나 전송하였고, 귀신을 밝혀서 공손히 섬겼다. 그 얼굴빛은 그윽하고, 그 덕은 높았다. 그 움직임은 때에 맞았고, 그 의복은 '선비(士)'의 것이었다(임금의 복장이 아니었다). 제곡은 이미 중을 잡아 두루 세상에 미쳤으므로, 해와 달이 비치는 곳과, 바람과 비가 이르는 곳이면, 복종하지 않는 것이 없었다. [史記(사기)] 〈五帝本紀(오제본기)〉

帝曰:"來, 禹! 降水儆予, 成允成功, 惟汝賢。克勤于邦, 克儉于家, 不自滿假, 惟汝賢。汝惟不矜, 天下莫與汝爭能。汝惟不伐, 天下莫與汝爭功。予懋乃德, 嘉乃丕績, 天之歷數在汝躬, 汝終陟元后。人心惟危, 道心惟微, 惟精惟一, 允執厥中。無稽之言勿聽, 弗詢之謀勿庸。可愛非君? 可畏非民? 衆非元后, 何戴? 后非衆, 罔與守邦。欽哉! 愼乃有位, 敬修其可願, 四海困窮, 天祿永終。惟口出好興戎, 朕言不再。"

(순)임금이 말했다: "오시오, 우여! 물이 내려(홍수가 발생하여) 나를 주의시켰는데, 믿음을 이루고 공을 이루었으니, 그대의 어짊 때문이오. 나라에 능히 부지런하고, 집안에 능히 검소하며, 스스로 만족하여 위대한 체하지 않으니, 그대의 어짊 때문이오. 그대는 자랑하지 않기에, 세상은 그대와 기량을 다툴 수 없고, 그대가 드러내지 않기에 세상은 그대와 공을 겨룰 수가 없소. 나는 그대의 덕을 독려하고, 그대의 큰 공을 기리니, 하늘의 헤아림이 그대 몸에 있어서, 그대가 결국에는 임금에 오를 것이오. 사람의 마음은 위태롭고, 도의 마음은 희미하니 정성스럽고도 한결같이, 그 중을 진실로 잡아야 하오. 상의하지 않은 말은 듣지 말고, 상의하지 않은 계책은 쓰지 마시오. 사랑할 만한 것이 임금이 아니겠소? 두려워할 만한 것이 백성이 아니겠소? 백성은 임금이 아니면 누구를 받들겠소? 임금은 백성이 아니면, 더불어 나라를 지킬 사람이 없소. 공경하시오! 삼가면 이에 자리가 있게 되고, 공경하여 베풀면 바랄 수 있으니, 온 나라가 곤궁해지면, 하늘이 준 복록도 영영 끝나게 되오. 입에서 나는 것(말)은 곧잘 전쟁을 일으키니, 나는 다시 말하지 않겠소."

[尙書(상서] 〈大禹謨(대우모)〉

子曰: 舜其大知也與, 舜好問而好察邇言, 隱惡而揚善。執其兩端, 用其中於民, 其斯以爲舜乎。

공자가 말씀하시기를: 순임금은 크게 지혜로우셨으니, 순임금은 묻기를 좋아하시고 천근한 말(깊이가 없는 얕은 말)도 살피기를 좋아하셨으며, 악함은 숨기시고 선함을 드러내셨다. 그 양 극단을 잡아 백성에게 그

중간을 쓰셨으니, 이 때문에 순임금이 되셨다.

[禮記(예기)] 〈中庸(중용)〉

帝曰:“(생략) 予懋乃德, 嘉乃丕績, 天之歷數在汝躬, 汝終陟元后。人心惟危, 道心惟微, 惟精惟一, 允執厥中。”

(순)임금이 말했다: “(생략) 나는 그대의 덕을 독려하고, 그대의 큰 공을 기리니, 하늘의 헤아림이 그대 몸에 있어서, 그대가 결국에는 임금에 오를 것이오. 사람의 마음은 위태롭고, 도의 마음은 희미하니, 정성스럽고도 한결같이 그 중을 진실로 잡아야 하오.”

[尙書(상서)] 〈大禹謨(대우모)〉

“佑賢輔德, 顯忠遂良, 兼弱攻昧, 取亂侮亡, 推亡固存, 邦乃其昌。德日新, 萬邦惟懷, 志自滿, 九族乃離, 王懋昭大德, 建中于民。”

어진 이를 돕고 덕이 있는 이를 도우며, 충성스러운 이를 드러내고 어진 이를 이루게 하며, 약한 이는 포용하고 어리석은 이는 책망하며, 어지러운 이를 돕고 망하는 이를 업신여기며, 없애야 할 것을 밀어내고 존재해야 할 것을 튼튼히 하면, 나라가 이에 번창합니다. 덕이 날로 새로워지면 만방이 그리워하고, 마음이 자만하면 구족이 이에 떠날 것이니, 임금께서는 힘써 큰 덕을 밝혀 백성에게 중을 세워야 합니다. (생략)”

[尙書(상서)] 〈仲虺之誥(중훼지고)〉

王曰: “君陳, 爾惟弘周公丕訓, 無依勢作威, 無倚法以削。寬而有制, 從容以和。殷民在辟, 予曰辟, 爾惟勿辟, 予曰宥, 爾惟勿宥, 惟厥中。”

임금(성왕)이 말했다: “군진이여, 그대는 주공의 큰 교훈을 넓히고, 권세에 의지하여 위세를 떨치지 말며, 법에 의거하여 모질게 하지 마시오. 너그럽고도 법도가 있고, 침착하고 덤비지 않음으로써 화합하시오. 은나라 백성이 벗어났을 때(위법을 했을 때), 내가 벌하라고 말해도 그대는 벌하지 말고, 내가 용서하라고 말해도 그대는 용서하지 말며, 오직 중을 따르시오." [尙書(상서)] 〈君陳(군진)〉

無偏無黨, 王道蕩蕩, 無黨無偏, 王道平平, 無反無側, 王道正直, 會其有極, 歸其有極。

치우치지 않고 편들지 않으면, 임금의 도는 평탄하고, 편들지 않고 치우치지 않으면, 임금의 도는 평평하며, 어기지 않고 배반하지 않으면, 왕의 도는 정직해지고, 지극함이 있는 이를 모으면, 지극함이 있음으로 돌아가게 됩니다. [尙書(상서)] 〈洪範(홍범)〉

佑賢輔德, 顯忠遂良, 兼弱攻昧, 取亂侮亡, 推亡固存, 邦乃其昌。德日新, 萬邦惟懷, 志自滿, 九族乃離, 王懋昭大德, 建中于民。以義制事, 以禮制心, 垂裕後昆。予聞曰, 能自得師者王, 謂人莫己若者亡, 好問則裕, 自用則小。嗚呼! 愼厥終, 惟其始, 殖有禮, 覆昏暴。欽崇天道, 永保天命。

현명한 이를 돕고 덕이 있는 이를 도우며, 충성스러운 이를 드러내고 어진 이를 이루게 하며, 약한 이는 포용하고 어리석은 이는 책망하며, 어지러운 이를 돕고 망하는 이를 업신여기며, 없애야 할 것을 밀어내고 존재해야 할 것을 튼튼히 하면, 나라가 이에 번창합니다. 덕이 날로 새로워지면 만방이 그리워하고, 마음이 자만하면 구족이 이에 떠날 것이니, 임금께서는 힘써 큰 덕을 밝혀 백성에게 중을 세워야 합니다. 의로 일을 바로잡고, 예로 마음을 바로잡으면 후대 자손들에게 넉넉함을 드리울 것입니다. 제가 들으니 능히 스스로 스승을 얻으면 왕이 되고, 남들이 자기만 못하다고 말하는 자는 망하며, 묻기를 좋아하면 넉넉해지고, 자기 것만 쓰면 작아진다고 합니다. 아! 그 끝을 삼가려면 그 시작을 생각해야 하니, 예가 있으면 키우고, 어둡고 포악하면 엎으십시오. 하늘의 도를 삼가 공경해야, 하늘의 도를 영구히 보존할 것입니다.

[尙書(상서)] 〈仲虺之誥(중훼지고)〉

이처럼 中(중)은 지도자가 지키고 실천해야 하는 것이니, 바로 정치적 색채가 농후한 개념이라고 할 수 있다. 또한 대동사회를 이끌었던 삼황오제의 성인이나 소강사회를 이끌었던 군자를 막론하고, 모두 도(道)의 중요한 구성요소 중 하나로 몸소 실천하려 부단히 노력했던 대상이었던 것이다.

그리고 마지막으로 [논어] 〈雍也(옹야)〉 편의 다음 기록을 보면, 공자 역시 이러한 가르침을 단순히 계승하여 가르친 것이 아니라, 자신 역시 부단히 실천하려고 몸소 노력한 인물이었음을 알 수 있다.

6－3

子華使於齊, 冉子爲其母請粟。子曰: "與之釜。" 請益。曰: "與之庾。" 冉子與之粟五秉。子曰: "赤之適齊也, 乘肥馬, 衣輕裘。吾聞之也, 君子周急, 不繼富。" 原思爲之宰, 與之粟九百, 辭。子曰: "毋。以與爾鄰里鄕黨乎。"

자화시어제, 염자위기모청속. 자왈: "여지부." 청익. 왈: "여지유." 염자여지속오병. 자왈: "적지적제야, 승비마, 의경구. 오문지야, 군자주급, 불계부." 원사위지재, 여지속구백, 사. 자왈: "무. 이여이인리향당호."

【미언】 자화가 사신으로 제나라에 가니, 염자가 그 어머니를 위해서 식량을 청했다. 공자가 이르시기를: "여섯 말 넉 되를 주라." 더 청했다. (공자가) 이르시기를: "열여섯 말을 주라." (하지만) 염자는 식량 여든 섬을 주었다. 공자가 이르시기를: "적이 제나라에 갈 때 살찐 말을 타고, 가벼운 갖옷을 입었다. 내가 듣기로는 군자는 궁핍한 이를 돕지, 부유한 이에게 보태 주지는 않는다고 했다." 원사가 원님이 되었다. (공자가) 구백의 식량을 주자 사양했다. 공자가 이르시기를: "(사양하지) 말라. 네 이웃 마을과 네가 사는 마을에게 나누어주라."

【대의】 공서화가 사신으로 제나라에 가니, 염구가 공서화의 어머니를 봉양하기 위해서 스승에게 식량을 청했다. 공자가 이르시기를: "여섯 말 넉 되를 주라." 그러자 염구가 더 달라고 청했다. 공자가 이르시기를: "열여섯 말을 주라." 하지만 염구는 공자의 말을 따르지 않고 식량 여든 섬을 주었다. 공자가 이르시기를: "공서화가 제나라에 갈 때 살찐 말을 타고, 가벼운 갖옷을 입었다. 내가 상고(上古)의 대동사회로부터 소강사회까지

이어온 공통적인 도에 대해서 듣기로 참된 지도자는 궁핍한 이를 돕지, 부유한 이에게 보태 주지는 않는다고 했다." 공자의 손자인 자사가 한 고을의 원님이 되었다. 공자가 구백의 많은 식량을 주자 자사가 사양했다. 공자가 이르시기를: "사양하지 말라. 네 이웃 마을과 네가 사는 마을의 여러 사람에게 나누어주라."

특히 공자는 "내가 듣기로는 군자는 궁핍한 이를 돕지, 부유한 이에게 보태주지는 않는다."라고 지적하였으니, 이를 통해서 공자는 자신의 군자에 대한 가치관이 예로부터 전해 내려오는 가치관을 오롯이 전승하려고 했던 것이지, 결코 자신이 임의적으로 만들어낸 것이 아님을 간접적으로나마 밝히고 있음을 알 수 있다. 아울러서 이러한 태도 역시 어느 한쪽으로 치우치지 않는 중(中)의 태도임에 유의할 필요가 있다.

8-2. 화(和): 어느 하나 버리지 않고 함께하는 조화

공자는 [논어] 〈季氏(계씨)〉 편에서 다음과 같이 언급한 바 있다.

16 - 1

孔子曰: "求! 君子, 疾夫舍曰欲之而必爲之辭。丘也聞, 有國有家者, 不患寡而患不均, 不患貧而患不安。蓋均無貧, 和無寡, 安無傾。夫如是, 故遠人不服, 則修文德以來之; 旣來之, 則安之。今由與求也, 相夫子, 遠人不服而不能來也, 邦分崩離析而不能守也, 而謀動干戈於邦內。吾恐季孫之憂, 不在顓臾, 而在蕭墻之內也。"

공자왈: "구! 군자, 질부사왈욕지이필위지사. 구야문, 유국유가자, 불환과이환불균, 불환빈이환불안. 개균무빈, 화무과, 안무경. 부여시, 고원인불복, 즉수문덕이래지; 기래지, 즉안지. 금유여구야, 상부자, 원인불복이불능래야, 방분붕리석이불능수야, 이모동간과어방내. 오공계손지우, 부재전유, 이재소장지내야."

【미언】 공자가 이르시기를: "구야! 군자는 하고 싶다고 말하지 않고 반드시 해야 한다는 말을 미워한다. 내가 듣기로 나라를 이끄는 자는, 적은 것을 근심하지 않고 고르게 베풀어지지 않을까를 근심한다고 하며, 가난할까 근심하지 않고 편안하지 못함을 근심한다고 한다. 대개 고르게 베풀어지면 가난함이 없고, 화목하면 적지 않으며, 편안하면 기울어지지 않게 된다. 무릇 이와 같기 때문에, 고로 먼 곳의 사람들이 복종하지 않으면, 곧 문(文)과 덕(德)을 닦아서 오게 하고; 이미 왔으면 곧 편안하게 해주는 것이다."

【대의】 공자가 이르시기를: "염구야! 군자는 욕심을 그대로 말하지 않고 당위성을 내세워 합리화하는 것을 싫어한다. 내가 듣기로 나라를 이끄는 자는, 백성이 적은 것을 근심하지 않고 고르게 베풀어지지 않을까를 근심한다고 하며, 백성이 가난할까 근심하지 않고 편안하지 못함을 근심한다고 한다. 대개 고르게 베풀어지면 가난함이 없고, 화목하면 백성이 몰려와서 적지 않으며, 편안하면 나라가 기울어지지 않게 된다. 무릇 이와 같기 때문에, 고로 먼 곳의 사람들이 복종하지 않으면, 곧 문(文)과 덕(德)을 닦아서 오게 하고; 이미 왔으면 곧 편안하게 해주는 것이다."

따라서 공자에게 있어서 화(和)는 중(中)과 마찬가지로, 정치적 색채가 대단히 농후한 개념이라고 할 수 있다. 그런데 [논어] 〈子張(자장)〉 편에는 다음과 같은 기록이 있다.

19 – 25

陳子禽謂子貢曰: "子爲恭也, 仲尼豈賢於子乎?" 子貢曰: "君子, 一言以爲知, 一言以爲不知, 言不可不愼也! 夫子之不可及也, 猶天之不可階而升也。夫子之得邦家者, 所謂立之斯立, 道之斯行, 綏之斯來, 動之斯和。其生也, 榮; 其死也, 哀, 如之何其可及也?"

진자금위자공왈: "자위공야, 중니기현어자호?" 자공왈: "군자, 일언이위지, 일언이위부지, 언불가불신야! 부자지불가급야, 유천지불가계이승야. 부자지득방가자, 소위입지사입, 도지사행, 수지사래, 동지사화. 기생야, 영; 기사야, 애, 여지하기가급야?"

【미언】 진자금이 자공에게 말하기를: "그대가 겸손한 것이지, 중니가 어찌 그대보다 현명하겠습니까?" 자공이 말하기를: "군자는, 한 마디 말로 지혜로워지기도 하고, 한 마디 말로 지혜롭지 못하게 되기도 하므로, 말에 신중하지 않을 수 없다! 스승에 미치지 못한다는 것은, 하늘은 사다리로 오를 수 없는 것과도 같다. 스승께서 나라를 얻게 되면, 이른바 세우니 이에 확고하게 되고, 말하니 이에 행하며, 편안하게 해주니 이에 몰려오고, 감응하니 이에 조화로워진다. 그가 살아계시면, 영화롭고; 그가 돌아가시면 애통할 것이니, 어찌 그에 미칠 수 있겠는가?"

【대의】 자금이 자공에게 말하기를: "그대가 겸손한 것이지, 공자가 어찌 그대보다 현명하겠습니까?" 자공이 말하기를: "군자는 한 마디 말로 지혜로워지기도 하고, 한 마디 말로 지혜롭지 못하게 되기도 하므로 말에 신중하지 않을 수 없다! 사다리로 하늘을 오를 수는 없는 것이니, 나는 감

히 스승의 도에 미치지 못한다. 스승께서는 나라를 다스리면 기강을 세우므로 이에 확고하게 되고, 말한 바대로 실천하며, 편안하게 해주니 다른 지역 백성이 몰려오고, 또 정성스럽게 하늘에 통하니 이에 나라가 조화로워진다. 그가 살아계시면 나라는 영화로워지고, 그가 돌아가시면 모든 사람들이 애통할 것이니, 어찌 내가 스승의 수준에 미칠 수 있겠는가?"

이와 관련하여 [史記(사기)] 〈孔子世家(공자세가)〉의 기록을 살펴보면, 공자는 56세에 대부가 되어 노나라를 다스리자 석 달 만에 상인들이 값을 속이지 않았고, 남녀가 멀리 떨어져서 걸었으며, 또 길에 물건이 떨어져 있어도 줍는 이가 없었다고 한다. 심지어 외부의 손님들이 방문해도, 어떠한 문제가 발생하지 않아서 담당 관리를 굳이 찾아갈 필요가 없었을 정도였다고 하니, 실제로 그의 지도자적 능력이 얼마나 탁월했는지 알 수 있다. 다시 말해서, 공자는 화(和)의 중요성을 이론적으로 설파했을 뿐만 아니라, 몸으로 직접 실천했던 인물임을 알 수 있는 것이다. 그렇다면 공자는 왜 이처럼 화(和)를 강조한 것일까? 이제 이와 관련하여, 다음의 기록들을 하나하나 살펴보도록 하자.

> 帝堯者, 放勳。其仁如天, 其知如神。就之如日, 望之如雲。富而不驕, 貴而不舒。(생략) 能明馴德, 以親九族。九族既睦, 便章百姓。百姓昭明, 合和萬國。
>
> 요임금은 방훈이다. 그 인자함은 하늘과 같았고, 그 지혜로움은 귀신과도 같았다. 그를 좇으면 태양과 같았고, 그를 바라보면 구름과도 같았다. 부유하면서도 교만하지 않고, 고귀하면서도 오만하지 않았다. (생략) 능히 덕을 밝히고 따름으로써, 구족(같은 종족의 9대: 고조부터 현손까지)이 가까워졌다. 구족이 이미 화목해지니 수많은 성씨(귀족)를 상의하여

처리했다. 수많은 성씨(귀족)가 명확히 구분되어지자 온 나라가 합하여 잘 어울리게 되었다. [史記(사기)] 〈五帝本紀(오제본기)〉

堯曰: "嗟! 四嶽: 朕在位七十載, 汝能庸命, 踐朕位。" 嶽應曰: "鄙德忝帝位。" 堯曰: "悉舉貴戚及疏遠隱匿者。" 衆皆言於堯曰: "有矜在民間, 曰虞舜。" 堯曰: "然, 朕聞之。其何如?" 嶽曰: "盲者子。父頑, 母嚚, 弟傲, 能和以孝, 烝烝治, 不至奸。" 堯曰: "吾其試哉。" 於是堯妻之二女, 觀其德於二女。

요임금이 말했다: "아, 사악이여! 짐이 재위한 지 70년인데, 그대는 천명을 변치 않게 할 수 있으니, 짐의 자리에 오르시오." 사악이 대답했다: "덕이 낮아 임금 자리를 욕되게 할 것입니다." 요임금이 말했다: "귀족이거나 관계가 먼 사람, 숨어 사는 사람 모두를 천거해주시오." 모두가 요임금에게 말했다: "민간에 홀아비가 있는데, 우순이라 합니다." 요임금이 말했다: "그러한가, 짐은 그에 대해 들었소. 그는 어떠하오?" 사악이 말했다: "장님의 아들입니다. 아버지는 완고하고, 어머니는 간사하며, 동생은 교만하지만 능히 온화하게 부모님을 섬기고, 나아가 수양하니 어지러움에 이르지 않게 되었습니다." 요가 말했다: "내가 그를 시험해보겠소." 이에 요는 두 딸을 그에게 시집보내어, 두 딸에게서 그의 덕을 살폈다. [史記(사기)] 〈五帝本紀(오제본기)〉

天敍有典, 勅我五典五惇哉! 天秩有禮, 自我五禮有庸哉! 同寅協恭和衷哉! 天命有德, 五服五章哉! 天討有罪, 五刑五用哉! 政事, 懋哉! 懋哉!

하늘의 질서에는 법이 있으니, 나를 타일러 오전과 오돈(사람이 지켜야 할 다섯 가지 도리)을 경계하게 합니다! 하늘의 질서에는 예가 있으니,

내가 오례(나라의 다섯 가지 의례)에 쓰임이 있음을 따르게 합니다! 함께 나아가 마음을 합하여 진정으로 화목해야 합니다! 하늘이 덕 있는 이에게 명할 때는, 오복과 오장(다섯 등급의 의복 모양)으로 합니다! 하늘이 죄 있는 이를 벌할 때는, 오형과 오용(다섯 가지 형벌)으로 합니다! 정치상의 업무는, 힘써야 합니다! 힘써야 합니다! [尙書(상서)] 〈皐陶謨(고요모)〉

此二十二人鹹成厥功: 皐陶爲大理, 平, 民各伏得其實; 伯夷主禮, 上下鹹讓; 垂主工師, 百工致功; 益主虞, 山澤辟; 棄主稷, 百穀時茂; 契主司徒, 百姓親和; 龍主賓客, 遠人至; 十二牧行而九州莫敢辟違; (생략)。

이 스물두 사람은 모두 그 공적을 세웠는데: 고요는 대리가 되어, 가지런하게 하니, 백성이 모두 실제에 맞아 복종했고, 백이가 예를 주관하니, 위아래가 모두 양보했으며; 수가 공사를 책임지니, 모든 공인이 공적을 이루었고; 익이 우를 맡으니, 산과 물이 다스려졌으며; 기가 직을 맡으니, 온갖 곡식이 때맞춰 무성하였고; 설이 사도를 맡으니, 귀족들이 화목해졌고; 용이 빈객을 책임지니, 멀리 있는 사람들이 왔으며; 12목이 실행하자 9주(나라 안)가 감히 회피하거나 어기지 않게 되었으니; (생략).

[史記(사기)] 〈五帝本紀(오제본기)〉

舜曰: "然。以夔爲典樂, 教稚子, 直而溫, 寬而栗, 剛而毋虐, 簡而毋傲; 詩言意, 歌長言, 聲依永, 律和聲, 八音能諧, 毋相奪倫, 神人以和。"

순임금이 말했다: "그렇소. 기를 전악으로 삼을 것이니, 자제들을 가르침에 곧으면서도 온화하고, 관대하면서도 엄숙하며, 강건하면서도 포악해서는 안 되고, 간략하되 오만해서는 안 되니; 시는 생각을 말하는 것

이고, 노래는 말씀을 길게 늘인 것이며, 소리는 읊는 것을 따르는 것이고, 음률은 소리를 조화롭게 하는 것으로, 팔음이 어울릴 수 있게 하여 서로의 차례를 빼앗지 말아야 귀신과 사람이 그럼으로써 화합할 것이오."

[史記(사기)] 〈五帝本紀(오제본기)〉

禹曰: "于! 帝念哉! 德惟善政, 政在養民。水、火、金、木、土、谷, 惟修; 正德、利用、厚生、惟和。"

우가 말했다: "아! 임금께서는 기억하소서! 오직 덕행을 해야 잘 다스릴 수 있으니, 정치는 백성을 기르는 데 있습니다. 물 불 쇠 나무 흙과 곡식을 다스리고; 덕을 바로잡고 쓰임을 이롭게 하며 살림을 안정시키고 조화롭게 해야 합니다."

[尙書(상서)] 〈大禹謨(대우모)〉

周公曰: 嗚呼! 厥亦惟我周太王王季, 克自抑畏。文王卑服卽康功田功, 徽柔懿恭, 懷保小民, 惠鮮鰥寡。自朝至于日中昃, 不遑暇食, 用咸和萬民。文王不敢盤于遊田, 以庶邦惟正之供, 文王受命惟中身, 厥享國五十年。周公曰, 嗚呼。

주공이 말했다: '아! 또한 우리 주나라 태왕과 왕은 능히 스스로 조심하고 두려워하셨습니다. 문왕은 허름한 옷을 입고 곧 편히 해주는 일과 밭일을 하셨으니, 아름답게 복종하고 훌륭하게 공경하여 신분이 낮은 백성을 아끼고 보호하며, 홀아비와 과부를 사랑하고 새로이 하셨습니다. 아침부터 한낮을 거쳐 해가 기울 때까지 한가하게 밥을 먹지 못하고, 모든 백성을 다 화목하게 하셨습니다. 문왕은 감히 노닐거나 사냥하지 않고, 그럼으로써 온 나라를 올바름으로 받드셨으니, 문왕이 천명을 받은 것이 단지 마흔이었고, 나라를 오십 년 누리셨습니다.

[尙書(상서)] 〈無逸(무일)〉

王曰: "君陳, 爾惟弘周公丕訓, 無依勢作威, 無倚法以削。寬而有制, 從容以和。殷民在辟, 予曰辟, 爾惟勿辟, 予曰宥, 爾惟勿宥, 惟厥中。"

임금(성왕)이 말했다: "군진이여, 그대는 주공의 큰 교훈을 넓히고, 권세에 의지하여 위세를 떨치지 말며, 법에 의거하여 모질게 하지 마시오. 너그럽고도 법도가 있고, 침착하고 덤비지 않음으로써 화합하시오. 은나라 백성이 벗어났을 때(위법을 했을 때), 내가 벌하라고 말해도 그대는 벌하지 말고, 내가 용서하라고 말해도 그대는 용서하지 말며, 오직 중을 따르시오."

[尙書(상서)] 〈君陳(군진)〉

旣絀殷命, 襲淮夷, 歸在豐, 作周官。興正禮樂, 度制於是改, 而民和睦, 頌聲興。

(성왕은) 은나라의 명을 물리치고, 회이를 습격하고, 돌아와 풍 지역에 있으면서 주관을 지었다. 일으켜 예와 악을 바로잡고, 법도가 여기에서 고쳐져 백성이 화목하고, 여러 사람이 기리어 기뻐하였다.

[史記(사기)] 〈周本紀(주본기)〉

穆王將征犬戎, 祭公謀父諫曰: "不可。先王燿德不觀兵。夫兵戢而時動, 動則威; 觀則玩, 玩則無震。(생략) 至于文王·武王, 昭前之光明而加之以慈和, 事神保民, 無不欣喜。(생략) 布令陳辭而有不至, 則增脩於德, 無勤民於遠。是以近無不聽, 遠無不服。(생략) 王遂征之, 得四白狼四白鹿以歸。自是荒服者不至。

목왕이 장차 견융을 정벌하려 하자, 제공 모보가 간하여 말했다: "불가합니다. 선왕께서는 덕을 밝혔지, 무력을 보이지는 않으셨습니다. 무릇 무력이란 거두었다가 때가 되면 움직이는 것이니, 움직이면 위엄이 있으나; 보이면 곧 장난이 되니, 장난하면 곧 위엄이 없게 됩니다. (생략) 문왕과 무왕에 이르러 전대의 광명을 밝히고 자애와 화목을 더하여, 신을 섬기고 백성을 보호하였으니, 기뻐하지 않는 이들이 없었습니다. (생략) 명령을 선포하고 타일러도 이르지 않으면, 곧 한층 더 덕을 수양했고, 백성이 먼 곳에서 근무하지 않게 했습니다(원정에 동원하지 않았습니다). 이 때문에 가까이는 듣지 않는 이가 없고, 멀리는 복종하지 않는 이가 없게 되었습니다. (생략) 왕은 마침내 그들을 정복하고, 흰 이리 네 마리와 흰 사슴 네 마리를 얻어서 돌아왔다. 이때부터 황복 지역이 이르지 않았다(귀속하지 않았다). [史記(사기)] 〈周本紀(주본기)〉

상술한 기록들에 등장하는 **화(和)**의 공통점을 정리해보면, 이는 **어느 누구 하나 버리지 않고 함께 하는 것**이라는 의미를 지니게 된다. 결국 화(和)라는 것은 중(中)과 불가분의 관계를 지니고, 중(中)과 마찬가지로 대동사회를 이끌었던 삼황오제의 성인과 소강사회를 이끌었던 군자가 모두 중시했던 도(道)의 중요한 구성요소 중 하나였던 것이다. 그런데 공자는 [논어] 〈子路(자로)〉 편에서 다음과 같이 지적하고 있다.

13 - 23

子曰: "君子和而不同, 小人同而不和。"

자왈: "군자화이불동, 소인동이불화."

【미언】 공자가 이르시기를: "군자는 조화롭게 지내지만 같이 하지는 않고, 소인은 같이 하지만 조화롭게 지내지는 못한다."

【대의】 공자가 이르시기를: "군자(도를 배우고 부단히 노력하여 실천하는 올바른 지도자)는 서로 수준이 다른 이들과 함께 어우러져 사이가 좋지만, 그들과 같은 수준으로 합쳐져서 구별이 없이 똑같아지지는 않는다. 하지만 소인은 다른 이들과 같은 수준으로 합쳐져서 구별이 없이 똑같아질 뿐, 서로의 수준이 다름을 인식하면서도 함께 어우러질 수는 없다."

공자가 이 말을 통해서 부각시키고자 하는 것은 다름 아닌 화(和)와 동(同)의 개념인데, 이를 이해하기 위해서는 다시 한 번 다음의 기록을 살펴볼 필요가 있다.

> 喜怒哀樂之未發, 謂之中, 發而皆中節, 謂之和。中也者, 天下之大本也, 和也者, 天下之達道也。致中和, 天地位焉, 萬物育焉。
>
> 희로애락이 드러나지 않은 것, 그것을 중이라고 일컫고, 드러나지만 모두 절도에 맞은 것, 그것을 화라고 한다. 중이라는 것은 세상의 큰 근본이고, 화라고 하는 것은 세상이 도에 닿은 것이다. 중과 화에 이르면, 천지가 자리를 잡고, 만물이 자란다. [禮記(예기)] 〈中庸(중용)〉

즉 화(和)란 희로애락의 감정을 숨기지 않고 자연스럽게 모두 드러내 표출시키는 것이니, 기쁨과 분노 그리고 슬픔과 즐거움이 각각 고유의 특성을 유지하면서도 서로 충돌하지 않고 조화를 이루는 것이다. 다시 말해서 **화(和)**는 **서로의 수준이 다름을 인식하면서도, 함께 어우러져 사이가 좋은 상태**를 뜻하는 것이다. 그렇다면 **동(同)**은 이와 상대적인 개념이 되어 부정적인 의미를 지니게 되므로, **같은 수준으로 합쳐져서 구별이 없이 똑같아지는 상태**를 뜻하게 된다. 어쩌면 이는 "어울림과 아우름은 같은 것일까?"라는 물음과도 상통하는 개념이 될 터인데, 어울림은 두 가지 이상이 서로 잘 조화됨을 뜻하는 반면 아우름은 여럿을 모아 한 덩어리가 되게 함을 의미하는 것이니, 아마도 **화(和)**는 **어울림**을 반면에 **동(同)**은 **아우름**이라고 표현하는 것도 적절하지 않을까 하는 생각도 해보게 된다.

따라서 공자가 〈자로편〉에서 말하고자 한 바는 "도(道)를 배우고 부단히 노력하여 실천하는 올바른 지도자인 군자는 서로 수준이 다른 이들과 함께 어우러져 사이가 좋지만, 그들과 같은 수준으로 합쳐져서 구별이 없이 똑같아지지는 않는다. 반면에 도를 따르지 않고 사사로운 이익만을 탐하는 올바르지 못한 인격의 소인은 다른 이들과 같은 수준으로 합쳐져서 구별이 없이 똑같아질 뿐, 서로의 수준이 다름을 인식하면서도 함께 어우러질 수는 없다"는 뜻이 되는 것이다.

즉 이 점은 [예기] 〈예운(禮運)〉편에 기록된 "대동사회에서는 사람들은 자신의 어버이만이 어버이가 아니었고, 자신의 자식만이 자식이 아니었다. 하지만 소강사회에서는 각각 자신의 어버이만이 어버이가 되고, 자신의 자식만이 자식이 되었으며, 재물과 힘은 자신을 위해 썼다"라는 표현처럼, 대동과 소강을 구분 지을 수 있는 중대한 차이점이라고 볼 수 있지 않을까?

9. 도(道)의 실천 내용과 형식

앞에서 덕(德)을 구성하는 두 가지 중요한 요소가 중(中)과 화(和)라고 설명한 바 있다. 그렇다면 공자에게 있어서 화(和)는 구체적으로 도대체 무엇과 무엇의 조화로움을 뜻하는 것일까? 이제 이와 관련하여 다음의 [논어] 〈顔淵(안연)〉편 기록을 먼저 살펴보자.

12 – 8

棘子成曰: "君子質而已矣, 何以文爲?" 子貢曰: "惜乎, 夫子之說君子也! 駟不及舌! 文猶質也, 質猶文也。虎豹之鞹猶犬羊之鞹。"

극자성왈: "군자질이이의, 하이문위?" 자공왈: "석호, 부자지설군자야! 사불급설! 문유질야, 질유문야. 호표지곽유견양지곽."

【미언】 극자성이 말하기를: "군자는 본질일 뿐이지, 어찌 아름다운 외관을 위하는가?" 자공이 말하기를: "애석하게도, 어른께서는 그렇게 군자를 말하시는군요! 네 마리 말이 혀 하나를 따르지 못합니다! 형식은 본질과 같고, 본질은 형식과 같은 것입니다. 호랑이와 표범의 털 없는 가죽은 개나 양의 털 없는 가죽과도 같습니다."

【대의】 위(衛)나라 대부 극자성이 말하기를: "군자(도를 배우고 부단히 노력하여 실천하는 올바른 지도자)는 도(옛 성현들의 통치이념)의 내용만을 중시하면 될 것이지, 굳이 도의 형식이 되는 예(禮)와 악(樂)까지 중시할 필요는 없다!" 자공이 말하기를: "애석하게도, 어른께서는 군자(도를 배우고 부단히 노력하여 실천하는 올바른 지도자)를 그렇게 생각하시는군요! 네 마리 말이 세 치 혀 하나를 따르지 못하듯, 내용이 때로는 형식을 따르지 못합니다. 형식은 내용과 떨어질 수 없고, 내용 역시 형식과 떨어질 수 없습니다. 따라서 도는 내용이 되는 인의(仁義)와 형식이 되는 예악(禮樂)을 함께 병행해야 하는 것입니다. 이는 호랑이와 표범의 가죽에 화려한 무늬의 털이 없다면, 개나 양의 털을 뽑아놓은 가죽과 구별할 수 없는 것과도 같은 이치입니다."

이미 앞에서 누차 강조한 것처럼, 군자는 도(道)를 배우고 부단히 노력하여 실천하는 올바른 지도자이다. 그런데 여기서 극자성은 참된 지도자는 도(道)의 내용만을 중시하면 된다고 말하고 있는 반면, 자공은 도(道)의 내용과 형식을 함께 병행해야 한다고 반박하고 있다. 그렇다면 과연 도(道)의 내용이 되는 것에는 어떠한 것들이 있고, 또 그 형식이 되는 것에는 어떠한 것들이 있는 것일까? 이를 파악하기 위해서는 다음의 기록을 살펴보아야 한다.

> 仁者, 義之本也, 順之體也。
> 어짊이라는 것은, 의로움의 근본이며 순응함의 격식이다.
>
> [禮記(예기)] 〈禮運(예운)〉

이 문장을 통해서, 인(仁) 즉 어짊은 의(義) 즉 의로움의 바탕이 됨을 알 수 있다. 다시 말해서 의(義)는 인(仁)이 없으면, 존재할 수 없는 것이다. 하지만 또 다음 문장을 살펴보자.

> 厚於仁者, 薄於義, 親而不尊; 厚於義者, 薄於仁, 尊而不親。
>
> 어짊을 두터이 하는 이는, 의로움에 박하므로 (백성이) 가까이 하지만 공경하지는 않는다. 의로움을 두터이 하는, 이는 어짊에 박하므로 (백성이) 공경하지만 가까이하지는 않는다."
>
> [禮記(예기)] 〈表記(표기)〉

인(仁)은 부드러움이기 때문에, 백성이 가까이 하지만 공경하지는 않는다. 반면에 의(義)는 엄격하고 강함이기 때문에, 백성이 공경하지만 가까이 하지는 않는 것이다. 따라서 공자는 이를 통해서 부드러움과 엄격함의 화(和) 즉 조화가 필요하다고 말하고 있으니, 부드러움의 인(仁)은 엄격함의 의(義)의 근본이 되는 것이고 나아가 윗사람에 순응하는 틀이 되지만, 의(義)가 없으면 인(仁) 역시 그 존재의의를 상실하게 된다는 것이다. 이제 이를 정리하자면, 부드러움의 인(仁)과 엄격함의 의(義)는 어디까지나 따로 존재해서는 안 되고 반드시 함께 해야만이 조화를 이루게 되는 것이다. 하지만 인(仁)과 의(義)만으로는 도(道)에 도달할 수 없다. 반드시 예(禮)가 함께 해야만이 온전한 도(道)를 완성할 수 있는 것이다.

> 道德仁義, 非禮不成。
>
> 도와 덕 그리고 어짊과 의로움은, 예가 아니면 완성시킬 수 없다.
>
> [禮記(예기)] 〈曲禮上(곡례상)〉

그렇다면 인(仁)과 의(義) 그리고 예(禮)는 도(道)의 형식과 내용 중에서 과연 어떠한 부분에 해당하는 것일까?

義理, 禮之文也。無本不立, 無文不行。

의로움의 이치는 예로서 채색하는 것이다. 근본이 없으면 확고하게 설 수 없고, 채색함이 없으면 행할 수 없다.

[禮記(예기)] 〈禮器(예기)〉

이에 대해서는, [논어] 〈八佾(팔일)〉편의 다음 기록을 살펴보면 뜻이 보다 명확해진다.

3 – 8

子夏問曰: "'巧笑倩兮, 美目盼兮。' 素以爲絢兮, 何爲也?" 子曰: "繪事後素。" 曰: "禮後乎?" 子曰: "起予者, 商也。始可與言詩已矣。"

자하문왈: "'교소천혜, 미목반혜, 소이위현혜.' 하위야?" 자왈: "회사후소." 왈: "예후호?" 자왈: "기여자, 상야. 시가여언시이의."

【미언】 자하가 묻기를: "([시경]에) '어여쁜 미소가 환하고, 아름다운 눈은 흰색과 검은색이 분명하네.'라고 하였는데, (이는) 흰색으로 밝게 비추는 것이니, 어찌 된 것입니까?" 공자가 이르시기를: "그림을 그리는 일은 흰 명주 뒤로 미루는 것이네." (자하가) 말하기를: "예는 뒤로 하는 것입니까?" 공자가 이르시기를: "나를 계발하는 이는 상이로다. 비로소 함께 [시경]을 말할 수 있구나."

【대의】 자하가 묻기를: "[詩經(시경)] 〈衛風(위풍) · 碩人(석인)〉편에 '어여쁜 미소가 환하고, 아름다운 눈은 흰색과 검은색이 분명하네.'라고 하였는데, 이는 흰색으로 밝게 비춘다는 것이니, 무슨 뜻입니까?" 공자가 이르시기를: "흰 바탕이 있은 후에야 그림을 그릴 수 있는 것이네." 자하가 말하기를: "흰 명주를 갖춘 다음에 그림을 그릴 수 있듯이, 먼저 내용이 되는 어짊과 의로움을 명확하게 하여 그 내용을 실천하고 그 다음에 형식인 예로서 그것을 수식해야 비로소 완전해진다는 것입니까?" 공자가 이르시기를: "자하 네가 새로운 연상능력으로 나를 일깨우는구나. 이제 비로소 너와 함께 [시경]을 말할 수 있겠구나."

이를 통해서 막연하게나마 의(義)는 도(道)의 내용이 되고, 예(禮)는 형식이 됨을 알 수 있는데, 이미 앞에서 설명했듯이 인(仁)은 의(義)의 근본이 되므로 결국 도(道)의 내용은 인(仁)과 의(義)가 되는 것이다. 그리고 공자는 도(道)의 내용이 되는 인(仁)과 의(義)를 먼저 실천하고, 다시 그것을 형식인 예(禮)로 완성시켜야 한다고 강조하고 있음을 알 수 있는데, 이 점에 대해서는 다음의 기록을 통해서도 다시 한 번 확인할 수 있다.

3 – 3

子曰: "人而不仁, 如禮何? 人而不仁, 如樂何?"

자왈: "인이불인, 여예하? 인이불인, 여악하?"

【미언】 공자가 이르시기를: "사람이 어질지 못하면, 예를 어떻게 하겠는가? 사람이 어질지 못하면, 음악을 어떻게 하겠는가?"

【대의】 공자가 이르시기를: "사람에게 있어 도(옛 태평성대를 이끌었던 성현들의 통치이념)의 구체적인 내용이 되는 어짊(군주를 진심으로 섬기고 따름)을 실천하지 못하면, 어떻게 그 구체적인 내용을 수식하는 형식인 예(禮)와 악(樂) 즉 예악제도(禮樂制度)가 단독으로 존재할 수 있겠는가?"

또한 이 문장을 통해서 어렴풋하게나마, 도(道)의 형식에는 예(禮) 이외에도 악(樂)이 존재한다는 것을 알 수 있는데, 그렇다면 예(禮)와 악(樂)은 또 어떠한 관계가 있는 것일까?

> 仁近於樂, 義近於禮。
>
> 인(仁)은 악(樂)에 가깝고, 의(義)는 예(禮) 가깝다.
>
> [禮記(예기)] 〈樂記(악기)〉

> 樂者, 爲同; 禮者, 爲異。同, 則相親; 異, 則相敬。樂勝, 則流; 禮勝, 則離。合情飾貌者, 禮樂之事也。禮義立, 則貴賤等矣。樂文同, 則上下和矣。好惡著, 則賢不肖別矣。刑禁暴, 爵擧賢, 則政均矣。仁以愛之, 義以正之。如此, 則民治行矣。
>
> 음악이라는 것은 같이하여 다스리는 것이고; 예라는 것은 달리하여 다스리는 것이다. 같이한다는 것은 곧 서로 가까이 하는 것이고; 달리한다는 것은 곧 서로 정중한 것이다. 음악이 지나치면 곧 번져서 퍼지게 되고; 예가 지나치면 곧 흩어진다. 이치에 맞게 하고 표면(형식)을 수식하는 것이, 예악의 기능이다. 예악이 확고히 서면 곧 귀함과 천함이 구별된다. 음악(형식)과 문(文: 내용)이 같이하면, 위와 아래가 조화롭게 된다. 좋아함과 미워함이 드러나면, 곧 현명함과 못나고 어리석음이 나눠진다. 제어하여 난폭함을 누르고, 벼슬을 주어 현명한 이를 추천하면 곧 나라를

다스리는 것이 고르게 된다. 어짊으로써 역성들고(옳고 그름에 상관없이 무조건 따르고), 의로움으로써 바로잡는 것이다. 이렇게 하면 곧 백성을 다스림이 행해지게 된다. [禮記(예기)] 〈樂記(악기)〉

위에서 이미 설명한 바 있듯이, 도(道)의 내용이 되는 인(仁)은 부드러움이 되는 반면 의(義)는 엄격하고도 강함이 된다. 그런데 그런 인(仁)이 악(樂)에 가깝고, 의(義)는 예(禮)에 가깝다고까지 말하고 있으니, 이제 이들의 관계를 정리해보면, 다음과 같은 도표로 표현할 수 있다.

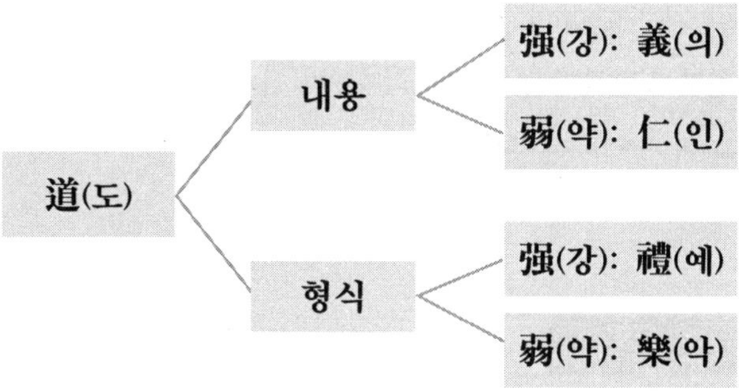

다시 말해서, **도(道)의 내용**이 되는 **부드러움의 인(仁)과 강함의 의(義)**가 조화를 이뤄서 떨어질 수 없듯이, **도(道)의 형식인 강함의 예(禮)와 부드러움의 악(樂)** 역시 상호 불가분의 관계에 놓임으로써 진정한 화(和), 즉 조화로움을 이뤄야 하는 것이다.

도(道)의 형식이 되는 예(禮)와 악(樂)은, 결론부터 말하자면 예악제도(禮樂制度), 즉 오늘날의 전례(典禮) 혹은 의전(儀典)을 뜻한다. 그러므로 공자는 도(道)의 구체적인 내용이 되는 인(仁)과 의(義)라는 것이, 형식이 되는 국가 통치에 있어서의 예악제도로 절제되고 통제되어야 화(和)를 이룰 수 있다고 생각한 것이다. 공자는 [논어]를 통해서 끊임없이 내용과 형식의 조화를 강조하고 있는데, 그 취지는 다름 아닌 내용이 없으면 형식 역시 존재할 수 없고, 형식이 없으면 내용 역시 온전하게 제 역할을 다할 수 없다는 데 있는 것이다. 하지만 여기서 유의해야 할 점이 있다.

> 故君子欲觀仁義之道, 禮其本也。
>
> 따라서 군자가 어짊과 의로움의 도를 살피는 데는, 예가 그 근본인 것이다. [禮記(예기)] 〈禮器(예기)〉

비록 공자는 도(道)의 내용을 먼저 실천한 후에 도(道)의 형식으로 그것을 보필한다고 말했지만, 이는 어디까지나 실천의 순서일 따름이지 결코 경중(輕重)의 차이를 의미하는 것은 아니라는 것이다. 따라서 공자는 [논어] 〈陽貨(양화)〉 편에서 다음과 같이 역설하고 있다.

17 – 11

子曰: "禮云禮云, 玉帛云乎哉? 樂云樂云, 鐘鼓云乎哉?"

자왈: "예운예운, 옥백운호재? 악운악운, 종고운호재?"

【미언】 공자가 이르시기를: "예로다 예로다라고 하는데, 옥과 비단을 말하는 것이겠느냐? 음악이로다 음악이로다라고 하는데, 종과 북을 말하는 것이겠느냐?"

【대의】 공자가 이르시기를: "도는 내용과 형식으로 구성된다. 그리고 도의 형식이 되는 예(禮)와 악(樂)은 세부적으로 또 다시 형식과 내용으

로 나뉜다. 그런데 지금 춘추시대는 형식만이 난무하고 본질이 되는 내용은 소홀히 여겨지는 일대 혼란기라서, 본질이 빠진 허례허식에 치우치고 있으니, 참으로 애통할 따름이다."

이제 여기서 성어(成語) 하나를 소개하도록 하자. 우리는 교학상장(教學相長)이라는 성어를 자주 쓰고 있는데, 이 성어는 본디 어떠한 의미를 함축하고 있을까?

> 玉不琢, 不成器; 人不學, 不知道。是故, 古之王者建國君民, 教學爲先。兌命曰: "念終始典于學。" 其此之謂乎! 雖有嘉肴, 弗食不知其旨也; 雖有至道, 弗學不知其善也。是故, 學然後知不足, 教然後知困。知不足, 然後能自反也; 知困, 然後能自强也。故曰: "教學相長也。" 兌命曰: "學學半。" 其此之謂乎!
>
> 옥은 다듬지 않으면, 그릇이 되지 못하고; 사람은 배우지 않으면, 도를 알지 못한다. 이러한 까닭에, 옛날의 임금 된 자는 나라를 세우고 백성을 다스림에, 가르침과 배움을 먼저 했다. [尙書(상서)] 〈說命(열명)〉에 이르기를: "삼가여 처음부터 끝까지 배움에 종사한다." 그것은 이를 일컫는 것일지니! 비록 좋은 안주가 있어도, 먹지 않으면 그 맛을 알지 못하고; 비록 지극한 도가 있어도, 배우지 않으면 그 선함을 알지 못한다. 이러한 까닭에, 배운 후에야 부족함을 알고 가르친 후에야 어려움을 안다. 부족함을 알면, 그런 후에야 능히 스스로 돌이켜보고; 어려움을 알면, 그런 후에야 능히 스스로 힘쓴다. 따라서 이르기를: "가르침과 배움은 서로 성장한다." [尙書(상서)] 〈說命(열명)〉에 이르기를: "가르침[3]은 배

3 [尙書(상서)] 〈說命(열명)〉을 보면 원문이 "惟斅學半。(가르침은 배움의 절반이 된다.)"로 되어 있다. 따라서 [예기]는 잘못 기록된 것임을 알 수 있다.

움의 절반이 된다." 그것은 이를 일컫는 것일지니!

[禮記(예기)] 〈學記(학기)〉

예로부터 사람들은 군자를 언급함에 있어서 종종 옥(玉)으로 비유해왔는데, 이처럼 위의 기록 역시 어김없이 옥을 언급하고 있다. 도대체 왜 그럴까? 이제 다음 기록을 살펴보면 그 이유를 명확하게 깨달을 수 있을 것이다.

子貢問於孔子曰: "敢問。君子貴玉而賤珉者, 何也? 爲玉之寡而珉之多與?" 孔子曰: "非爲珉之多, 故賤之也; 玉之寡, 故貴之也。夫昔者, 君子比德於玉焉。溫潤而澤, 仁也。縝密以栗, 知也。廉而不劌, 義也。垂之如隊, 禮也。叩之, 其聲淸越以長, 其終詘然, 樂也。瑕不揜瑜, 瑜不揜瑕, 忠也。孚尹旁達, 信也。氣如白虹, 天也。精神見于山川, 地也。圭璋特達, 德也。天下莫不貴者, 道也。詩云: '言念君子, 溫其如玉。' 故君子貴之也。"

자공이 공자에게 묻기를: "감히 묻습니다. 군자가 옥을 중시하고 옥돌을 경시하는 것은, 어째서입니까? 옥은 적지만 옥돌은 많아서입니까?" 공자가 이르시기를: "옥돌의 많음으로, 경시하고; 옥의 적음으로, 중시하는 것이 아니다. 무릇 옛날에, 군자는 덕을 옥에 비유했다. (옥이) 온화하여 윤이 나는 것은, 어짊이다. (옥이) 촘촘하여 단단한 것은, 지혜로움이다. (옥이) 모나지만 상처를 입히지 않는 것은, 의로움이다. 그것(옥)을 (오가는) 길과도 같이 드리운 것이, 예이다. 그것(드리운 옥)을 두드려서, 그 소리가 맑게 흐트러져 나아가다가, 그(소리)가 짧게 뚝 그치는 것은, 음악이다. (옥의) 티가 아름다움을 가리지 못하고, 아름다움이 티를 가리지 않는 것은, 정성스러움이다. (옥의) 미더움이 널리 드러나는 것은, 믿음이다. (옥의) 기운이 하얀 무지개와 같은 것은, 하늘이다. (옥의) 성령이 산천에 드러나는 것은, 땅이다. 규장(옥으로 만든 그릇)이 특별하게(귀중하게) 쓰이는 것은, 덕이다. (옥이) 세상에서 귀히 여겨지지 않음이 없는 것은, 도이다. [시경] 〈秦風(진풍)·小戎(소융)〉에 이르기를: '요컨대 군자를 생각하면, 온화함이 그 옥과도 같다.'고 했다. 따라서 군자는 그것(옥)을 중시한다."

[禮記(예기)] 〈聘義(빙의)〉

여기서 공자는 옥의 특징으로 인(仁), 지(知), 의(義), 예(禮), 악(樂), 충(忠), 신(信), 천(天), 지(地), 덕(德), 도(道)를 비유적으로 설명하고 있는데, 다른 부분은 차치하고 이제 인(仁), 의(義), 예(禮), 악(樂)만을 비교 및 정리해 보기로 하자.

	옥(玉)
인(仁)	온화하여 윤이 남
의(義)	모나지만 상처를 입히지 않음
예(禮)	길과도 같이 드리움
악(樂)	소리가 맑게 흐트러져 나아가다가 그침

공자는 이처럼 옥을 통해서 비유적으로 군자의 도(道)를 설명하고 있는데, 여기서도 예(禮)와 악(樂)을 옥의 내적인 성질(내용)이 아닌 외적인 효과(형식)로 표현하여, 다른 요소들과 구분하고 있음을 알 수 있다.

따라서 상술한 내용을 토대로 다시 한 번 극자성과 자공의 대화를 살펴보면, 극자성은 도(道)의 형식인 예(禮)와 악(樂)을 반대하고 오로지 그 내용만을 중시해야 한다고 한 반면, 자공은 공자의 뜻을 이어받아서 형식인 예악(禮樂) 역시 중시해야 한다고 강조하고 있음을 알 수 있다. 그러므로 공자에게 있어서의 화(和)란 다름 아닌 도(道)의 내용이 되는 인의(仁義)와 그 형식이 되는 예악(禮樂)의 조화가 되는 것이다.

이제 다음으로는 도(道)의 내용이 되는 인(仁)과 의(義), 그리고 형식이 되는 예(禮), 악(樂)의 구체적인 함의에 대해서 살펴보기로 하자.

10. 인(仁): 진심으로 섬기고 따르는 어짊

인(仁)의 함의를 알아보기에 앞서서, 먼저 [논어] 〈顔淵(안연)〉 편의 기록을 살펴보자.

12 – 22

樊遲問仁。子曰: "愛人。"

번지문인. 자왈: "애인."

【미언】 번지가 어짊에 대해 물었다. 공자가 이르시기를: "사람을 사랑하는 것이다."

제자 번지(樊遲)가 인(仁)이 무슨 뜻인지 묻자, 공자는 이를 애(愛)로 정의하고 있다. 따라서 우리가 그간 인(仁)에 대해서 인지하고 있던 개념은 바로 위의 기록에 의거하고 있음을 어렵지 않게 이해할 수 있을 것이다. 그렇다면 인(仁)은 곧 사랑을 사랑하는 것일까? 그런데 인(仁)을 사랑으로 바꿔서 [논어]에서 인(仁)이 언급된 구절들을 음미하다보면, 문맥이 서로 통하지 않는 부분을 적잖이 발견할 수 있는 것이다. 이와 관련하여 인(仁)이 가지는 구체적인 함의에 대해서 하나씩 풀어보기로 하는데, 이제 다음의 [논어] 〈學而(학이)〉편 구절을 먼저 살펴보자.

1 – 2

有子曰: "其爲人也, 孝弟而好犯上者, 鮮矣。不好犯上而好作亂者, 未之有也。君子務本, 本立而道生。孝弟也者, 其爲仁之本與。"

유자왈: "기위인야, 효제이호범상자, 선의. 불호범상이호작란자, 미지유야. 군자무본, 본립이도생. 효제야자, 기위인지본여."

【미언】 유자가 말하기를: "그 사람됨이, 효성스럽고 공손한데도 윗사람에게 거스르기를 좋아하는 자는, 드물다. 윗사람에게 거스르기를 좋아하지 않지만 난을 일으키기를 좋아하는 자는, 있지 않다. 군자는 근본에 힘쓰니, 근본이 서면 도가 생긴다. 효도와 공경이라는 것은, 어짊을 행하는 근본이다."

【대의】 유약이 말하기를: "그 사람됨이 부모에게 효도하고 윗사람을 공경하는데도, 자신의 상관이나 지도자의 뜻을 거스르는 사람은 드물다. 자신의 상관이나 지도자의 뜻에 거스르지 않으면서도, 상관이나 지도자를 배신하여 반란을 도모하는 자는 존재하지 않는다. 따라서 군자(도를 배우고 부단히 노력하여 실천하는 올바른 지도자)는 근본이 되는 효도와 공경에 힘쓰는데, 그 이유는 자신이 먼저 솔선수범하여 부모에게 효도하고 윗사람을 공경하는 모습을 백성에게 보임으로써, 궁극적으로는 백성 역시 자기를 따르게 하여 도(태평성대를 이끌었던 옛 성현들의 통치이념)를 확립할 수 있기 때문이다. 그러므로 부모에게 효도하고 윗사람을 공경하는 것이, 바로 어짊(사회에 나아가 자신의 군주를 진심으로 섬기고 따르는 것)의 기초이자 출발점이 되

는 것이다."

이 말은 "본(本: 근본): 도(道)=효제(孝悌: 효도와 공경): 인(仁: 어짊)"이라는 공식으로 정리할 수 있다. 또 유약은 근본이 서면 도(道)가 생긴다고 하면서 효제(孝悌)가 인(仁)의 근본이라고 했으니, 효제(孝悌)는 도(道)의 중요한 전제가 되고, 또 인(仁)의 기초이자 출발점이 됨을 알 수 있다. 그러므로 인(仁)은 개인적으로 하는 효제(孝悌)의 사회적 확장형태가 되는 것이다. 다시 말해서, **인(仁)**이란 **사회에 나아가 자기의 임금을 진심으로 섬기고 따르는 것**이라는 함의를 갖게 되는 것이다. 그렇다면 공자는 이에 대해서 어떻게 말하고 있을까? 이와 관련하여 역시 [논어] 〈學而(학이)〉의 다음 구절을 살펴보자.

1 - 6

子曰:"弟子, 入, 則孝; 出, 則弟。謹而信, 汎愛衆而親仁。行有餘力, 則以學文。"

자왈: "제자, 입, 즉효; 출, 즉제. 근이신, 범애중이친인. 행유여력, 즉이학문."

【미언】 공자가 이르시기를: "젊은이는, 들면, 곧 효도하고; 나가서는 곧 공손할 것이다. (또한) 삼가여 성실할 것이고, 널리 대중을 사랑하되 어짊을 가까이 할 것이다. (이렇게) 행하고도 남은 힘이 있으면, 곧 문장을 배울 것이다."

【대의】 공자가 이르시기를: "젊은이는 집에 있으면, 곧 부모에게 효도하고; 밖에 나가서는, 곧 윗사람을 공경해야 한다. 또한 삼가여 변함없

이 성실함을 보이고, 벼슬에 나아가서는 널리 백성을 사랑하되 자신의 군주를 진심으로 섬기고 따라야 할 것이다. 이렇게 행하고도 남는 힘이 있으면, 곧 한 걸음 더 나아가 태평성대를 이끌었던 옛 성현들이 실천한 구체적인 내용이 기록된 문장들을 배워야 할 것이다."

이처럼 유약(有若)이 말했던 "인(仁)은 효도와 공경의 사회적 확장 형태이다."라는 개념은 분명히 공자의 가치관과 일치하고 있으니, 이와 관련하여 이제 다음의 두 기록을 살펴보자.

> 子曰: "立愛自親始, 教民睦也。立教自長始, 教民順也。教以慈睦而民貴有親。教以敬長而民貴用命。孝以事親, 順以聽命, 錯諸天下, 無所不行。"
>
> "공자가 이르시기를: 사랑을 드러내는 것을 부모로부터 시작하는 것은, 백성으로 하여금 화목하게(도탑게) 지내게 함이다. 본받음을 드러내는 것을 윗사람으로부터 시작하는 것은, 백성으로 하여금 순종하게 함이다. 사랑함과 화목함으로 가르치면 백성이 부모가 있음을 귀하게 여긴다. 윗사람을 공경함으로 가르치면 백성이 윗사람의 명령을 받듦을 귀하게 여긴다. 효도로 부모를 섬기고, 순종함으로 명령을 따르며, 그것들을 천하에 시행하면, 행하지 못할 바가 없다."
>
> [禮記(예기)] 〈祭義(제의)〉

> 仁人不過乎物, 孝子不過乎物。是故仁人之事親也如事天, 事天如事親。是故孝子成身。
>
> 어진 사람은 만물(의 도리)에서 지나치지 않고, 효자는 만물(의 도리)에서 지나치지 않습니다. 이런 까닭에 어진 사람의 부모를 섬김은 하늘을

섬기는 것과도 같고, 하늘을 섬김은 부모를 섬기는 것과도 같습니다. 이런 까닭에 효자는 자신을 완성시키는 것입니다."

[禮記(예기)] 〈哀公問(애공문)〉

특히 두 번째 기록인 노나라 애공(哀公)의 물음에, 공자는 이처럼 효(孝)에서 시작하여 궁극적으로는 인(仁)으로 나아감으로써 자신을 완성시키는 것이라고 설명함으로써, 다시 한 번 인(仁)이 효(孝)의 사회적 확장 형태임을 확인시켜주고 있다.

그렇다면 인(仁)의 적용대상은 과연 어떤 인물일까? 다시 말해서, 인(仁)은 윗사람에게 하는 것일까, 혹은 아랫사람에게 베푸는 것일까? 아니면 윗사람과 아랫사람에게 모두 적용되는 것일까?

위에서 언급한 바 있듯이, 공자는 인(仁)을 애(愛)라고 설명한 바 있다. 그리고 사랑 즉 애(愛)는 통상적으로 그 적용대상에 특별한 국한이 없다. 다시 말해서, 사랑이라는 것은 위로도 할 수 있는 것이고, 아래로도 할 수 있는 것이다. 따라서 이를 근거로 정리해보면, 인(仁)이라는 것은 윗사람에게도 혹은 아랫사람에게도 모두 베풀 수 있는 것이어야 한다.

그런데 위에 제시한 두 문장을 자세히 읽어보면, 인(仁)의 실천방향에 뭔가 이상한 점이 있음을 느낄 수 있을 것이다. 왜 그런 것일까?

故君者, 所明也, 非明人者也。君者, 所養也, 非養人者也。君者, 所事也, 非事人者也。故君明人, 則有過; 養人, 則不足; 事人, 則失位。故百姓則君以自治也, 養君以自安也, 事君以自顯也。故禮遠而分定。

따라서 임금은 높여지는 바이지, 남을 높이는 이가 아니다. 임금은 봉양을 받는 바이지, 남을 봉양하는 이가 아니다. 임금은 남에게 섬겨지는 바이지, 남을 섬기는 이가 아니다. 따라서 임금이 남을 높이면, 곧 허물이 있고; 남을 봉양하면, 곧 부족해지며; 남을 섬기면, 곧 지위를 잃게 된다. 따라서 백성은 임금을 본받음으로써 스스로 바로잡히고, 임금을 봉양함으로써 스스로 평안히 지내며, 임금을 섬김으로써 스스로 드러나게 되는 것이다. 따라서 예가 심오해지면 신분이 바로잡히는 것이다.

[禮記(예기)] 〈禮運(예운)〉

즉 인(仁)이란 윗사람이 아랫사람에게 행하는 것이 아니라, 바로 아랫사람이 윗사람에게 행하는 것이기 때문이다. 결국 효(孝)가 백성을 다스리기 위한 근본이고, 효(孝)를 점차 사회로 확장시킨 것이 윗사람을 공경함인 제(悌) 그리고 더 나아가 자신이 섬기는 상관이나 군주에 순종하는 인(仁)의 어짊이 되는 것이다. 이처럼 공자에게 있어서 효(孝)는 결국 백성을 다스리기 위한 출발점이라고 볼 수 있는데, 이와 관련하여 또 다음의 기록을 살펴보기로 하자.

子云: "孝以事君, 弟以事長。示民不貳也。"

공자가 이르시기를: "효도로서 임금을 섬기고, 공경함으로서 어른을 섬기는 것이다. (이렇게 하는 것은) 백성에게 (자신이 윗사람의 뜻을) 어기지 않음을 보이는 것이다."

[禮記(예기)] 〈坊記(방기)〉

이 말을 통해서 알 수 있듯이, 공자에게 있어 부모님께 효도하고 윗사람을 공경하는 것은 그 자체로 끝나는 것이 아니라, 나아가 자신의 군주를 진심으로 섬기고 따름으로써 사회의 질서체계를 공고히 하는 근간이 되는 것이다. 그리고 이 인(仁)의 개념을 기본으로 하여 다음 [논어]의 〈學而

(학이)〉와 〈里仁(이인)〉편에 기록된 문장들을 살펴보면, 왜 공자가 이처럼 효(孝)를 강조하고 있는지도 다시 한 번 깨달을 수 있을 것이다.

1 – 11

子曰: "父在, 觀其志; 父沒, 觀其行; 三年, 無改於父之道, 可謂孝矣。"

자왈: "부재, 관기지; 부몰, 관기행; 삼년, 무개어부지도, 가위효의."

【미언】 공자가 이르시기를: "아버지가 살아계시면, 그 생각을 살피고; 아버지가 돌아가시면, 그 행적을 살피며; 삼 년 동안, 아버지의 도리를 고치지 않는다면, 섬긴다고 평할 수 있다.

【대의】 공자가 이르시기를: "아버지가 살아계시면 그의 뜻을 이어받으려 애쓰고, 아버지가 돌아가시면 그의 행적을 이어받으려 애쓰며, 아버지가 돌아가셔서 삼 년간 상복을 입는 동안, 그의 뜻과 행적에 설령 허물이 있더라도 고치지 않고 계승하여 따른다면, 이것이야말로 참된 효도이다. 나아가 이런 사람은 어짊을 실천할 수 있을 것이다."

4 - 18

子曰: "事父母, 幾諫, 見志不從, 又敬不違, 勞而不怨。"

자왈: "사부모, 기간, 견지부종, 우경불위, 노이불원."

【미언】 공자가 이르시기를: "부모님을 섬김은 조용하고도 공손하게 간하고, 뜻을 드러내도 따르지 않으시면, 더욱 공경하여 어기지 않는 것이니, 수고롭지만 원망하지는 않는 것이다."

【대의】 공자가 이르시기를: "효도는 어짊(사회에 나아가 자신의 군주를 진심으로 섬기고 따름)의 출발점이다. 다시 말해서, 신하가 임금을 거스르고 나아가 반역을 꾀하는 춘추시대의 혼란을 막을 수 있는 어짊의 유일하고도 가장 중요한 근본이 효도인 것이다. 따라서 설령 부모의 결정이 잘못되어서 노여움을 사지 않도록 조용하고도 공손하게 간언을 해도, 부모가 그 뜻을 굽히지 않으면 더욱 공경하여 부모의 뜻을 따르고, 아울러 부모를 원망하지 않는 태도를 지녀야 한다. 이러한 모습이 비록 수고롭기는 해도, 그렇게 해야 사회에서도 나아가 군주를 진심으로 섬기고 따를 수 있게 된다."

4 - 20

子曰: "三年, 無改於父之道, 可謂孝矣。"

자왈: "삼년, 무개어부지도, 가위효의."

【미언】 공자가 이르시기를: "삼 년 동안, 아버지의 도리를 고치지 않는다면, 섬긴다고 평할 수 있다."

【대의】 공자가 이르시기를: "아버지가 돌아가셔서 삼 년의 상복을 입는 동안, 그의 뜻과 행적에 설령 허물이 있더라도 고치지 않고 계승하여 따른다면, 이것이야말로 참된 효도이다. 나아가 이런 사람은 어짊(임금을 진심으로 섬기고 따름)을 실천할 수 있을 것이다."

공자는 설령 아버지의 말씀과 생각이 틀려도, 그것을 고치려 들지 않고 따라야 한다고 강조한다. 그렇다면 그 이유는 과연 무엇일까? 이제 또 다음의 기록들을 살펴보자.

> 子云: "君子弛其親之過而敬其美。"
>
> 공자가 이르시기를: "군자는 그 부모의 허물을 느슨히 하고 그 좋은 일을 공경한다." [禮記(예기)] 〈坊記(방기)〉

> 喪父三年, 喪君三年, 示民不疑也。父母在, 不敢有其身, 不敢私其財, 示民有上下也。
>
> 아버지를 여의면 삼 년이고(삼 년 동안 상복을 입고), 군주를 여의면 삼 년은(삼 년 동안 상복을 입는 것은), 백성에게 의심하지 않음(머뭇거리지 않고

아버지와 군주의 뜻을 계승함)을 보이는 것이다. 부모가 (살아)계시면, 감히 그 몸을 독차지하지 않고(자기의 몸이라고 생각하여 함부로 하지 않고), 감히 그 재물을 사사로이 하지 못하는 것은(자기의 재산이라고 생각하여 함부로 쓰지 않는 것은), 백성에게 위와 아래(의 질서체계)가 있음을 보이는 것이다.

[禮記(예기)] 〈坊記(방기)〉

즉 공자에게 있어 부모님께 효도하고 윗사람을 공경하는 것은 그 자체로 끝나는 것이 아니라, 나아가 자신의 군주를 진심으로 섬기고 따름으로써 사회의 상하질서체계를 공고히 하는 근간이 되는 것이다. 다시 한 번 말하자면, 효(孝)는 인(仁)을 실천하기 위한 정치적 초석이자 자격이 되는 것이다. 이제 이와 관련하여서 다음의 [논어] 〈子張(자장)〉편 기록을 살펴보면, 왜 공자의 제자인 증자(曾子)가 그렇게 말한 것인지 명확하게 이해할 수 있을 것이다.

19 – 17

曾子曰: "吾聞諸夫子, '人未有自致者也, 必也親喪乎.'"

증자왈: "오문저부자, '인미유자치자야, 필야친상호.'"

【미언】 증자가 말하기를: "내가 스승에게 듣기로는, '사람이 있는 힘을 다하는 것이 아직 없더라도, 부모의 상에는 반드시 해야 한다.'고 하셨다."

즉 이는 바로 위에서 언급한 "삼 년 동안, 아버지의 도리를 고치지 않는다면, 섬긴다고 평할 수 있다."라는 도리를 재천명한 것으로 간주할 수 있으니, 증자는 공자의 가르침을 오롯이 간직하고 있었음을 알 수 있는 것이다.

그렇다면 공자나 증자는 아버지가 올바른 길을 걸었던 아니면 그렇지 않았던 간에 상관없이 무조건적으로 아버지의 뜻을 따라야 한다고 말하는 것일까? 이와 관련하여서는 다음의 기록을 살펴보자.

> 孟獻子曰: "畜馬乘, 不察於鷄豚。伐氷之家, 不畜牛羊。百乘之家, 不畜聚斂之臣。與其有聚斂之臣, 寧有盜臣。"
>
> 맹헌자가 말하기를: "말 네 필을 기르면(재산이 어느 정도 되면), 닭과 돼지를 살피지 않는다. 얼음장을 떠내는(부유한) 집안은, 소와 양을 기르지 않는다. 경대부의 (권세가 있는) 집안은, 지위를 이용하여 백성을 착취하는 신하를 기르지 않는다. 지위를 이용하여 백성을 착취하는 신하를 가지느니, 차라리 도둑질하는 신하를 가지는 것이 낫다."
>
> [禮記(예기)] 〈大學(대학)〉

맹헌자(孟獻子)는 이처럼 청렴하고도 항상 나라와 백성의 안위를 걱정했기에, 공자는 [예기]에서 그를 다른 사람보다 한 수 위에 있는 인물이라고 칭송한 바 있다. 따라서 공자와 증자는 자식은 마땅히 아버지의 훌륭한 점을 계승해야 한다고 강조하고 있는 것임을 알 수 있다. 공자는 인(仁)과 관련하여, 또 [논어] 〈學而(학이)〉 편에서는 다음과 같이 말하고 있다.

1－3

子曰: "巧言令色, 鮮矣仁。"

자왈: "교언영색, 선의인."

【미언】 공자가 이르시기를: "말을 교묘하게 하고 아첨하는 얼굴빛을 하면, 어짊이 드물다."

【대의】 공자가 이르시기를: "사회에 나아가 자신의 군주를 진심으로 섬기고 따르는 데 있어, 그를 기만하거나 아첨하는 것이 아니라 진심이 담긴 말과 진솔한 얼굴빛으로 대해야 한다. 만약 그렇지 못하면, 이는 어짊(자신의 지도자를 진심으로 섬기고 따르는 것)이 아니다."

이 말은 인(仁)의 중요한 특징이 자신의 상관 나아가 군주를 기만하거나 아첨하지 않고, 진심이 담긴 말과 얼굴빛으로 대하는 데 있다는 의미를 지니고 있다. 이미 앞에서 누차 설명한 바 있듯이, 인(仁)은 효제(孝悌) 즉 부모에 효도하고 윗사람을 공경함의 사회적 확장 형태로서 사회에 나아가 자신의 군주를 진심으로 섬기고 따르는 것인데, 이러한 진심으로 섬기고 따른다는 것은 자신의 군주를 기만하거나 아첨하는 것이 아니라, 진심이 담긴 말과 얼굴빛으로 대하는 데 있다는 것이다. 이제 다음의 기록들을 살펴보면 그 의미를 보다 명확하게 이해할 수 있을 것이다.

> 君罔以辯言亂舊政, 臣罔以寵利居成功。邦其永孚于休。
>
> (이윤이 말하기를) 임금이 교묘한 말 때문에 옛 정치를 어지럽히지 않고, 신하가 총애와 이익 때문에 성공에 머무르지 않으면, 나라가 오래도록 아름답게 빛날 것입니다." [尙書(상서)] 〈太甲下(태갑하)〉

益曰: "吁! 戒哉! 儆戒無虞, 罔失法度。罔游于逸, 罔淫于樂。(생략) 罔違道以幹百姓之譽, 罔咈百姓以從己之欲。無怠無荒, 四夷來王。"

익이 말했다: "아! 경계하소서! 근심이 없을 때 경계하고, 법도를 잃지 말아야 합니다. 편안히 놀지 말고, 즐거움을 탐하지 말아야 합니다. (생략) 도를 어김으로써 귀족들의 찬양을 일으키지 말고, 귀족들을 어김으로써 자기의 욕망에 따르지 말아야 합니다. 게으르지 않고 허황되지 않으면, 사방의 오랑캐들이 임금에게 올 것입니다."

[尙書(상서)] 〈大禹謨(대우모)〉

伊尹乃言曰: 先王昧爽丕顯, 坐以待旦, 旁求俊彦, 啓迪後人, 無越厥命以自覆。愼乃儉德, 惟懷永圖。若虞機張, 往省括于度, 則釋, 欽厥止, 率乃祖攸行。惟朕以懌, 萬世有辭。

이윤이 이에 말했다: "선왕께서는 먼동이 틀 무렵에 크게 밝히고자, 앉아서 아침을 기다리셨고, 뛰어난 인재와 훌륭한 선비들을 두루 찾아 구하여 후인들을 계도하셨으니, 그 명을 어김으로써 스스로 엎어지지 마십시오. 신중하여 이에 검소한 덕을 행하시고, 장구한 계책을 품으십시오. 우인이 쇠뇌에 활시위를 얹어, 가서 화살 끝이 법도에 맞는지 살피고, 곧 (활을) 발사하는 것처럼, 그 행동거지를 공경하고, 이에 선조가 행하신 바를 따르면, 제가 그럼으로써 기쁘고, 만세(萬世)에 말씀이 남을 것입니다. [尙書(상서)] 〈太甲上(태갑상)〉

이처럼, 공자는 바른 말과 진솔한 얼굴빛으로 섬기고 따름으로써 자신이 섬기는 군주가 올바른 정치를 하도록 하는 것이 바로 인(仁)이라고 본 것이다. 따라서 이제 상술한 내용을 토대로, 다시 한 번 다음의 [논어] 〈顔

淵(안연)〉과 〈里仁(이인)〉편의 두 구절을 음미해보기로 하자.

12 – 22

樊遲問仁。子曰: "愛人。"

번지문인. 자왈: "애인."

【미언】 번지가 어짊에 대해 물었다. 공자가 이르시기를: "사람을 사랑하는 것이다."

4 – 18

子曰: "事父母, 幾諫, 見志不從, 又敬不違, 勞而不怨。"

자왈: "사부모, 기간, 견지부종, 우경불위, 노이불원."

【미언】 공자가 이르시기를: "부모님을 섬김은, 조용하고도 공손하게 간하고, 뜻을 드러내도 따르지 않으시면, 더욱 공경하여 어기지 않는 것이니, 수고롭지만 원망하지는 않는 것이다."

결국 공자는 효(孝)를 춘추시대의 혼란을 막을 수 있는 인(仁)의 유일한 근본으로 여겨서, 가깝게는 부모 멀리는 자기가 섬기는 임금의 결정이 잘못된 것이어도 따라야 한다고 강조한 것이니, 설령 임금이 잘못된 판단을 내려서 간언을 했는데도 듣지 않으면 결국 진심으로 따라야 한다고 역설하는 것이다.

그렇다면 인(仁)의 정의는 긍정적인 의미의 '순종'이라기보다는, 오히려 부정적인 의미의 '맹종'이라고 보아야 하지 않을까? 아마도 공자의 제자 재아(宰我) 역시 그렇게 생각했나보다. 이제 [논어] 〈雍也(옹야)〉편에 기록되어 있는 공자와 재아의 대화를 살펴보자.

6 - 24

宰我問曰: "仁者, 雖告之曰: '井有仁焉', 其從之也?" 子曰: "何爲其然也? 君子, 可逝也, 不可陷也; 可欺也, 不可罔也。"

재아문왈: "인자, 수고지왈: '정유인언', 기종지야?" 자왈: "하위기연야? 군자, 가서야, 불가함야; 가기야, 불가망야."

【미언】 재아가 묻기를: "어진 이는, 비록 그에게 말하기를: '우물에 어짊이 있소.'라고 하면, 그가 그것을 따르는 것입니까?" 공자가 이르시기를: "어찌 그렇게 하겠는가? 군자는, 그곳에 갈 수는 있지만, 빠뜨릴 수는 없고; 속일 수는 있지만, 사리에 어둡게 할 수는 없다."

【대의】 재아가 묻기를: "어진(자기의 군주를 진심으로 섬기고 따르는) 이에게, 어떤 이가 말하기를: '우물에 자기의 군주를 섬기고 따르는 도리가 있소.'라고 하면, 바로 우물 속으로 들어가는 것입니까?" 공자가 이르시기를: "어찌 그렇게 할 수 있겠는가? 어짊을 좋아하면서 도(태평성대의 통치이념)를 배우기를 좋아하지 않으면, 공정하게 판단하지 못해서 맹목적으로 추종하게 된다. 하지만 군자(올바른 지도자)는 도를 배우고 부단히 노력하여 실천하기 때문에, 우물가에 가게 할 수는 있지만 우물에 빠뜨릴 수는 없다. 그를 속여서 우물가에 가게 할 수는 있지만, 군자는 사리에 어둡지 않으니

맹목적으로 따름으로써 우물에 빠지지는 않는 것이다."

공자는 여기서 인(仁) 즉 자기의 군주를 진심으로 섬기고 따르는 것이, 군자가 지켜야 할 바라고 천명하고 있다. 다시 말해서, 인(仁)이 도(道)의 중요한 구성요소임을 재차 확인시켜주고 있는데, 여기서 유의해야 할 점이 있으니 아래 [논어] 〈陽貨(양화)〉편에 등장하는 공자와 제자 자로(子路)의 대화를 잠시 살펴보자.

17 - 8

子曰: "由也, 女聞六言六蔽矣乎?" 對曰: "未也。" "居。吾語女。好仁, 不好學, 其蔽也, 愚。"

자왈: "유야, 여문육언육폐의호?" 대왈: "미야." "거. 오어여. 호인, 불호학, 기폐야, 우."

【미언】 공자가 이르시기를: "유야, 너는 여섯 가지 말씀과 여섯 가지 결점에 대해서 들었는가?" (유가) 대답하기를: "아직 듣지 못했습니다." (공자가 이르시기를:) "자리 잡아라. 내가 너에게 말해주마. 어짊을 좋아하면서, 배우기를 좋아하지 않으면, 그 결점은 고지식해지는 것이다."

즉 공자는 "인(仁)을 좋아하면서, 성인의 도(道)를 배우기를 좋아하지 않으면, 그 결점은 공정하게 판단하지 못해서 맹목적으로 추종하게 된다." 고 자로를 훈계하고 있으니, 인(仁)이 도(道)의 다른 요소들과 결부되어 융화되지 못하고 단독으로 존재하게 되면, 자기의 군주를 맹목적으로 섬기고 따르게 된다는 것이다. 따라서 공자는 인(仁)이란 도(道)의 범위 내에서 다른 요소들과 조화를 이루고 있을 때, 비로소 자기의 군주를 맹목적이 아닌 진심으로 섬기고 따르게 된다고 설명하고 있음을 알 수 있다.

이처럼 인(仁)이라는 것은 자칫 잘못 오해하면 '맹종'으로 비춰질 수 있으므로, 이에 대해서 공자는 또 다음의 [논어] 〈八佾(팔일)〉편 기록과 같이 자신의 답답한 심정을 토로한 바 있다.

3 - 18

子曰: "事君盡禮, 人以爲諂也。"

자왈: "사군진예, 인이위첨야."

【미언】 공자가 이르시기를: "임금을 섬김에 예를 다하니, 사람들은 아첨한다고 여긴다."

【대의】 공자가 이르시기를: "예(禮)는 의(義)를 수식하는 형식이 된다. 따라서 나는 신하된 자로서 임금을 진심으로 섬기고 따르며, 그 입장에서 지켜야 할 바를 목숨을 걸고 지켰을 따름인데, 사람들은 오히려 내가 임금에게 아첨한다고 여긴다."

인(仁)은 자기가 섬기는 군주가 무도한지의 여부에 상관없이 진심으로 섬기고 따라야 한다는 것이니, 보는 이의 입장에 따라서는 맹목적이고 심지어는 아첨하는 것처럼 보일 수 있을 것이다. 하지만 공자가 본문을 통해서 하고자 한 말은, 도(道)의 구성요소들이 조화를 이뤄서 유기적으로 돌아가지 않으면, 한쪽으로 치우쳐지는 폐단을 낳는다는 뜻이 되는 것이니, 이는 다시 말해서 도(道)의 내용이 되는 인(仁)은 형식이 되는 예(禮)와 합쳐져야 비로소 화(和) 즉 조화를 이룰 수 있다는 의미가 되는 것임을 알 수 있다.

지금까지 설명한 인(仁)의 개념을 바탕으로 다음의 [논어] 〈公冶長(공야장)〉편 기록을 살펴보면, 이제 공자가 어떠한 의도로 그렇게 말했는지 명확하게 이해할 수 있을 것이다. 먼저 공자와 그의 제자 자장(子張)의 대화를 보기로 하자.

5 - 18

子張問曰: "令尹子文, 三仕爲令尹, 無喜色, 三已之, 無慍色。舊令尹之政, 必以告新令尹, 何如? 子曰: "忠矣。" 曰: "仁矣乎?" 曰: "未知。焉得仁?" 崔子弑齊君。陳文子有馬十乘, 棄而違之。至於他邦, 則曰: '猶吾大夫崔子也。' 違之。之一邦, 則又曰: '猶吾大夫崔子也。' 違之, 何如?" 子曰: "淸矣。" 曰: "仁矣乎?" 曰: "未知。焉得仁?"

자장문왈: "영윤자문, 삼사위영윤, 무희색, 삼이지, 무온색. 구영윤지정, 필이고신영윤, 하여?" 자왈: "충의." 왈: "인의호?" 왈: "미지. 언득인?" "최자시제군. 진문자유마십승, 기이위지. 지어타방즉왈: '유오대부최자야.' 위지. 지일방즉왈: '유오대부최자야.' 위지, 하여?" 자왈: "청의." 왈: "인의호?" 왈: "미지. 언득인?"

【미언】 자장이 묻기를: "영윤 자문은 세 번 벼슬하여 영윤이 되었지만 기쁜 기색이 없었고, 세 번 그만두었지만 성내는 기색이 없었습니다. 옛 영윤의 정무를, 반드시 새 영윤에게 알렸으니, 어떠합니까?" (공자가) 이르시기를: "정성스럽도다." (자장이) 말하기를: "어집니까?" (공자가) 이르시기를: "알지 못하겠다. 어찌 어질다고 하겠는가?" (자장이 다시 묻기를) "최자

가 제나라 임금을 시해했습니다. 진문자는 말 십 승을 가지고 있었지만, 버리고 그곳에서 달아났습니다. 다른 나라에 이르러, 곧 말하기를: '우리 대부 최자와 같다.' (그러고는) 그곳에서 달아났습니다. 한 나라로 가서는, 곧 또 말하기를: '우리 대부 최자와 같다.' (그러고는) 그곳에서 달아났으니, 어떠합니까?" 공자가 이르시기를: "탐욕이 없이 깨끗하다." (자장이) 말하기를: "어집니까?" (공자가) 이르시기를: "알지 못하겠다. 어찌 어질다고 하겠는가?"

【대의】 자장이 묻기를: "초나라 영윤을 지냈던 두자문은 세 번 벼슬하여 재상이 되었지만 기쁜 기색이 없었고, 세 번 벼슬을 그만두었지만 성내는 기색이 없었습니다. 또 새로운 재상이 뽑히자 이전에 자신이 재상을 맡았을 때의 정치업무를, 반드시 새 재상에게 알렸으니, 어떠합니까?" 공자가 이르시기를: "정성스럽도다." 자장이 말하기를: "군주를 진심으로 섬기고 따랐습니까?" 공자가 이르시기를: "알지 못하겠다. 어찌 군주를 진심으로 섬기고 따랐다고 하겠는가?" 자장이 다시 묻기를 "최저가 제나라 임금인 장공을 시해했습니다. 진문자는 열 대의 수레를 가지고 있었지만, 모든 재산을 버리고 제나라에서 달아났습니다. 다른 나라에 이르러, 곧 말하기를: '우리 대부 최저와 같다.' 그러고는 이르렀던 다른 나라에서 달아났습니다. 한 나라로 가서는, 곧 또 말하기를: '우리 대부 최저와 같다.' 그러고는 그 이르렀던 한 나라에서 또 달아났으니, 그의 인물됨이 어떠합니까?" 공자가 이르시기를: "탐욕이 없이 깨끗하다." 자장이 말하기를: "군주를 진심으로 섬기고 따랐습니까?" 공자가 이르시기를: "알지 못하겠다. 어찌 군주를 진심으로 섬기고 따랐다고 하겠는가?"

자문(子文)은 초(楚)나라 사람으로 영윤(令尹) 즉 재상(宰相)이 되어서 나라를 강성하게 한 인물로 평가받고 있는데, 그와 관련하여서는 [國語(국어)] 〈楚語下(초어하)〉에 다음과 같은 기록이 있다. 자문은 백성을 위하느라 항상 끼니가 모자랐는데, 이에 성황(成王)이 그에게 봉록을 더 주려고 하자 자문은 세 차례나 영윤 자리를 물러났다가, 왕이 조치를 취하하고 나서야 다시 돌아왔다. 이에 누군가 "부귀는 사람이 추구하는 바인데 왜 피하십니까?"라고 묻자, "정치는 백성을 위한 것이오. 백성은 굶주리는데, 내가 부유하면 살 수 있는 날이 얼마 안 남은 것이오. 나는 부귀를 피하는 것이 아니라, 죽음을 피하는 것이오."라고 대답했다.

진문자(陳文子)는 안평중(晏平仲) 즉 안영(晏嬰)과 함께 제(齊)나라의 장공(莊公)을 모셨던 대부(大夫)이다. 안영과 마찬가지로 군주인 장공을 모시기는 했지만, 장공이 너무나 무도하였기에 진심으로 따르지는 않았다.

최자(崔子)는 최저(崔杼)로 역시 제나라 대부이다. 자신의 아내와 사통한 장공을 시해하고 경공(景公)을 임금으로 세웠는데, 경공은 오히려 안영을 총애하고 최저를 제거한다.

다시 한 번 말하지만, 인(仁)은 군주를 진심으로 섬기고 따르는 것이다. 상술한 인물소개에서 알 수 있듯이, 자문은 백성을 위한 것이기는 했지만 결국 임금의 호의를 따르지 않았다. 또 진문자는 비록 그가 모시는 장공이 무도했기 때문이기는 했지만, 어쨌든 진심으로 섬기고 따르지는 않았다. 그러므로 공자는 두 사람이 정성스럽고 청렴하기는 하지만 인(仁)한 인물은 아니라고 한 것인데, 여기서 공자의 관점을 다시 한 번 확인할 수 있다. 즉 자기가 섬기는 군주가 무도한지의 여부에 상관없이 진심으로 섬기고 따라야 한다는 것이니, 이러한 관점은 다음의 [논어] 〈微子(미자)〉편 기록을 통해서도 여실히 드러난다.

18 − 1

微子去之, 箕子爲之奴, 比干諫而死。孔子曰: "殷有三仁焉!"

미자거지, 기자위지노, 비간간이사. 공자왈: "은유삼인언!"

【미언】 미자는 떠났고, 기자는 그의 노비가 되었고, 비간은 간언을 하다가 죽었다. 공자가 이르시기를 "은나라에는 세 명의 어진 이들이 있었다."

【대의】 은(殷)나라의 폭군 주왕(紂王)과 같은 어머니의 형인 미자는 주왕에게 누차 간언을 올렸으나 듣지 않자 황야에 은거했다. 주왕의 숙부 기자는 수차례 간언을 올렸으나 듣지 않자, 머리를 풀고 미친 척하다가 결국 구금되고는 노비로 전락했다. 역시 주왕의 숙부인 비간은 간언을 하다가, 이를 참지 못한 주왕이 '내가 듣기로는 성인의 심장에는 일곱 개의 구멍이 있다고 하는데, 이제 비간이 성인인지 확인하겠노라!'라고 하여 심장을 갈랐으므로, 잔인하게 죽임을 당했다. 공자가 이르시기를 "은나라에는 세 명의 임금을 진심으로 섬기고 따른 이들이 있었다. 이 세 사람은 정도의 차이만 있을 뿐 그 마음가짐은 하나였으니, 모두 임금을 배반하려는 역모를 꾀하지 않고 끝까지 자기가 섬기는 임금을 바른 길로 건도록 노력한 인물이었던 것이다."

은나라의 마지막 왕인 주왕이 극악무도한 폭정을 펼치자 주(周)의 무왕(武王)이 무력으로 정벌하게 되는데, 미자(微子)와 기자(箕子) 그리고 비간(比干)은 오히려 끝까지 주왕을 섬기고 따랐기 때문에, 공자가 이들을 인(仁)한 인물이라고 칭찬했던 것이다. 공자의 이런 태도는 특히 위에서 이미 언급한 바 있는 [논어] 〈이인〉편의 "부모님을 섬김은, 노여움을 사지 않도록 조용하고도 공손하게 간하고, 자식의 뜻을 드러내도 따르지 않으시면 더욱 공경하여 어기지 않는 것이니, 이러한 모습이 수고롭지만 부모님을 원망하지는 않는 것이다."라는 표현에서 극명하게 부각되고 있다.

물론 지금으로서는 이와 같은 공자의 극단적인 가치관을 이해하기 어렵고, 또 이해해서도 안 될 것이다. 하지만 당시가 춘추시대라는 엄청난 혼란기이자 격변기임을 감안한다면, 또 공자가 얼마나 종법제도를 중시하고 따랐는지를 파악한다면, 일정 수준에서 공자의 의도에 대해서 수긍하는 것은 가능할 것이다.

또 이러한 인(仁)과 관련하여, [논어] 〈公冶長(공야장)〉편과 [十八史略(십팔사략)]의 기록들을 살펴볼 필요가 있다.

5 – 22

子曰: "伯夷叔齊, 不念舊惡, 怨是用希。"

자왈: "백이숙제, 불염구악, 원시용희."

【미언】 공자가 이르시기를: "백이와 숙제는, 지나간 악행을 생각하지 않아서, 이를 써서 나무람이 드물었다."

> 天下宗周, 伯夷叔齊恥之, 不食周粟, 隱於首陽山, 作歌曰: 登彼西山兮, 採其薇矣, 以暴易暴, 不知其非矣。神農虞夏, 忽焉沒兮, 我安適 歸矣。于嗟徂兮, 命之衰矣。遂餓而死。
>
> 세상이 주나라를 받드니 백이와 숙제는 그것을 부끄러워하여, 주나라 곡식을 먹지 않고, 수양산으로 숨어 노래를 지어 불렀다: 저 서쪽 산

에 올라 고사리를 캐네. 폭력으로 폭력을 바꿨으니, 그 잘못을 알지 못하네. 신농씨와 순임금 그리고 하나라는 홀연히 없어졌으니, 나는 어디로 돌아가리오. 아아, 천명이 쇠하였구나. 마침내 굶어 죽었다.

[十八史略(십팔사략) 〈周王朝篇(주왕조편)〉

은(殷)나라의 제후국인 고죽국(孤竹國)의 왕자 백이(伯夷)와 숙제(叔齊)는 주(周)의 무왕(武王)이 무력으로 은나라 주왕(紂王)을 몰아내자, 무왕이 인의(仁義)를 저버렸다고 말하며 수양산(首陽山)으로 들어가 고사리를 캐어먹고 지내다 굶어죽었다. 공자는 그러한 백이와 숙제가 비록 폭군일지라도 끝까지 자기의 군주인 주왕을 진심으로 섬기고 따랐다고 칭송하고 있으니, 여기서도 공자는 바로 인(仁)을 무엇보다 강조하고 있는 것이다. 춘추시대라는 대 혼란기 특히 신하가 임금을 따르지 않고 심지어 시해하는 상황에서, 공자가 이를 바로잡기 위해서 이처럼 인(仁)을 강조한 것은, 어쩌면 다른 여지가 없는 상황에서의 부득이한 선택이었는지도 모른다.

그러므로 공자의 또 다른 제자 자공(子貢)은 백이와 숙제를 빗대어 스승의 의중을 떠보기도 했으니, 이제 [논어] 〈述而(술이)〉편의 염유(冉有) 즉 염구(冉求)와 자공의 대화를 살펴보기로 하자.

7 – 14

冉有曰: "夫子爲衛君乎?" 子貢曰: "諾。吾將問之。" 入曰: "伯夷叔齊, 何人也?" 曰: "古之賢人也。" 曰: "怨乎?" 曰: "求仁而得仁, 又何怨?" 出曰: "夫子不爲也。"

염유왈: "부자위위군호?" 자공왈: "낙. 오장문지." 입왈: "백이숙제, 하인야?" 왈: "고지현인야." 왈: "원호?" 왈: "구인이득인, 우하원?" 출왈: "부자불위야."

【미언】 염유가 말하기를: "스승께서는 위나라 임금을 위하실까요?" 자공이 말하기를: "알았습니다. 내가 장차 여쭈어 보겠습니다." (자공이) 들어가서 말하기를: "백이와 숙제는, 어떤 인물입니까?" (공자가) 이르시기를: "옛날의 현명한 사람들이다." (자공이) 말하기를: "원망하였습니까?" (공자가) 이르시기를: "어짊을 추구하여 어짊을 얻었으니, 또 어찌 원망했겠는가?" (자공이) 나와서 말하기를: "스승께서는 위하지 않을 것입니다."

【대의】 염구가 말하기를: "스승께서는 위나라 임금인 출공(出公)을 도와주실까요?" 자공이 말하기를: "알았습니다. 내가 그대를 대신해서 여쭈어 보겠습니다." 자공이 들어가서 말하기를: "백이와 숙제는, 어떤 인물입니까?" 공자가 이르시기를: "옛날의 현명한 사람들이다." 자공이 말하기를: "백이는 아버지의 뜻을 따랐고, 숙제는 종법제도를 따랐으며, 둘 다 무왕을 피해 수양산에서 굶어죽었는데, 그들은 자신의 선택을 원망하였습니까?" 공자가 이르시기를: "진심으로 섬기고 따름을 추구하여, 진심으로 섬기고 따랐을 뿐이니, 어찌 원망함이 있었겠는가?" 자공이 나와서 염구에게 말하기를: "스승께서는 위나라 임금을 돕지 않을 것입니다."

자공은 왜 여기서 굳이 백이와 숙제를 통해서 공자의 의중을 엿보려 한 것일까? 은나라의 제후국인 고죽국(孤竹國) 임금의 첫째 아들인 백이는 아버지가 셋째 아들인 숙제에게 왕위를 물려주라고 유언하자 그 뜻을 따랐는데, 숙제는 그럴 수 없다며 다시 백이에게 양보한다. 이에 백이는 아버지의 뜻이라며 도망가게 되고, 숙제 역시 도망을 가버리는 바람에, 결국 둘째 아들이 왕위를 물려받게 된다. 후에 주나라의 무왕이 무력으로 폭군인 은나라 주왕(紂王)을 몰아내자, 이 둘은 수양산으로 들어가 고사리를 캐어먹고 지내다 굶어죽었다.

바로 여기서 유의해야 할 것이, 백이는 아버지의 뜻을 따랐고 숙제는 종법제도를 따랐으며 둘 다 모두 자기가 섬긴 주왕을 위해서 굶어죽었으므로, 공자가 이들을 인(仁)했다며 칭송한 것이라는 점이다. 즉 자공은 공자의 대답을 통해서, 공자께서 위나라 임금인 출공(出公)을 돕지 않을 것이라고 확신하게 된 것이다.

그렇다면 당시 위(魏)나라의 상황은 또 어떠했던 것일까? 위나라 영공(靈公)이 살아 있을 때 그의 부인 남자(南子)의 사통을 부끄러워한 세자 괴외(蒯聵)가 그녀를 죽이려다 실패하자, 송(宋)나라로 달아났다가 다시 진(晉)나라로 도망갔다. 노나라 애공 2년 즉 공자 나이 59세에 영공이 죽자, 남자는 괴외의 아들이자 영공의 손자인 첩(輒)을 왕위에 앉히는데, 그가 바로 출공(出公)이다. 하지만 아버지 괴외는 밖에서 호시탐탐 아들을 몰아내서 왕이 되려 했고, 아들은 자기의 왕위를 뺏기게 될까봐 항상 두려워했다. 결국 자공이 스승께서는 위나라 임금을 돕지 않을 것이라고 확신한 이유가, 출공이 아버지의 뜻을 거스르고 심지어 임금 자리에만 욕심을 부리는 것은 불인(不仁)한 것인데, 이는 백이와 숙제의 뜻에 위배되기 때문이었던 것이다. 바꿔 말해서 공자는 백이와 숙제를 인(仁)한 인물이었다고 칭송하였으니, 아버지의 뜻을 거스르고 임금 자리에만 급급했던 불인(不仁)

한 출공을 결코 도우려고 하지 않을 것이라는 뜻이 되는 것이다.

그러므로 아무리 폭군이라고는 하지만 신하로서 군주를 제거한 주나라의 무왕에 대해서, 공자는 [논어] 〈八佾(팔일)〉편에서 다음과 같이 평가하고 있다.

3 – 25

子謂韶: "盡美矣, 又盡善也。" 謂武: "盡美矣, 未盡善也。"

자위소: "진미의, 우진선야." 위무: "진미의, 미진선야."

【미언】 공자가 '소'를 평하시기를: "지극히 아름답고, 또 지극히 선하도다." '무'를 평하시기를: "지극히 아름답지만, 지극히 선하지는 않도다."

【대의】 공자가 순임금 때의 음악인 '소'를 평하시기를: "순임금 때는 신하가 임금이 바른 길을 걷도록 충언하고, 임금은 신하들에게 하늘의 뜻을 받들어 신중을 기하라고 근엄하게 명령하고 있으며, 나아가 무력으로 진압하지 않고 진심 어린 덕을 펼쳐서 오랑캐들마저 감복시켰다. 바로 이것이 바로 조화로움(和)과 자애로움의 덕치인 것이다. 따라서 그 음악이 지극히 아름답고, 또 지극히 선하도다." 하지만 주나라 무왕 때의 음악인 '무'를 평하시기를: "무왕은 그 업적이 찬란하지만, 무력으로 은나라 주왕(紂王)을 멸하고 주나라를 세우니, 이른바 폭력으로 역성혁명(易姓革命)을 일으킨 장본인이다. 따라서 그 음악이 지극히 아름답지만, 지극히 선하지는 않도다."

이와 관련하여서는 다음의 기록을 살펴볼 필요가 있다.

於是夔行樂, 祖考至, 群后相讓, 鳥獸翔舞, 簫韶九成, 鳳皇來儀, 百獸率舞, 百官信諧。帝用此作歌, 曰: "陟天之命, 維時維幾。" 乃歌曰: "股肱喜哉! 元首起哉! 百工熙哉!" 皐陶拜手稽首揚言曰: "念哉! 率爲興事, 愼乃憲。敬哉!" 乃更爲歌曰: "元首明哉, 股肱良哉, 庶事康哉!" 又歌曰: "元首叢脞哉, 股肱惰哉, 萬事墮哉!" 帝拜曰: "然, 往欽哉!"

그래서 기가 악기를 연주하자, 돌아가신 선조(귀신)께서 이르고, 여러 왕후들이 서로 양보하였으며, 조수가 날면서 춤추었는데, 소 아홉 곡 연주가 끝나자 봉황이 와서 예절을 갖추고, 모든 짐승들이 모두 춤추었으며, 모든 관리들이 믿고 화합했다. (순)임금은 이에 노래를 지어, 불렀다: "하늘의 명을 공경하여 받들어, 때에 맞추기를 살피리니." 이에 노래하여 불렀다: "팔 다리(중신)가 행복하니! 원수(임금)가 입신하고! 온갖 장인이 흥성하리니!" 고요가 손을 들어 맞잡고 절하며 머리를 조아려 소리 높여 말했다: "삼가소서! 대략 국가의 대사를 일으킴에, 삼가면 이에 흥성합니다. 공경하소서!" 이에 다시 노래를 불렀다: "원수(임금)가 명철하면, 팔 다리(중신)가 어질어져, 모든 일이 편안하네!" 또 노래를 불렀다: "원수(임금)가 통일성이 없으면, 팔 다리(중신)가 불경해져, 만사가 무너지네!" 임금이 절하며 말했다: "그렇소, 가서 삼가시오!"

[史記(사기)] 〈夏本紀(하본기)〉

소(韶)는 순(舜)임금 때의 음악인데, 소 연주가 끝나자 사람과 동물들이 모두 화(和: 조화)를 이뤘으니, 이는 다름 아닌 대동(大同)을 뜻한다. 또한 신하가 임금이 바른 길을 걷도록 충언하고, 임금은 신하들에게 하늘의 뜻을 받들어 신중을 기하라고 근엄하게 명령하고 있으며, 나아가 무력으로 진압하지 않고 진심 어린 덕을 펼쳐서 오랑캐들마저 감복시켰다. 바로 이것이 순임금의 통치이념인 화(和)와 무력이 아닌 자(慈: 자애로움)의 덕치(德治)인 것이다. 그렇기 때문에 공자는 [논어] 〈述而(술이)〉편에서 다음과 같이 술회한 바 있다.

7 － 13

子在齊聞韶, 三月不知肉味, 曰: "不圖爲樂之至於斯也。"

자재제문〈소〉, 삼월부지육미, 왈: "불도위락지지어사야."

【미언】 공자가 제나라에 있으면서 소를 듣고는, 오랫동안 고기 맛을 알지 못하셨으니, 이르시기를: "음악의 지극함이 이에 이를 줄 생각하지 못했다."

【대의】 공자가 제나라에 있으면서 순임금 때의 음악인 '소'를 듣고는, 오랜 시간동안 고기 맛을 알지 못하셨으니, 이르시기를: "순임금 때는 신하가 임금이 바른 길을 걷도록 충언하고, 임금은 신하들에게 하늘의 뜻을 받들어 신중을 기하라고 근엄하게 명령하고 있으며, 나아가 무력으로 진압하지 않고 진심 어린 덕을 펼쳐서 오랑캐들마저 감복시켰는데, 음악에 이러한 내용이 녹아들어 있으니, 음악의 지극함이 이 정도의 경지에 이를 줄은 미처 몰랐도다."

반면에 주나라 무왕은 역성혁명을 일으킨 장본인이기에, 공자는 [논어] 〈憲問(헌문)〉편에서 다음과 같이 우회적으로나마 무왕을 평가했던 것이다.

14 – 6

子曰: "君子而不仁者有矣夫, 未有小人而仁者也。"

자왈: "군자이불인자유의부, 미유소인이인자야."

【미언】 공자가 이르시기를: "군자임에도 어질지 않은 사람은 있지만, 소인임에도 어진 사람은 없다."

【대의】 공자가 이르시기를: "은나라 주왕(紂王)이 비록 희대의 폭군이었기는 하지만, 주나라 무왕은 신하의 신분으로 임금을 제거하는 역성혁명을 일으켰다. 주나라의 태평성대를 이끈 무왕이 군자(훌륭한 지도자)이기는 하지만, 어진(자기의 임금을 진심으로 따르고 섬긴) 인물은 아닌 것이다. 하물며 소인은 말할 나위가 있겠는가?"

인(仁)이란 사회에 나아가 자기의 임금을 진심으로 섬기고 따르는 것이니, 아랫사람이 윗사람에게 행하는 것이다. 반면에 사랑 즉 애(愛)의 대상은 윗사람과 아랫사람 나아가 신분이 동등한 사람을 구분하지 않는다. 따라서 공자가 인(仁)을 애(愛)라고 표현한 것은, 결국 애(愛)라는 것이 인(仁)의 한 가지 큰 특징이라는 의미이지, 인(仁) 자체가 곧 애(愛)는 아님을 알 수 있다.

그런데 다음 [논어] 〈憲問(헌문)〉편의 두 기록을 보면, 인(仁)의 정의에 대해서 또다시 미궁에 빠질 수 있다. 그래서인지 공자의 제자인 자로와 자공 역시 스승에게 같은 내용의 질문을 한다.

14 - 16

子路曰: "桓公殺公子糾, 召忽死之, 管仲不死。" 曰: "未仁乎?" 子曰: "桓公九合諸侯, 不以兵車, 管仲之力也。如其仁, 如其仁。"

자로왈: "환공살공자규, 소홀사지, 관중불사." 왈: "미인호?" 자왈: "환공구합제후, 불이병거, 관중지력야. 여기인, 여기인."

【미언】 자로가 말하기를: "환공이 공자 규를 죽였는데, 소홀은 죽고, 관중은 죽지 않았습니다." (이어서) 말하기를: "(관중은) 어질지 못한 것입니까?" 공자가 이르시기를: "환공이 아홉 번이나 제후들을 모았지만, 전쟁에 쓰는 수레로 하지 않은 것은, 관중의 힘이다. 어짊에 비슷할지니, 어짊에 비슷할지니."

【대의】 자로가 말하기를: "제나라 환공이 공자 규를 죽였는데, 그를 따르던 소홀은 죽고, 역시 그를 따르던 관중은 죽지 않았습니다." 이어서 말하기를: "따라서 관중은 어질지 못한 것이 아니겠습니까?" 공자가 이르시기를: "환공이 아홉 번이나 제후를 모았지만, 무력으로 하지 않은 것은, 관중의 힘이다. 어짊에 비슷할지니, 어짊에 비슷할지니."

제나라 양공(襄公)은 자기 여동생인 노(魯)나라 환공(桓公)의 부인과 사통하다가 발각되자 환공을 죽이는 등, 제나라를 혼란에 몰아넣은 대단히 무도한 인물이었다. 양공의 두 동생인 공자 규(糾)와 공자 소백(小白)은 각각 노나라와 거(莒)나라로 피신했다가, 양공이 시해되자 돌아와 왕위를 두고 다투었는데, 이때 관중(管仲)은 공자 규를 그리고 포숙아(鮑叔牙)는 공자 소백을 각각 섬기고 있었다. 한번은 대부였던 소홀(召忽)이 관중에게 소백을 죽이라고 하자 관중은 소백에게 활을 쏘았는데, 그 활이 허리띠에 맞아서 소백은 목숨을 구할 수 있었다. 훗날 소백이 왕권을 잡게 되었으니 그가 바로 제나라 환공인데, 이에 공자 규와 소홀은 죽임을 당했고 관중 역시 사형을 당할 처지가 되었다. 하지만 포숙아가 나서서 "임금께서 제나라에 만족하신다면 저 하나로 충분할 것이나, 천하의 패자(霸者)가 되고자 하신다면 관중 외에는 인물이 없을 것입니다."라고 간언했고, 관중은 포숙아 덕분에 제나라 재상이 되어 천하를 호령할 수 있었다.

따라서 자로의 의도는, 관중은 원래 모시던 공자 규를 버리고 새로이 환공을 따랐으므로 불인(不仁)한 사람이 아니냐고 묻고 있는 것이다. 하지만 공자는 그것보다 더 큰 것 즉 나라와 백성의 입장에서 생각해야 한다고 말하고 있다. 즉 인(仁)의 궁극적인 목표를 임금 자체가 아닌 바로 나라와 백성을 평안하게 하는 데 두었으니, 자기의 임금을 진심으로 따르고 섬김으로써 결국에는 나라와 백성을 평안하게 해야 한다고 주장한 것이다. 하지만 자공이 스승의 뜻을 온전하게 이해하지 못하여 반박하자, 공자는 다시 더 구체적으로 설명한다.

14 - 17

子貢曰: “管仲, 非仁者與。桓公殺公子糾, 不能死, 又相之。” 子曰: “管仲, 相桓公覇諸侯, 一匡天下, 民到于今受其賜。微管仲, 吾其被髮左衽矣。豈若匹夫匹婦之爲諒也, 自經於溝瀆而莫之知也?”

자공왈: “관중, 비인자여. 환공살공자규, 불능사, 우상지.” 자왈: “관중, 상환공패제후, 일광천하, 민도우금수기사. 미관중, 오기피발좌임의. 기약필부필부지위량야, 자경어구독이막지지야?”

【미언】 자공이 말하기를: “관중은 어진 이가 아닙니다. 환공이 공자규를 죽였는데, 죽지 못하고, 또한 그를 도왔습니다.” 공자가 이르시기를: “관중이, 환공을 도와서 제후들을 장악하여, 천하를 바로잡았으므로, 백성이 지금에 이르기까지 그 은혜를 받았던 것이다. 관중이 없었다면, 나는 그 머리카락을 풀어 헤치고 옷섶을 왼쪽으로 했을 것이다. 어찌 평범한 남자와 여자의 어짊을 행하여, 스스로 도랑에서 목매어 알지 못하게 하는 것을 따르겠는가?”

【대의】 자공이 말하기를: “관중은 어진(자기의 임금을 진심으로 따르고 섬기는) 이가 아닙니다. 제나라 환공이 공자 규를 죽였는데, 같이 따라서 죽지 못했거니와, 심지어 제나라 환공을 도왔습니다.” 공자가 이르시기를: “관중이, 환공을 도와서 제후들을 장악하여, 어지러운 천하를 바로잡았으므로, 백성이 지금에 이르기까지 그 은혜를 받았던 것이다. 관중이 없었다면 우리 중국은 도를 잃었을 것이고, 그러면 중국의 백성은 머리카락을 풀어 헤치고 옷섶을 왼쪽으로 하는 오랑캐로 전락했을 것이다. 어찌 하찮은 이들의 고집스러움을 행하여, 스스로 도랑에서 목매어 다른 사람들이 알

지 못하도록 하는 것이 옳다고 하겠는가?"

당시 초(楚)나라는 한족(漢族)이 아닌 남만(南蠻) 즉 남쪽의 오랑캐였다. 그런 초나라가 북쪽으로 끊임없이 영토를 확장하고 있었는데, 만약 제나라가 중원지역의 제후국들을 연합하여 이를 막아내지 못했다면 어찌되었을까? 공자는 그렇게 되었다면 중국이 오랑캐의 풍습을 따르는 나라가 되었을 것이라고 술회한 것이다.

위에서도 언급했듯이, 인(仁)의 최종목표는 임금 개인의 안위가 아닌 나라와 백성을 평안하게 하는 데 있는 것이다. 그러므로 공자는 비록 관중이 자기가 섬기던 공자 규를 버리고 새로이 환공을 섬겼지만, 그로 인해서 나라와 백성이 안녕할 수 있었으므로 인(仁)에 가깝다고 말한 것이다.

만약 관중이 세간의 여론을 의식하여 자기가 모시던 공자 규를 따라서 죽었다면, 이는 인(仁)의 표면적인 특징에 불과하다. 하지만 관중은 그러한 굴욕을 견디고 환공을 모심으로써 천하를 호령하는 패자로 만들었으니, 이에 세상이 잠시나마 평온을 되찾을 수 있었다. 따라서 공자가 말하는 **인**(仁)의 참뜻은 **자기의 임금을 진심으로 따르고 섬김으로써 나라를 안정시켜, 궁극적으로는 백성을 평안하게 하는 것**이다. 그러므로 [논어] 〈雍也(옹야)〉편에서 제자 번지(樊遲)가 인(仁)에 대해서 물었을 때, 공자는 일관되게 다음과 같이 대답하고 있다.

6 – 20

問仁。曰: "仁者先難而後獲, 可謂仁矣。"

문인. 왈: "인자선난이후획, 가위인의."

【미언】 (번지가) 어짊에 대해서 물었다. (공자가) 이르시기를: "어진 이는 어려운 일을 이끌고 그러한 후에 얻으니, 어질다고 할 수 있다."

【대의】 번지가 어짊에 대해서 물었다. 그러자 공자가 이르시기를: "먼저 자기의 군주를 진심으로 섬기고 따름으로써 어려운 일을 극복한 후에, 사적인 명예나 공로 등의 이익을 추구하면 어질다고 할 수 있다."

여기서도 공자는 인(仁)의 의미를 재차 확인시켜 주고 있으니, "먼저 자기의 군주를 진심으로 섬기고 따름으로써 나라의 어려운 일을 극복한 후에, 사적인 명예나 공로 등의 이익을 추구하는 것"이다.

10-1. 자(慈): 진심으로 아끼고 지켜주는 자애로움

이미 앞에서 언급했듯이, 사랑 즉 애(愛)는 그 대상을 윗사람과 아랫사람 나아가 신분이 동등한 사람을 구분하지 않고 모두 포괄한다. 반면에 인(仁)은 먼저 자기의 군주를 진심으로 섬기고 따르는 즉 아랫사람이 윗사람에게 행하는 것이다. 그렇다면 윗사람으로서 아랫사람을 대하는 태도는 무엇이라고 지칭해야 할 것인가? 이와 관련하여, 먼저 [논어] 〈爲政(위정)〉 편에 나와 있는 다음의 기록을 살펴보자.

2 - 20

季康子問: "使民敬忠以勸, 如之何?" 子曰: "臨之以莊, 則敬; 孝慈, 則忠; 擧善而教不能, 則勸。"

계강자문: "사민경충이권, 여지하?" 자왈: "임지이장, 즉경; 효자, 즉충; 거선이교불능, 즉권."

【미언】 계강자가 묻기를: "백성이 삼가고 정성스러움으로써 힘쓰게 하려면, 어떻게 해야겠습니까?" 공자가 이르시기를: "그들을 다스림에 정중함으로 하면, 곧 삼가게 되고; 효성스러움과 자애로움으로 하면; 곧 정성스럽게 될 것이요, 선한 이를 등용하고 못한 이를 가르치면, 곧 힘쓰게 됩니다."

【대의】 계강자가 묻기를: "백성이 삼가고 충후함에 힘쓰게 하려면, 어떻게 해야겠습니까?" 공자가 이르시기를: "백성을 정중함으로 다스리면, 곧 삼가게 되고; 효성스러움과 자애로움으로 다스리면; 곧 충후하게 될 것이요, 선한 이를 등용하고 선하지 못한 이를 가르치면, 곧 힘쓰게 됩니다. 효도를 점차 사회로 확장시킨 것이 윗사람을 공경하는 것이고 그리고 더 나아가 어짊(자신의 군주를 섬기고 따름)인데, 그대는 노나라의 경(卿)임에도 불구하고 임금인 애공에게 그토록 무례하니, 백성이 그 모습을 보고 어찌 그대를 따르겠습니까?"

계강자는 노나라 임금보다도 더 큰 권력을 행사하고 있던 삼환(三桓) 즉 맹손씨와 계손씨 그리고 숙손씨 집안 중 하나인 계손씨 집안의 사람이다. 따라서 그의 신분은 지도자이므로, 공자에게 지도자로서 어떻게 백성을 다스려야 하는지를 물은 것이다. 이에 공자는 효성스러움과 자애로움으로 다스리라고 일깨우고 있는데, 주지하다시피 효(孝)는 아랫사람이 윗사람에게 행하는 것으로서 바로 인(仁)의 출발점이 된다. 그렇다면 자(慈)는 어떠한 의미를 함축하고 있는 것일까?

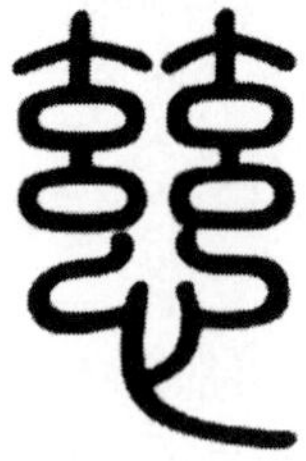

자(慈)의 소전체(小篆體)는 본래 兹(무성할 자)와 心(마음 심)이 합쳐져서 만들어진 형성(形聲)문자이다. 그런데 이러한 형성문자에서 소리를 담당

하는 부분은 의미도 함께 전달하는 경우가 있으니, 이제 玆(무성할 자)에 대해서 살펴보면 다음과 같다. 玆(무성할 자)는 艸(풀 초)와 幺(작을 요) 두 개가 합쳐진 회의(會意)문자로서 '작은 풀들'을 나타내므로, 결국 작은 풀들이 '무성하다'는 의미를 지니게 된 것이다. 따라서 이를 정리해보면, 자(慈)는 '작은 풀들에게 마음을 주는 것'이니, 윗사람으로서 아랫사람에게 베푸는 사랑이 됨을 알 수 있다.

즉 공자는 자(慈)의 의미를 명확하게 이해하고 있을 뿐만 아니라, 오롯이 계승하고 있음을 알 수 있다. 이제 아래에 열거하는 기록을 하나하나 살펴보면, 이러한 자(慈)의 의미가 어떠한 상황에서 활용되고 있는지 더욱 깊이 이해할 수 있을 것이다.

公季卒, 子昌立, 是爲西伯。西伯曰文王。遵后稷·公劉之業, 則古公·公季之法, 篤仁, 敬老, 慈少。禮下賢者, 日中不暇食以待士, 士以此多歸之, 伯夷·叔齊在孤竹, 聞西伯善養老, 盍往歸之。

공계가 죽고 아들 창이 즉위하니, 이 사람이 서백이다. 서백은 (후대에) 추존된 문왕으로, 후직과 공류의 사업을 따르고 고공과 공계의 법도를 본받아 성실하고 인자하며 늙은이를 공경하고 아랫사람에게 사랑을 베풀었다. 어진 사람에게는 예의로 자신을 낮추었는데, 한낮에는 식사할 겨를도 없이 사(士)들을 접대하였으므로, 사들은 이 때문에 서백에게 많이 몰려들었다. 백이와 숙제는 고죽에 있었는데 서백이 노인을 잘 봉양한다는 소문을 듣고 함께 가서 서백에게 귀의했다.

[史記(사기)] 〈周本紀(주본기)〉

子曰: "立愛自親始, 教民睦也。立教自長始, 教民順也。教以慈睦而民貴有親。教以敬長而民貴用命。孝以事親, 順以聽命, 錯諸天下, 無所不行。"

공자가 이르시기를: "사랑을 드러내는 것을 부모로부터 시작하는 것은, 백성으로 하여금 화목하게(도탑게) 지내게 함이다. 본받음을 드러내는 것을 윗사람으로부터 시작하는 것은, 백성으로 하여금 순종하게 함이다. 사랑함과 화목함으로 가르치면 백성이 부모가 있음을 귀하게 여긴다. 윗사람을 공경함으로 가르치면 백성이 윗사람의 명령을 받듦을 귀하게 여긴다. 효도로 부모를 섬기고, 순종함으로 명령을 따르며, 그것들을 천하에 시행하면, 행하지 못할 바가 없다."

[禮記(예기)] 〈祭義(제의)〉

舜父瞽叟頑, 母嚚, 弟象傲, 皆欲殺舜。舜順適不失子道, 兄弟孝慈。欲殺, 不可得; 即求, 嘗在側。

순의 아버지 고수는 고집 세고, 어머니는 간사하고, 동생 상은 교만하여, 모두 순을 죽이고자 하였다. 순은 거스르지 않고 좇아 자식된 도리를 잃지 않았고, 동생에게 형 노릇 하여 효성스럽고도 자애로웠다. 죽이고 싶어도, 얻을(죽일) 수 없었지만: 부르면, 항상 곁에 있었다.

[史記(사기)] 〈五帝本紀(오제본기)〉

何謂人義? 父慈, 子孝, 兄良, 弟弟, 夫義, 婦聽, 長惠, 幼順, 君仁, 臣忠, 十者謂之人義。

무엇을 의라고 일컫는가? 아버지는 자애롭고, 아들은 효도하며, 형은 착하고, 아우는 공경하며, 남편은 합당한 행동을 하고, 아내는 순종하며, 어른은 은혜를 베풀고, 어린이는 따르며, 임금은 진심으로 섬겨서 따르고, 신하는 충후해야 하니, (이) 열 가지를 사람의 의라고 일컫는다.

[禮記(예기)] 〈(禮運(예운)〉

穆王將征犬戎, 祭公謀父諫曰: "不可。先王燿德不觀兵。夫兵戢而時動, 動則威; 觀則玩, 玩則無震。(생략) 至于文王·武王, 昭前之光明而加之以慈和, 事神保民, 無不欣喜。(생략) 布令陳辭而有不至, 則增脩於德, 無勤民於遠。是以近無不聽, 遠無不服。(생략) 王遂征之, 得四白狼四白鹿以歸。自是荒服者不至。

목왕이 장차 견융을 정벌하려 하자, 제공 모보가 간하여 말했다: "불가합니다. 선왕께서는 덕을 밝혔지 무력을 보이지는 않으셨습니다. 무릇 무력이란 거두었다가 때가 되면 움직이는 것이니, 움직이면 위엄이 있으나 보이면 곧 장난이 되니, 장난하면 곧 위엄이 없게 됩니다. (생략) 문왕과 무왕에 이르러, 전대의 광명을 밝히고 자애와 화목을 더하여 신을 섬기고 백성을 보호하였으니, 기뻐하지 않는 이들이 없었습니다. (생략) 명령을 선포하고 타일러도 이르지 않으면, 곧 한층 더 덕을 수양했고, 백성이 먼 곳에서 근무하지 않게 했습니다(원정에 동원하지 않았습니다). 이 때문에 가까이는 듣지 않는 이가 없고, 멀리는 복종하지 않는 이가 없게 되었습니다. (생략) 왕은 마침내 그들을 정복하고, 흰 이리 네 마리와 흰 사슴 네 마리를 얻어서 돌아왔다. 이때부터 황복 지역이 이르지 않았다(귀속하지 않았다). [史記(사기)] 〈周本紀(주본기)〉

따라서 **자(慈)**는 **윗사람으로서 아랫사람을 진심으로 아끼고 보살펴주는 것**임을 알 수 있다. 아울러서 '사랑'을 뜻하는 애(愛)는 베푸는 대상에 따라서 아랫사람이 윗사람에게 행하는 인(仁)과 윗사람이 아랫사람에게 베푸는 자(慈)로 나눌 수 있으니, 공자의 시대에는 인(仁)과 자(慈)를 그 대상에 따라서 분명하게 구별하여 사용했음 역시 알 수 있는 것이다.

11. 의(義): 신분에 따른 의무를 다하는 의로움

의(義)의 함의를 알아보기 위해서, 먼저 다음의 기록을 살펴보기로 하자.

> 廉而不劌, 義也。
>
> 모가 나지만 상처를 입히지 않는 것이, 의로움이다.
>
> [禮記(예기)] 〈聘義(빙의)〉

물론 이 한 문장만으로 의(義)의 정의를 속단할 수는 없지만, 의(義)라는 것이 분명 부드러움보다는 오히려 엄격함에 더 가까움을 짐작할 수 있다. 하지만 다음의 기록을 살펴보면, 그 윤곽을 그리기가 좀 더 용이해진다.

> 故國有患, 君死社稷, 謂之義。大夫死宗廟, 謂之變。
>
> 따라서 나라에 환난이 있음에, 임금이 사직에 목숨을 거는 것, 그것을 일컬어 의라고 한다. 대부가 종묘에 목숨을 거는 것, 그것을 일컬어 변이라고 한다. [禮記(예기)] 〈禮運(예운)〉

이는 의(義)라는 것이 옳다고 생각하는 것에 목숨을 걸 수 있는 자세를 뜻한다. 그렇다면 무엇을 옳다고 여기는 것일까? 이어서 또 다음의 기록을 살펴보자.

何謂人義? 父慈, 子孝, 兄良, 弟弟, 夫義, 婦聽, 長惠, 幼順, 君仁, 臣忠, 十者謂之人義。

무엇을 의라고 일컫는가? 아버지는 자애롭고, 아들은 효도하며, 형은 착하고, 아우는 공경하며, 남편은 합당한 행동을 하고, 아내는 순종하며, 어른은 은혜를 베풀고, 어린이는 따르며, 임금은 진심으로 섬겨서 따르고, 신하는 충후해야 하니, (이) 열 가지를 사람의 의라고 일컫는다.

[禮記(예기)] 〈(禮運(예운)〉

이 열 가지를 좀 더 자세히 살펴보면 다섯 가지 윗사람: 아버지 형 남편 어른 임금이 지켜야 할 도리와 다섯 가지 아랫사람: 아들, 아우, 아내, 어린이 신하가 지켜야 할 도리로 나눌 수 있음을 알 수 있으니, 윗사람의 도리는 자(慈) 그리고 아랫사람의 도리는 인(仁)과 서로 통한다. 다시 말해서 의(義)라는 것은 인(仁)과 자(慈)의 성질을 포괄하고 있다고 볼 수 있는 것이다.

그러므로 의(義)라는 것은 윗사람과 아랫사람이 각자의 자리에서 마땅히 행해야 할 도리를 옳다고 여기고, 또 목숨을 걸고라도 지키는 것을 뜻한다고 할 수 있다. 특히 "아들은 효도하고, 아우는 공경하며, 아내는 순종하고, 어린이는 따르며, 임금은 진심으로 섬겨서 따르고, 신하는 충후해야 한다."는 표현은 사실상 인(仁)에 속하는데, 이처럼 의(義)가 인(仁)과 겹치는 이유는 다름 아닌 도(道)의 실천 내용과 형식에서 이미 언급했듯이 인(仁)이라는 것은 의(義)의 바탕이 되기 때문인 것이다.

그런데 이 중에서 임금이 진심으로 섬겨서 따르는 것(君仁: 군인)을 이해할 때 유의할 점이 있으니, 다음의 기록을 살펴보자.

故君者, 所明也, 非明人者也。君者, 所養也, 非養人者也。君者, 所事也, 非事人者也。故君明人, 則有過; 養人, 則不足; 事人, 則失位。故百姓則君以自治也, 養君以自安也, 事君以自顯也。故禮達而分定。

따라서 임금은 높여지는 바이지, 남을 높이는 이가 아니다. 임금은 봉양을 받는 바이지, 남을 봉양하는 이가 아니다. 임금은 남에게 섬겨지는 바이지, 남을 섬기는 이가 아니다. 따라서 임금이 남을 높이면, 곧 허물이 있고; 남을 봉양하면, 곧 부족해지며; 남을 섬기면, 곧 지위를 잃게 된다. 따라서 백성은 임금을 본받음으로써 스스로 바로잡히고, 임금을 봉양함으로써 스스로 평안히 지내며, 임금을 섬김으로써 스스로 드러나게 되는 것이다. 따라서 예가 심오해지면 신분이 바로잡히는 것이다.

[禮記(예기)] 〈禮運(예운)〉

이미 인(仁)의 진의를 설명한 부분에서 설명한 바 있듯이, 열 가지 의(義)의 항목 중에서 임금이 진심으로 섬겨서 따르는 대상은 백성이 아니라, 다름 아닌 자신의 아버지와 선조 임금들이 된다는 점이다. 따라서 **의(義)**는 사실상 **신분과 계급상의 서열을 명확하게 하고 그 서열에서 마땅히 지켜야 할 바를 목숨 걸고 지키는 것**이 된다. 그리고 이제 다음의 기록을 살펴보면, 그 의미를 보다 명확하게 이해할 수 있다.

資於事父以事君而敬, 同。貴貴尊尊, 義之大者也。故爲君亦斬衰三年, 以義制者也。

아버지를 섬기는 것에 바탕을 둠으로써 임금을 섬겨서 공경하는 것은, 같이하는 것이다. 높은 지위를 공경하고 높은 사람을 우러르는 것은, 의로움의 심오함이다. 그러므로 임금을 위해서도 역시 삼년상을 치러야 하는 친족과 동일하게 삼년상을 하는 것이니, (임금의 삼년상은 바로) 의로움으로 제정한 것이다. [禮記(예기)] 〈喪服四制(상복사제)〉

이처럼 공자는 상하(上下)의 서열을 명확하게 바로잡는 것이 무엇보다 중요하다고 생각했는데, 이와 관련하여 다음의 기록을 살펴보자.

大夫强而君殺之, 義也。由三桓始也。

대부가 강하면 임금이 그를 죽이는 것이, 의로움이다. (이러한 강령은 노나라의) 삼환으로 말미암아 시작되었다. [禮記(예기)] 〈郊特生(교특생)〉

주지하다시피, 공자는 노(魯)나라 환공(桓公)의 후손인 삼환(三桓) 즉 맹손(孟孫)과 숙손(叔孫) 그리고 계손(系孫) 이 세 집안의 경(卿)들이 대대로 임금보다 더 큰 권력을 행사하는 것을 대단히 못마땅하게 생각했다. 그러므로 공자에게 있어서 의(義)는 이러한 하극상을 타파할 수 있는 가장 중요한 명분이었기에 그토록 강조한 것이다.

이와 더불어, 공자는 또한 일관되게 이(利: 이익)와 의(義)의 관계에 대해서도 언급하고 있다.

見利而讓, 義也。

이익을 보고도 사양하는 것이 의로움이다. [禮記(예기)] 〈樂記(악기)〉

여기서 공자가 왜 견득사의(見得思義) 즉 이익을 보면 항상 의(義) 즉 의로움을 생각하라고 강조하는지 알 수 있으니, 지금 얻으려고 하는 이익이 과연 자신이 처한 서열에서 마땅한 것인지를 먼저 판단해야 한다는 뜻이다. 그렇다면 위의 "이익을 보고도 사양하는 것이, 의로움이다."라는 말은 구체적으로 어떤 의미를 함축하고 있을까?

致義, 則上下不悖逆矣。致讓, 以去爭也。

의로움에 이르면, 곧 상하가 패역(도리에 어긋나 불순해짐)해지지 않는다. 사양함에 이름으로써, 다툼을 없애는 것이다. [禮記(예기)] 〈祭義(제의)〉

즉 양보함으로써 다툼이 없어지면, 이에 상하의 도리를 바로잡는 의(義)가 확고해진다는 뜻이 되는 것이다. 이와 관련하여, 또 다음 기록들을 살펴보자.

詩云: "既醉以酒, 既飽以德。" 以此示民, 民猶爭利而忘義。

[詩經(시경)] 〈大雅(대아)·既醉(기취)〉 편에서 "이미 술에 취하고, 이미 덕에 배불렀네."라고 했다. 이로서 백성을 교도했지만, 백성은 오히려 이익을 다투어 의로움을 잊었다. [禮記(예기)] 〈坊記(방기)〉

詩云: "采葑采菲, 無以下體。德音莫違, 及爾同死。" 以此坊民, 民猶忘義而爭利以亡其身。

[詩經(시경)] 〈邶風(패풍)·谷風(곡풍)〉 에서 "배추를 따고 순무를 따는데, 아랫부분은 하지 마라(밑동은 캐지 마라). 도리에 맞는 말은 어겨서는 안 되니, 그대와 함께 더불어 죽으리."라고 했다. 이로서 백성을 막았지만 백성은 오히려 의로움을 잊고 이익을 다툼으로써 그 자신을 잃었다.

[禮記(예기)] 〈坊記(방기)〉

공자는 이처럼 역사적 교훈을 통해서 사사로운 이익을 탐하면 의로움을 잃는다는 사실을 알았기 때문에, 이(利: 이익)를 보면 먼저 의(義)를 생각해야 한다고 강조하고 있다. 다시 말해서, 이익을 보게 되면 그것이 의(義) 즉 계급상의 서열을 명확하게 하고 그 서열에서 마땅히 지켜야 할 바를 목숨을 걸고 지키는 자세에 어긋나는 것인지를 먼저 살펴야 한다는 뜻이 되는 것이다. 이러한 이익과 의로움의 관계에 대해서, 공자는 또 [논어] 〈里仁(이인)〉편에서 다음과 같이 언급한 바 있다.

4 - 16

子曰: "君子喩於義, 小人喩於利。"

자왈: "군자유어의, 소인유어리."

【미언】 공자가 이르시기를: "군자는 의로움을 좋아하고, 소인은 이익을 좋아한다."

【대의】 공자가 이르시기를: "군자(도를 배우고 부단히 노력하여 실천하는 올바른 지도자)는 의로움(계급상의 서열을 명확하게 하고 그 서열에서 마땅히 지켜야 할 바를 목숨을 걸고 지킴)을 가까이하여 나라를 올바르게 다스리지만, 소인은 사사로이 재물을 탐내므로 나라가 재앙에 이르게 된다."

앞에서 누차 군자는 성현들의 통치이념인 도(道)를 배우고 부단히 노력하여 실천하는 올바른 지도자를 지칭한다고 했고, 소인은 피지배계급 즉 민(民)보다도 더 낮은 이른바 하루하루 먹고 살기에 바쁜 '천민계층'이라고 설명한 바 있다. 이제 이와 관련하여, 또 다음의 기록을 살펴보기로 하자.

長國家而務財用者, 必自小人矣。彼爲善之, 小人之使爲國家, 菑害竝至。雖有善者, 亦無如之何矣! 此謂國不以利爲利, 以義爲利也。

국가로 나아가(정치를 하는데) 재물에 힘써서 베푸는 자는, 분명 소인을 따르는 것이다. 덮어서 그것(재물로 베푸는 것)을 옳게 여기고, 소인들을 부려서 국가를 다스리면, 재앙과 손해가 함께 이른다. 비록 잘하는 것이 (조금은) 있더라도, 역시 어찌할 수가 없는 것이다. 이를 나라는 이익으로 이로움을 삼지 않고, 의로움으로 이로움을 삼는다고 일컫는 것이다. [禮記(예기)] 〈大學(대학)〉

이를 통해서, 공자에게 있어 의(義)는 도(道)의 중요한 구성요소 중 하나가 됨을 다시 한 번 확인할 수 있다. 그러므로 공자는 또 다음과 같이 말하고 있다.

子曰: "飯疏食飮水, 曲肱而枕之, 樂亦在其中矣。不義而富且貴, 於我如浮雲。"

공자가 이르시기를: "거친 밥을 먹고 물을 마시며, 팔을 베고 자니, 즐거움이 그 안에 있다. 의롭지 아니하고도 부귀한 것은 나에게는 뜬 구름과도 같다." [논어(論語)] 〈述而(술이)〉

삶이 넉넉해지면 다른 생각이 마음속에 둥지를 틀기 마련이고, 다른 생각이 둥지를 틀기 시작하면, 전념하여 도(道)를 견지할 수 없기 마련이다. 따라서 위의 문장을 통해서, 공자는 옛 성현들과 마찬가지로 검소함을 몸소 실천하려고 노력한 것임을 알 수 있다.

그런데 공자는 [논어] 〈爲政(위정)〉 편에서, 의(義)를 논하면서 그와 함께 용(勇)에 대해서도 언급하고 있다.

2 – 24

見義不爲, 無勇也。

견의불위, 무용야.

【미언】 의를 보고도 행하지 않으면, 용기가 없는 것이다.

【대의】 의로움을 보고도 지키고 실천하지 못한다면 이는 용감함이 없는 것이다. 다시 말해서, 의로움이 없다면 용감함 역시 존재할 수 없다.

의(義)는 계급상의 서열을 명확하게 하고 그 서열에서 마땅히 지켜야 할 바를 목숨을 걸고 지키는 자세라고 설명한 바 있다. 그런데 공자는 이러한 의(義)를 보고도 지키고 실천하지 못한다면 용(勇), 즉 용감함이 없다고 하고 있으니, **용(勇)**이란 바로 **의(義)를 몸소 실천하는 것**이다. 다시 말해서, 의(義)가 없다면 용(勇) 역시 존재할 수 없는 관계가 형성됨을 알 수 있으니, 공자는 [논어] 〈陽貨(양화)〉편에서 제자 자로의 질문에 다음과 같이 대답한다.

17 – 23

子路曰: "君子, 尙勇乎?" 子曰: "君子, 義以爲上。君子, 有勇而無義, 爲亂; 小人, 有勇而無義, 爲盜。"

자로왈: "군자,상용호?" 자왈: "군자, 의이위상. 군자, 유용이무의, 위란; 소인, 유용이무의, 위도."

【미언】 자로가 말하기를: "군자는 용감함을 숭상합니까?" 공자가 이르시기를: "군자는 의로움을 으뜸으로 삼는다. 군자는 용감함이 있지만 의로움이 없으면, 반란을 일으키게 되고; 소인은 용감함이 있지만 의로움이 없으면, 도둑질을 하게 된다."

이를 통해서 의(義)와 용(勇)은 사실상 불가분의 관계에 있음을 알 수 있는데, 특히 용(勇)의 존재 이유가 의(義)를 실천하는 데 있으므로 의(義)가 없다면 용(勇)의 타당성 역시 존재할 수 없게 된다. 또한 공자는 "용감한 이는 두려워하지 않는다."고도 하였으니, 용감한 이는 의(義)를 지키기 위해서 목숨조차도 걸 수 있으므로, 더 이상 두려울 것이 없다고 말한 것이다.

그러므로 공자는 "용맹하지만 무례하면, 곧 포악해진다."고 하였고, "용감함을 좋아하면서, 배우기를 좋아하지 않으면, 그 결점은 포악해지는 것이다."고 하였으니, 자로에게는 몸소 실천하는 능력인 용(勇)이 있지만 그 밖의 도의 구성요소를 갖추는 데는 아직 부족함이 있기 때문에, 공자는 여기서도 자로를 위한 맞춤형 교육을 펼치고 있음을 알 수 있다.

도(道)는 각각의 구성요소가 반드시 유기적으로 하나가 되는 조화를 이뤄야 한다. 따라서 공자는 의(義)가 없이 용(勇)만 내세우게 되면 두려울 것이 없게 되므로, 군자는 타락하여 임금을 거슬러 반란을 일으키게 되고, 소인은 더욱 사리사욕에 눈이 멀어 남의 것을 빼앗는 도적질을 하게 된다고 구분하여 설명하고 있다.

더불어서 공자는 [논어] 〈子罕(자한)〉편에서 또 다음과 같이 피력하고 있다.

9 - 28

子曰: "知者不惑, 仁者不憂, 勇者不懼。"

자왈: "지자불혹, 인자불우, 용자불구."

【미언】 공자가 이르시기를: "지혜로운 이는 미혹되지 않고, 어진 이는 근심하지 않으며, 용감한 이는 두려워하지 않는다."

【대의】 공자가 이르시기를: "지혜로운 이는 자칫 노여움으로 인해서 자신의 통제력을 잃고, 나아가 어버이에게 미치게 할 수도 있는 유혹을 뿌리칠 수 있다. 어진 이는 딴 생각을 품지 않고 오직 군주에게 정성을 다하기 때문에, 마음을 편안히 할 수 있는 것이다. 용감한 이는 목숨조차 걸 수 있으므로, 더 이상 두려울 것이 없다."

공자는 용감한 이는 의(義)를 지키기 위해서 목숨조차도 걸 수 있으므로, 더 이상 두려울 것이 없다고 말한다. 그런데 이 말을 바꿔서 생각해보면, 용(勇)은 의(義)가 없다면 자신이 모시는 임금을 배신하는 것도 서슴지 않고 행하게 된다는 말과도 통하게 된다. 이제 이와 관련하여 다음의 [논어] 〈憲問(헌문)〉편 기록을 살펴보자.

14 - 21

陳成子弑簡公。孔子沐浴而朝，告於哀公曰：“陳恒弑其君，請討之!” 公曰：“告夫三子。” 孔子曰：“以吾從大夫之後，不敢不告也。君曰：‘告夫三子者。’” 之三子告，不可。孔子曰：“以吾從大夫之後，不敢不告也。”

진성자시간공. 공자목욕이조, 고어애공왈: “진항시기군, 청토지!” 공왈: “고부삼자.” 공자왈: “이오종대부지후, 불감불고야. 군왈: ‘고부삼자자.’” 지삼자고, 불가. 공자왈: “이오종대부지후, 불감불고야.”

【미언】 진성자가 간공을 시해했다. 공자가 목욕하고 (임금을) 배알했다. 애공에게 알려서 이르시기를: “진항이 그 임금을 시해했으니, 청컨대 그를 토벌하십시오.” (애)공이 말하기를: “저 세 사람에게 말하라.” 공자가 이르시기를: “나는 대부의 뒤(말석)를 따랐기 때문에, 감히 알리지 않을 수 없다. 임금께서 이르시기를: ‘저 세 사람에게 말하라.’라고 하시는군.” (하지만) 세 사람에게 가서 알리니, 안된다고 했다. 공자가 이르시기를: “나는 대부의 말석을 따랐기 때문에, 감히 알리지 않을 수 없는 것이다.”

【대의】 제나라 대부인 진성자가 임금인 간공을 시해했다. 이 소식을 들은 공자가 목욕하고 임금을 배알했다. 애공에게 알려서 이르시기를: “진성자가 그 임금을 시해했으니, 청컨대 그를 토벌하십시오. 이는 하극상이니 자기의 임금을 진심으로 섬기고 따르는 인(仁)에 위배됩니다. 또한 노나라는 삼환(三桓: 맹손, 숙손, 계손씨)에 의해 조종되고 있으므로, 제나라의 상황을 방관한다면 노나라 역시 같은 처지가 될 것입니다. 따라서 이 기회에 본보기를 보여서, 삼환을 경계해야 합니다.” 애공이 말하기를: “나에게

는 그럴 힘이 없소. 맹손씨, 숙손씨, 계손씨에게 말하라." 공자가 이르시기를: "나는 하대부를 지냈는데, 임금께 응당 해야 할 도리를 간언한 것이 어짊(자기의 임금을 진심으로 섬기고 따름)을 따르는 것이다. 그런데 임금께서 이르시기를: '저 세 사람에게 말하라.'라고 하시는군." 하지만 공자가 세 사람에게 가서 알리니 안 된다고 했다. 공자가 이르시기를: "나는 하대부를 지냈는데, 임금의 명령이기도 하거니와 대부의 상관인 경(卿)에게 보고하는 것이 인(仁)을 따르는 것이라서, 거절당할 줄 알면서도 보고한 것이다."

진성자는 전(田)씨였기 때문에 전성자(田成子) 혹은 전상(田常)이라고 불리기도 한다. 또 진항(陳恒)이라 불리기도 했는데, 그는 제(齊)나라 대부였다. 공자의 제자 재아가 그와 함께 역모를 꾀했다가 결국 멸족의 화를 당하게 되니, 공자는 이를 두고두고 부끄러워했다고 하는데, 이와 관련하여 공자는 역시 〈憲問(헌문)〉편에서 다음과 같이 말한 바 있다.

14 - 4

子曰: "有德者必有言, 有言者不必有德。仁者必有勇, 勇者不必有仁。"

자왈: "유덕자필유언, 유언자불필유덕. 인자필유용, 용자불필유인."

【미언】 공자가 이르시기를: "덕이 있는 사람은 반드시 (합당한) 말이 있지만, (합당한) 말이 있는 사람이 반드시 덕을 갖춘 것은 아니다. 어진 사람은 반드시 용기가 있지만, 용기가 있는 사람이 반드시 어진 것은 아니다."

【대의】 공자가 이르시기를: "덕(옛 성인들이 행한 강함과 부드러움의 통치법을 조화롭게 실천하려는 절조)을 지닌 사람은 반드시 논리적으로 말하지만, 논리적으로 말하는 사람이 반드시 덕을 지닌 것은 아니다. 어진(자기의 임금을 진심으로 섬기로 따르는) 사람은 반드시 의로움(계급상의 서열을 명확하게 하고 그 서열에서 마땅히 지켜야 할 바를 목숨을 걸고 지킴)을 몸으로 실천하지만, 의(義)를 실천하는 사람이 어진 것은 아니다."

이제 [史記(사기)] 〈齊太公世家(제태공세가)〉의 기록을 빌려 본문의 상황을 간략하게 정리해보자. 제(齊)나라 간공(簡公)은 진성자와 감지(闞止)를 각각 좌상(左相: 좌의정)과 우상(右相: 우의정)에 앉혔지만 감지만을 총애했고, 그런 감지는 진성자의 세력이 컸기 때문에 간공의 지지 속에서 호시탐탐 그를 제거하려 했는데, 이 일은 실패로 돌아가고 오히려 감지와 간공은 진성자에게 죽임을 당했다. 따라서 공자는 하극상에 격노하여 애공을 찾아가 진성자를 치라고 요청한 것이니, 이는 불인(不仁)한 것으로 자칫 공자의 노나라에까지 영향을 줄 수도 있기 때문이었다. 다시 말해서 당시 노나라의 애공은 삼환(三桓: 맹손, 숙손, 계손씨)에 의해 조종되고 있었으므로, 공자는 제나라의 상황을 방관한다면 노나라 역시 같은 처지가 될까봐 본보기를 보여 삼환을 경계해야 한다고 생각했던 것이다. 그리고 바로 이것이 공자가 말한 "용기가 있는 사람이 반드시 어진 것은 아니다."라는 말이 적용되는 전형적인 사례가 된다.

주지하다시피 공자는 주공(周公)을 가장 존경했는데, 그 이유가 노나라는 주공의 아들 백금(伯禽)이 처음 봉해져서 제정한 예악제도를 계승한 나라였기 때문이다. 즉 주공은 노나라의 시조(始祖)였고 그런 주공이 종법제도(宗法制度)를 확립했으니, 공자에게 있어서 '세상에는 하늘이 준 서열이 존재하고, 또 그 서열은 반드시 보호되어야 한다.'는 개념은 너무나도 당연한 것이었으리라.

그렇다면 공자는 왜 두 번이나 "나는 대부의 말석을 따랐기 때문에, 감히 알리지 않을 수 없는 것이다."라고 말한 것일까? [史記(사기)] 〈孔子世家(공자세가)〉에 의하면, 정공 14년 공자는 56세의 나이로 대사구(大司寇: 형조판서)에서 대부로 승진한다. 즉 처음에는 대부를 지냈던 신분으로서 임금에게 마땅히 해야 할 도리를 간언한 것이 인(仁)과 의(義)를 실천한다는 의미에서 말한 것이다. 두 번째는 임금의 명령이기도 하거니와 대부의 상관인 경(卿)에게 보고하는 것이 인(仁)과 의(義)를 실천한다는 의미에서 말한 것임을 알 수 있다.

이러한 의(義)와 관련하여, 또 다음 [논어] 〈先進(선진)〉편의 기록에 주목할 필요가 있다.

11 - 16

季氏富於周公, 而求也爲之聚斂而附益之。子曰: "非吾徒也。小子鳴鼓而攻之可也!"

계씨부어주공, 이구야위지취렴이부익지. 자왈: "비오도야. 소자명고이공지가야!"

【미언】 계씨는 주공보다 더 부유한데도, 염구는 그를 위해 수탈하여 보태주었다. 공자가 이르시기를: "(염구는) 나의 제자가 아니다. 너희는 그를 조리돌리어 책망해도 좋다."

【대의】 노나라의 경(卿) 계강자는 주공보다 더 부유한데도, 염구는 계강자를 위해 백성을 수탈하여 계강자에게 보태주었다. 공자가 이르시기를: "도의 중요한 구성요소가 검소함(儉)과 모자라면 남음이 있는 것을

옮겨 부족함을 보충해주는 화(和), 즉 양쪽을 모두 아우르는 조화로움이다. 그런데 염구는 충분히 부유한 계강자를 위해서 그렇지 못한 백성을 다시 수탈했으니, 이는 도에 위배되는 행동인 것이다. 따라서 염구는 이제 나의 제자가 아니다. 너희는 북에 그의 이름을 써 붙인 다음에 북을 치며 돌아다님으로써, 이러한 사실을 널리 알려도 된다."

[左傳(좌전)] 〈哀公(애공) 11년〉의 기록을 통해서, 본문의 함의가 무엇인지 좀 더 구체적으로 살펴보자. 공자 나이 68세 때, 노나라와 제(齊)나라가 교외에서 전쟁을 했다. 이때 노나라 군대가 강을 건너지 못하자, 번지(樊遲)는 좌군(左軍)을 이끌던 염구에게 군사들이 그대를 믿지 못하니 상벌(賞罰)에 대해서 세 번 말하면 건너게 될 것이라고 했다. 이에 염구(冉求)가 번지의 말을 따르니, 노나라 군사들이 정말로 강을 건너 제나라 군사들과 용감하게 싸웠다. 염구가 계강자를 위해서 군대를 이끌고 제나라와 싸워 이기자, 공자는 염구의 공적을 치하하며 "그는 의로운 사람이다!"라고 치켜세웠는데 이는 염구가 군주인 애공과 노나라, 나아가 백성을 위해서 자신의 목숨을 걸고 싸운 공로를 치하한 것이다.

그런데 그런 공자가 갑자기 "염구는 나의 제자가 아니다. 너희는 그를 조리돌리어 책망해도 좋다."라며 자세를 바꾸어 신랄하게 비판하고 있으니, 이는 어찌 된 이유일까? 이미 어느 정도 짐작할 수 있겠지만, 공자에게 있어서 의(義)는 도(道)의 중요한 구성요소임이 틀림없다. 하지만 지금의 염구는 이미 충분히 부유한 계강자를 위해서 그렇지 못한 백성을 다시 수탈했으니, 이는 도(道)의 또 다른 구성요소인 검(儉: 검소함)과 화(和: 양쪽을 모두 아우르는 조화로움)에 위배되는 행동인 것이다.

이제 여기서 도(道)와, 또 도(道)를 이루는 구성요소 간의 관계에 대해서 보다 명확하게 정의 내릴 수 있다. 공자에게 있어서 계급상의 서열을 명확하게 하고 그 서열에서 마땅히 지켜야 할 바를 목숨을 걸고 지키는 것인 의(義)는 태평성대를 이끈 지도자의 통치이념인 도(道)의 중요한 구성요소이기는 하지만, 한 구성요소가 다른 구성요소들과 유기적인 조화를 이루지 못하고 단독으로만 존재한다면, 이는 기(器: 그릇) 즉 한 분야의 전문가일 뿐, 결국 도(道)의 모든 요소를 유기적이고도 조화롭게 운용하는 참된 지도자인 군자가 될 수 없는 것이다. 좀 더 구체적으로 말해서, 염구는 자신의 상관인 계강자를 따르는 인(仁)을 행하기는 했지만, 인(仁)의 궁극적인 목표가 그럼으로써 나라와 백성을 평안하게 하는 데 있으므로, 결국 백성을 수탈하여 계강자를 더 부유하게 한 염구의 행위는 어디까지나 인(仁)의 허울 좋은 껍데기일 뿐이었다.

인(仁)과 의(義)가 분리되면 한쪽으로 치우치게 되니, 이는 중(中)의 원칙에 위배된다. 따라서 인(仁)과 의(義)는 단순히 종적(縱的) 관계에 있는 것이 아니라, 상호 불가분의 관계를 맺고 있는 것이다.

공자는 [논어] 〈里仁(이인)〉편에서 또 다음과 같이 말하고 있다.

4 - 10

子曰: “君子之於天下也, 無適也, 無莫也, 義之與比。”

자왈: “군자지어천하야, 무적야, 무막야, 의지여비.”

【미언】 공자가 이르시기를: “군자의 세상에 나아감은 마땅함도 없고, 불가함도 없으며, 의로움의 더불어 비교함이다.”

【대의】 공자가 이르시기를: "군자(도를 배우고 부단히 노력하여 실천하는 올바른 지도자)는, 오로지 의로움(계급상의 서열을 명확하게 하고 그 서열에서 마땅히 지켜야 할 바를 목숨을 걸고 지킴)에 부합되는지를 판단하여 행할 뿐이다. 즉 의로움이란 행할 것인지 아닌지를 결정하는 실천여부의 판단기준이 되는 것이다."

결국 이 말은 도(道)를 배우고 부단히 노력하여 실천하는 올바른 지도자는, 오로지 계급상의 서열을 명확하게 하고 그 서열에서 마땅히 지켜야 할 바를 목숨을 걸고 지키는 원칙에 부합되는지를 판단하여 행할 뿐이라는 뜻이 된다. 아울러 이를 통해서, 공자에게 있어 **의(義)**란 **행할 것인지 아닌지를 결정하는 실천여부의 판단기준**이 됨을 알 수 있다.

12. 예(禮): 조화(和)를 위한 절제와 통제

예(禮)가 구체적으로 어떠한 의미를 함축하고 있는지 알아보고자 한다. 먼저 다음의 [논어] 〈學而(학이)〉편 기록을 살펴보기로 하자.

1 – 12

有子曰: "禮之用, 和爲貴。先王之道, 斯爲美, 小大由之。有所不行, 知和而和, 不以禮節之, 亦不可行也。"

유자왈: "예지용, 화위귀. 선왕지도, 사위미, 소대유지, 유소불행. 지화이화, 불이예절지, 역불가행야."

유자가 말하기를: "예의 시행은 조화로움을 귀함으로 삼는다. 선왕의 도는 이를 좋은 일로 여기니, 작고 큰 것이 그로 말미암는다. (하지만) 행하지 않아야 할 바가 있으니, 조화로움만 알아서 조화롭고, 예로 그것을 절제하지 않으면, 역시 행해서는 안 된다."

【대의】 유약이 말하기를: "예(禮)를 행한다는 것은 희로애락의 조화로움을 중시하는 것이다. 상고시대 태평성대를 구가했던 선왕들의 도, 즉 통치이념은 바로 이 조화를 좋은 것으로 여겼으니, 세상의 모든 것이 이

조화로움으로 말미암는 것이다. 하지만 희로애락의 감정이 세상에 드러나는 조화로움은, 감정을 있는 그대로 다 표출하는 것이 아니라 절도에 맞게 조절하여 표현하는 것이니, 바로 예(禮)로서 감정이 모자라거나 지나치지 않도록 절제해야 한다."

이는 예(禮)라는 것이 화(和: 조화로움)를 중시하지만, 절(節: 절제)이 내포된 것이어야 한다는 뜻이다. 그렇다면 이 말이 구체적으로 어떠한 의미를 지니는지 다음의 기록을 다시 한 번 살펴보자.

> 喜怒哀樂之未發, 謂之中, 發而皆中節, 謂之和。中也者, 天下之大本也, 和也者, 天下之達道也。致中和, 天地位焉, 萬物育焉。
>
> 희로애락이 드러나지 않은 것, 그것을 중이라고 일컫고, 드러나지만 모두 절도에 맞는 것, 그것을 화라고 한다. 중이라는 것은 세상의 큰 근본이고, 화라고 하는 것은 세상이 도에 닿은 것이다. 중과 화에 이르면, 천지가 자리를 잡고, 만물이 자란다. [禮記(예기)] 〈中庸(중용)〉

상술한 내용을 정리하자면, 감정을 쉽사리 드러내지 않고 객관적으로 처신하는 태도는 바탕이 되고, 이러한 감정을 조화롭게 드러내는 것이 궁극의 도에 도달하는 것이 된다. 사람에게 있어서 희로애락(喜怒哀樂)은 본능적인 감정이다. 이러한 감정들을 아무 때나 쉬이 드러내지 않고 신중함을 보이는 것이 바로 중(中)이고, 또 이러한 감정들을 자연스럽게 표출시키는 것이 화(和)인데, 화(和)라는 것은 감정을 있는 그대로 다 표출하는 것이 아니라 절도에 맞게 표현하는 것이니, 예(禮)의 중요한 목표가 바로 감정을 인위적으로 절제하고 통제하는 데 있다는 뜻이 된다. 즉 **예(禮)**라는 것은 도(道)에 도달하기 위해서 和(화: 조화로움)를 통제하는 요소이니, 다시 말해서 **조화를 위한 절제와 통제**가 되는 것이다.

그렇다면 이러한 감정의 절제는 도대체 무엇을 뜻하는 것일까? 예를 들어, 부모상을 당했을 때 슬픔을 극진히 하는 것이 도리이지만, 그 슬픔이 너무 커서 심지어 본인의 건강에 해를 미치게 되면 이는 예(禮)에 어긋나는 것이다. 따라서 이제 아래에 소개하는 [논어] 〈先進(선진)〉편의 과유불급(過猶不及)과 관련된 일련의 내용들을 이해한다면, 예(禮)의 참뜻을 보다 구체적으로 이해할 수 있을 것이다.

11 – 15

子貢問: "師與商也, 孰賢?" 子曰: "師也, 過; 商也, 不及。" 曰: "然則師愈與?" 子曰: "過猶不及。"

자공문: "사여상야, 숙현?" 자왈: "사야, 과; 상야, 불급." 왈: "연즉사유여?" 자왈: "과유불급."

【미언】 자공이 묻기를: "사와 상 중에, 누가 더 현명합니까?" 공자가 이르시기를: "사는 지나치고; 상은 모자란다." (자공이) 말하기를: "그렇다면 사가 더 낫습니까?" 공자가 이르시기를: "지나친 것은 모자라는 것과 같다."

【대의】 자공이 묻기를: "자장과 자하 중에, 누가 더 현명합니까?" 공자가 이르시기를: "자장은 슬픔이 모자라서 선왕의 예를 다했으니 지나치고, 반면에 자하는 슬픔을 누르지 못해서 선왕의 예를 다하지 못했으니 부족하다." 자공이 말하기를: "그렇다면 자장이 더 낫습니까?" 공자가 이르시기를: "현명함이란 예(禮)로 이성과 감성을 조율하여 중(中), 즉 한쪽으로

치우치지 않는 객관성과 공정함과 화(和), 즉 양쪽을 모두 아우르는 조화로움으로 이르게 하는 것이다. 예(禮)가 지나치거나 모자라면 둘 다 중(中)과 화(和)에 이르지 못하니, 결국에는 같은 것이다."

여기서는 불급(不及) 즉 모자람과 과(過) 즉 지나침의 기준이 무엇인지 명확하게 파악하는 것이 무엇보다 중요한데, 이미 위에서 언급했듯이 중(中)은 어느 한쪽에 치우치지 않는 객관적이고도 공정한 태도이고, 화(和)는 중(中)을 바탕으로 나아가 양쪽의 모순을 없애고 어우러지게 하는 것이다. 즉 먼저 중(中)을 갖추고 이를 기반으로 나아가 화(和)를 이뤄야 하는 것이므로, 공자는 여기서 중(中)과 화(和)라는 것이 예(禮)로서 절제하고 통제해야 한다고 말한 것이다. 그런데 상술한 기록은 너무나도 짧아서 그 진의(眞義)를 파악하기 어려우므로, 다음의 기록을 통해서 좀 더 살펴보도록 하자.

> 子夏旣除喪而見。予之琴, 和之而不和, 彈之而不成聲。作而曰: "哀未忘也。先王制禮而弗敢過也。" 子張旣除喪而見。予之琴, 和之而和, 彈之而成聲。作而曰: "先王制禮不敢不至焉。"
>
> 자하가 이미 상을 치르고 (공자를) 뵈었다. (공자가) 그와 함께 거문고를 탔는데, 화답하기는 했지만 합치지 못했으니, 연주를 하기는 했지만 소리를 이루지는 못했다. (자하가) 일어나서 말하기를 "슬픔을 아직 잊을 수 없습니다. (하지만) 선왕께서 예를 제정하신 것이라서 감히 지나치지 못합니다." 자장이 이미 상을 치르고 (공자를) 뵈었다. (공자가) 그와 함께 거문고를 탔는데, 화답하여 합쳐졌으니, 연주를 하여 소리를 이뤘다. (자장이) 일어나서 말하기를: 선왕께서 예를 제정하신 것이라서 감히 지나치지 못합니다."
>
> [禮記(예기)] 〈檀弓上(단궁상)〉

자하(子夏)는 슬픔을 누르지 못해서 선왕이 정하신 예(禮)를 다하지 못했으니 이는 예(禮)가 부족한 것이고, 반면에 자장(子張)은 슬픔이 모자라서 선왕이 정하신 예(禮)를 다했으니 이는 예(禮)가 지나친 것이다. 즉 공자에게 있어서 불급(不及: 모자람)과 과(過: 지나침)의 기준은 다름 아닌 예(禮)라서, 예(禮)가 지나치거나 예(禮)가 모자라면 둘 다 중(中)과 화(和)에 이르지 못하니, 결국에는 같게 되는 것이다.

따라서 공자는 예(禮)를 통해서 이성과 감성을 조율하는 중(中: 한쪽으로 치우치지 않는 객관성과 공정함)과 화(和: 양쪽을 모두 아우르는 조화로움)를 강조하고 있는데, 바로 여기서 자공이 자장과 자하의 우열을 판단하는 기준으로 삼은 **현(賢)** 즉 현명함에 대한 정의가 명확하게 드러나니, 다름 아닌 **예(禮)로 이성과 감성을 조율하여 중(中)과 화(和)로 이르게 하는 것**이다.

그렇다면 공자가 말하고 있는 예(禮)란 구체적으로 무엇을 지칭하는 것일까? 이 질문에 답하기 위해서는, 다음의 기록을 살펴볼 필요가 있다.

> 鸚鵡能言, 不離飛鳥 猩猩能言, 不離禽獸。今人而無禮, 雖能言, 不亦禽獸之心乎? 夫唯禽獸無禮, 故父子聚麀。是故聖人作, 爲禮以教人, 使人以有禮, 知自別於禽獸。
>
> 앵무새는 말할 수 있지만 조류를 떠나지 못하고, 성성이(오랑우탄)는 말할 수 있지만 동물을 떠나지 못한다. 이제 사람에게 예가 없으면 비록 말할 수 있어도, 역시 동물의 마음이 아니겠는가? 무릇 동물은 예가 없기 때문에, 따라서 아비와 아들이 암컷을 함께 하고 있는 것이다. 이러한 까닭에 성인이 일어나, 예를 만듦으로써 사람을 가르치고, 사람으로 하여금 예가 있도록 함으로써, 스스로가 동물에 다름을 알게 한 것이다.
>
> [禮記(예기)] 〈曲禮上(곡례상)〉

즉 위에서 공자가 말하는 공경함은 다름 아닌 예(禮)를 지칭하는 것으로, 사람이 동물과 다른 이유는 바로 공경함의 예(禮)의 유무에 달려 있다고 강조하는 것이다.

12-1. 예(禮)와 정치의 관계

그런데 공자는 [논어] 〈里仁(이인)〉 편에서 또 다음과 같이 말하고 있다

4 – 13

子曰: "能以禮讓爲國乎, 何有? 不能以禮讓爲國, 如禮何?"

자왈: "능이예양위국호, 하유? 불능이예양위국, 여예하?"

【미언】 공자가 이르시기를: "예와 겸손으로 나라를 다스릴 수 있다면, 어떤 것이 있겠는가? 예와 겸손으로 나라를 다스리지 못하면, 예를 어찌하겠는가?"

【대의】 공자가 이르시기를: "예(조화로움을 위한 절제와 통제)와 겸손은 도(태평성대를 이끈 성현들의 통치이념)의 중요한 구성요소이다. 도로 다스리면 백성이 지도자를 신뢰하고 지지할 터인데, 정치에 어떤 어려움이 있을 것인가? 예(禮)의 궁극목표가 도의 실천에 있는데, 도로 다스리지 못하면 예는 또 무슨 소용이 있겠는가?"

이 말은 예(禮)라는 것이 국가의 정치와 대단히 긴밀한 관계를 맺고 있다는 뜻이니, 이와 관련하여 다음의 기록들을 살펴보기로 하자.

> 孔子曰: "夫禮, 先王以承天之道, 以治人之情。故失之者死, 得之者生。"
>
> 공자가 이르시기를: "예라는 것은 선왕께서 하늘의 도를 받드는 것으로 여기시고, 사람의 본성을 다스리는 것으로 여기셨다. 따라서 그것(예)을 잃는 이는 죽고, 그것(예)을 얻는 이는 산다." [禮記(예기)] 〈禮運(예운)〉

> 是故禮者, 君之大柄也。所以別嫌明微, 儐鬼神考制度。別仁義, 所以治政安君也。
>
> 이러한 까닭에 예라는 것은, 임금의 큰 근본이다. 따라서 혼동하기 쉬운 것을 구분하고 어렴풋한 것을 밝히며, 귀신을 접대하고 제도를 살핀다. 어짊과 의로움을 구분하기에 따라서 정치가 다스려지고, 임금을 편안하게 한다. [禮記(예기)] 〈禮運(예운)〉

공자에게 있어서, 예(禮)와 겸(謙: 겸손)은 도(道)의 중요한 구성요소이다. 따라서 공자가 말하는 예(禮)는 사람 간의 예의나 예절을 가리키는 것이다. 그뿐만 아니라 나아가 정치와 직결된 국가 예악제도(禮樂制度)에 있어서의 예(禮), 즉 오늘날의 의전(儀典)이나 의식(儀式) 혹은 전례(典禮)를 지칭하는 것임을 알 수 있으니, 공자는 [논어] 〈八佾(팔일)〉 편에서 다음과 같이 언급한 바 있다.

3 - 19

定公問: "君使臣, 臣事君, 如之何?" 孔子對曰: "君使臣以禮, 臣事君以忠。"

정공문: "군사신, 신사군, 여지하?" 공자대왈: "군사신이례, 신사군이충."

【미언】 정공이 묻기를: "임금이 신하를 부리고, 신하가 임금을 섬기는 것은, 어찌해야 합니까?" 공자가 이르시기를: "임금이 신하 부리기를 예로 하고, 신하가 임금 섬기기를 정성스러움으로 하는 것입니다."

【대의】 정공이 묻기를: "임금이 신하를 부리고, 신하가 임금을 섬기는 것은, 어찌해야 합니까?" 공자가 이르시기를: "임금은 윗사람으로서 아랫사람인 신하에게 지나치지도 않고 모자라지도 않는 예(조화로움을 위한 절제 및 통제)로 대해야 합니다. 또한 신하는 아랫사람으로서 정성을 다해서 윗사람인 임금을 섬기고 따라야 하는 것입니다."

따라서 공자가 말하는 예(禮)를 종합해보면 다름 아닌 관혼상제(冠婚喪祭)의 예(禮)에 대해서 설명하고 있는 것으로, 이는 시(詩) 서(書) 예(禮) 악(樂) 역(易) 춘추(春秋) 육경(六經)의 하나인 예경(禮經)이 된다.

예(禮)는 구체적으로 고대의 예법(禮法)에 관한 3권의 책인 삼례(三禮)를 일컫는데, 먼저 [周禮(주례)]는 [周官(주관)]이라고도 하며, 주(周)나라의 관제(官制)나 정치제도를 기록한 책이다.[4] 이 책은 총 6편으로 구성되어 있고, 이는 천지사계(天地四季)를 천관·지관·춘관·하관·추관·동관으로 직

4 이에 대해서 파석서(皮錫瑞)는 [三禮通論(삼례통론)]에서 다른 주장을 하니, 원문을 참고하기로 한다. (周官與周時制度多不符, 其非周公之書可知. 孔子所謂吾學周禮, 亦非周官之書.)]

제를 나눈 것이다. 이를 하나씩 개략적으로나마 살펴보면, 먼저 천관(天官)은 일반적인 통치를 담당하고, 지관(地官)은 교육을 담당하며, 춘관(春官)은 사회적·종교적 제도를 담당한다. 또 하관(夏官)은 군사를 맡고, 추관(秋官)은 법무를, 그리고 마지막으로 동관(冬官)은 인구·영토·농업을 관장한다는 내용으로 구성되어 있다. 중국 역대의 관제는 이를 규범으로 삼은 것이 많으므로, 사실상 [주례]는 통치사상 즉 정치에 깊은 영향을 미친다고 볼 수 있다.

두 번째는 [儀禮(의례)]인데, 전한(前漢)시대에 만들어진 것으로 추정되는 예(禮)에 관한 최초의 경서(經書)이다. 주된 내용은 중국 고대의 지배자 계급의 혼상제(婚喪祭) 즉 혼례·장례·제례 등을 다루고 있다.

마지막으로 세 번째는 [禮記(예기)]인데, 이는 주나라의 예(禮)에 대한 학술, 예절 및 공자와 그 제자들의 중요한 언행들을 체계 없이 잡다하게 기록하고 있으므로, 필경 공자 이후에 만들어진 것으로 여겨지고 있다. 따라서 공자가 언급한 예(禮)는 이 [예기]를 제외해야 타당할 것이다.

나아가 공자는 예(禮)의 중요성을 다음과 같이 빗대어 묘사하고 있다.

> 故禮之於人也, 猶酒之有蘖也。君子以厚, 小人以薄。
>
> 따라서 예의 사람에 의지함은, 술의 누룩이 있음과도 같다. 군자는 그럼으로써 (예에) 후하고, 소인은 그럼으로써 (예에) 박하다.
>
> [禮記(예기)] 〈禮運(예운)〉

이는 술에 누룩이 없으면 술이 될 수 없으니, 결국 예(禮)의 유무는 사람과 동물의 근본적인 구별 기준이 된다는 위의 말과도 상통하게 되는 것이다.

12-2. 예(禮)와 검(儉), 예(禮)와 충(忠)의 관계

그런데 공자는 여기서 한 발 더 나아가 [논어] 〈八佾(팔일)〉편에서 다음과 같이 설명하고 있다.

3 - 4

林放問禮之本。子曰: "大哉, 問!。禮, 與其奢也, 寧儉。喪, 與其易也, 寧戚。"

임방문예지본. 자왈: "대재, 문! 예, 여기사야, 영검. 상, 여기이야, 영척."

【미언】 임방이 예의 근본을 물었다. 공자가 이르시기를: "크구나, 물음이여! 예는 사치하느니, 차라리 검소한 것이다. 상을 치름은 마음을 편안히 하느니, 차라리 슬퍼하는 것이다."

【대의】 노나라의 대부(大夫) 임방이 예(조화로움을 위한 절제와 통제)의 근본에 대해서 물었다. 공자가 이르시기를: "참으로 심오한 질문이다. 예는 조화로움을 위해서 절제하고 통제하는 것이므로, 화려하기보다는 소박해야 한다. 특히 예의 하나인 상례(喪禮)는 형식이기는 하지만, 진심을 다해서 정성껏 하지 않으면 안 되는 것이다."

본문의 상(喪)은 부모의 상을 뜻한다. 따라서 이는 공자가 예(禮)의 한 가지인 상례(喪禮)로서 예를 들어 설명하고 있음을 알 수 있다. 이미 위에서 언급한 것처럼 예(禮)는 조화로움을 위한 절제와 통제인데, 여기서 공자는 좀 더 구체적으로 설명하고 있으니, 예(禮)는 화려하기보다는 검소해야 하는 것이다. 따라서 공자는 [논어] 〈先進(선진)〉과 〈子罕(자한)〉편에서 또 다음과 같이 역설하고 있다.

11 – 1

子曰: "先進於禮樂, 野人也。後進於禮樂, 君子也。如用之, 則吾從先進。"

자왈: "선진어예악, 야인야. 후진어예악, 군자야. 여용지, 즉오종선진."

【미언】 공자가 이르시기를: "선조들이 예악에 힘씀은, 야인이다. 후대가 예악에 힘씀은, 군자이다. 만약 그것을 시행한다면, 곧 나는 선조들의 힘씀을 따르겠다."

【대의】 공자가 이르시기를: "예악(禮樂)은 도의 형식이지만, 옛 선조들은 꾸미지 않고 질박하게 정성을 다해서 예악에 힘썼다. 하지만 후대에는 화려하게 치장하는 형식적인 면에만 힘쓰고 있다. 만약 내가 예악을 시행한다면, 나는 허례허식에 치우치기보다는 선조들의 그러한 질박하게 정성을 다하는 태도를 따르겠다."

본문의 야인(野人)은 벼슬을 하지 않는 평민(平民)을 가리키고, 군자는 도(道)를 배우고 부단히 노력하여 실천하는 올바른 지도자를 뜻한다. 그런데 여기서 군자는 [논어]의 다른 구절과 달리 소인(小人)이 아닌 야인의 반대말로 쓰였으므로, '벼슬이 높은 사람'으로 해석해야 할 것이다. 따라서 야인은 꾸미지 않고 질박함을 나타내는 표현임에 반해, 군자는 화려하게 치장함을 나타내는 표현인 것이다. 즉 공자는 여기서 만약 자신이 예악(禮樂)을 시행한다면, 화려하게 치장하는 형식보다 정성을 다하는 내용에 더 힘쓸 것이라고 피력하고 있는 것이다.

9－3

子曰: "麻冕, 禮也。今也純, 儉, 吾從衆。拜下, 禮也。今拜乎上, 泰也, 雖違衆, 吾從下。"

자왈: "마면, 예야. 금야순, 검, 오종중. 배하, 예야, 금배호상, 태야, 수위중, 오종하."

【미언】 공자가 이르시기를: "삼으로 짠 면류관은 예의이다. 오늘날에는 검은 명주로 짠 것을 쓰니 검소한 것으로, 나는 여러 사람을 따르겠다. 아래에서 절하는 것이, 예의이다. 오늘날에는 위에서 절을 하니 거만하다. 비록 여러 사람에게 위배되더라도, 나는 아래에서 절을 하는 것을 따른다."

【대의】 공자가 이르시기를: "검소함(儉)과 겸손함(謙)은 도의 중요한 구성요소이다. 삼으로 짠 면류관을 쓰는 것이 본래의 예의이나, 검은 명주로 짠 것을 쓰는 것이 검소함에 부합되므로, 나는 오늘날의 흐름을 따르겠다. 반면에 신하가 임금을 알현할 때는 정방, 즉 정무를 보는 곳 아래에서 절하는 것이 본래의 예의이나, 정방 위에서 절하는 것은 거만하여 겸손함에 위배되기 때문에, 나는 오늘날의 흐름을 따르지는 않겠다."

바로 뒤에서 곧 설명하겠지만, 공자는 시대와 상관없이 지속 가능한 가치로서의 예(禮)를 강조한다. 하지만 화려한 삼으로 짠 면류관을 쓰는 것이 전통적인 예(禮)임에도 도(道)의 구성요소 중 하나인 검(儉: 검소함)과 병행되는 것이 진정한 예(禮)이기 때문에, 그러한 공자도 오히려 오늘날의 흐름을 따르겠다고 말한 것이다. 물론 도(道)의 구성요소 중 하나인 겸(謙: 겸손함)과 병행되지 않는 오늘날의 흐름을 따르지 않겠다고 말한 뒷부분에 대해서는, 굳이 더 이상 설명할 필요도 없을 것이다.

아울러서 임방의 질문에 공자는 또 진심을 다해서 정성껏 하지 않으면 안 된다고 강조하고 있는데, 공자의 이렇듯 예(禮)에 대하여 정성을 다하는 모습은 다음 [논어] 〈子罕(자한)〉편의 기록을 통해서도 찾아볼 수 있다.

9 - 9

子見齊衰者, 冕衣裳者, 與瞽者, 見之, 雖少必作, 過之必趨。

자현자최자, 면의상자, 여고자, 현지, 수소필작, 과지필추.

【미언】 공자는 상복을 입은 이, 면류관을 쓰고 의상을 입은 이, 소경을 돕는 이를 만나면, 그들을 만남에 비록 젊더라도 반드시 일어났고, 그들을 지나침에 반드시 추창하셨다.

【대의】 예는 도에 있어서 형식이 되지만, 이 역시 정성을 다하는 마음이 필요하다. 따라서 공자는 상복을 입은 이, 관복을 입은 이, 소경을 부축하는 이를 만나면, 비록 그들이 젊더라도 반드시 일어나 예를 표했다. 또 그들을 지나치게 되면 반드시 예법에 맞게 허리를 굽히고 빨리 걸어가

셨다. 이는 상복을 입은 이를 만나면 진심으로 애도하고, 관복을 입은 사람을 보면 그가 왕의 명령으로 정사를 맡으므로 진심으로 공경하는 태도를 보이며, 장님을 부축하는 이를 만나면 진심으로 동정하는 모습을 보이신 것이다.

이와 관련하여 또 다음의 [논어] 〈八佾(팔일)〉편 기록을 살펴보기로 하자.

3 - 12

祭如在, 祭神如神在。子曰: "吾不與祭, 如不祭。"

제여재, 제신여신재. 자왈: "오불여제, 여불제."

【미언】 제사를 지냄에 계신 듯이 하셨으니, 신령께 제사를 지냄에 신령이 계시는 듯이 하셨다. 공자가 이르시기를: "내가 제사에 참여하지 않으면, 제사를 지내지 않은 것과 같다."

【대의】 공자는 제사를 지낼 때 마치 신령이 앞에 계신 듯이 정성을 다하셨는데, 이것이 바로 어짊(진심으로 섬기고 따름)이다. 공자가 이르시기를: "내가 직접 제사에 참여하지 않으면 제사를 지내지 않은 것과 같으니, 제사는 형식적으로 마지못해서 하는 것이 아니라 정성을 다해야 하는 것이다."

이는 예(禮)의 하나인 제례(祭禮)에 대해서 언급한 부분인데, 공자는 이를 통해서 예(禮)라는 것이 정성을 다해야 하는 것임을 대단히 강조하고 있다. 다시 말해서 예(禮)는 비록 형식이지만 이러한 형식도 정성을 다해야 하는 것이라고 하고 있으니, 이러한 공자의 가치관은 바로 다음의 [논어] 〈述而(술이)〉편 기록에서도 여실히 깨달을 수 있다.

7 - 9

子食於有喪者之側, 未嘗飽也。子於是日哭, 則不歌。

자식어유상자지측, 미상포야. 자어시일곡, 즉불가.

【미언】 공자는 상제 노릇을 함이 있는 이의 곁에서 먹으면, 일찍이 배불리 먹은 적이 없으셨다. 공자는 이 날에 곡을 하면, 곧 노래를 부르지 않으셨다.

【대의】 공자는 형식주의에 빠진 예악제도를 비판했고, 따라서 역지사지(易地思之)함으로써 충(忠), 즉 정성을 다하는 태도를 몸소 실천하셨다. 그러므로 상주가 곁에서 음식을 먹고 있으면, 자기도 정성을 다하여 상주의 마음을 이해했기 때문에 일찍이 배불리 먹은 적이 없으셨다. 또 공자는 상갓집에 다녀온 날에 슬퍼하여 울면, 자기도 정성을 다하여 상주의 마음으로 애도했기 때문에 노래를 부르지 않으셨다.

그리고 이와 관련하여서는, 다음의 기록을 참고할 수 있다.

宗廟之祭, 仁之至也。喪禮, 忠之至也。

종묘의 제사는, 어짊의 지극함이다. 상례는, 충후함의 지극함이다.

[禮記(예기)] 〈禮器(예기)〉

선조를 잊지 않고 제사 지냄으로써 그의 뜻에 순응하는 것은 인(仁), 즉 진심으로 섬기고 따르는 어짊이 지극해지는 것이다. 또한 부모상을 치름으로써 그의 뜻에 순응하는 것은 충(忠), 즉 정성스러움이 지극해지는 것이라 하고 있다. 따라서 이를 종합해보면, 상례(喪禮)와 제례(祭禮)는 아랫사람이 윗사람을 진심으로 섬기고 따르는 인(仁)을 실천하는 것이지만, 형식적으로 마지못해서 하는 것이 아니라 충(忠), 즉 정성을 다해야 하는 것임을 알 수 있다. 그래서 공자는 오해를 받기는 했지만 역시 정성을 다하는 자세로 일관하였으니, 다음의 [논어] 〈八佾(팔일)〉편 기록을 통해서 그 일례를 단편적으로나마 살펴보기로 하자.

3 - 15

子入大廟, 每事問。或曰: "孰謂鄹人之子知禮乎? 入大廟, 每事問。" 子聞之曰: "是禮也。"

자입태묘, 매사문. 혹왈: "숙위추인지자지예호? 입태묘, 매사문." 자문지왈: "시예야."

【미언】 공자께서는 종묘에 들어가, 매사에 대해 물으셨다. 어떤 이가 말하기를: "누가 추 지역 사람의 아들이 예를 안다고 하였는가? 종묘에 들어가서는 매사에 대해 묻는다." 공자가 들으시고 이르시기를: "이것이 예이다."

【대의】 공자께서는 종묘에 들어가, 매사에 대해 물으셨다. 어떤 이가 말하기를: "누가 추 지역 사람의 아들인 공자가 예(조화로움을 위한 절제와 통제)를 안다고 하였는가? 종묘에 들어가서는 매사에 대해 묻는다." 공자가 들으시고 이르시기를: "아는 것도 다시 한 번 물음으로써 이상이 없는지 확인하는 것이 예(禮)이다. 제례(祭禮)는 어짊(진심으로 섬기고 따름)을 드러내는 형식이지만 반드시 신중하고 정성을 다해야 한다. 따라서 아는 것이라도 다시 한 번 물음으로써 이상이 없는지 확인하는 호문(好問), 즉 묻기를 좋아하는 자세를 갖춰야 하는 것이다."

이는 아는 것이라도 다시 한 번 물어서 확인하는 태도는 다름 아닌 호문(好問: 묻기를 좋아함)의 자세를 일컫는 것으로, 예(禮)라는 것이 결국 신(愼: 신중함)과 불가분의 관계를 맺고 있는 것임을 확인할 수 있다.

12-3. 형식으로서의 예(禮)의 가치

이미 앞에서 군자의 궁극적인 목표로서의 도(道)에 있어서 예(禮)의 구체적인 위치는 형식이라고 설명한 바 있으니, 이제 이를 [논어] 〈泰伯(태백)〉편의 다음 구절에 대입하여 풀어보기로 하자.

8 – 9

子曰: "興於詩, 立於禮, 成於樂。"

자왈: "흥어시, 입어례, 성어악."

【미언】 공자가 이르시기를 "시로 다스리고 예로 확고히 하며, 음악으로 이룬다."

【대의】 공자가 이르시기를 "[시경]은 다스림의 내용 즉 문(文)이고, 예(조화로움을 위한 절제와 통제)는 다스림의 형식이니, 도는 이러한 내용과 형식의 조화로 이뤄지는 것이다. 하지만 예(禮)는 엄격하기만 하므로, 형식에 있어서도 엄격함과 부드러움의 조화가 필요하다. 따라서 또 하나의 형식인 부드러움의 악(樂)으로 엄격한 예(禮)와 조화를 이뤄서 도를 완성시키는 것이다."

따라서 이 구절 역시 내용과 더불어서 형식이 함께 해야 비로소 도(道)를 완성할 수 있다는 뜻이 더욱 명확해짐을 알 수 있으니, 바로 내용이 먼저이기는 하지만 결국에는 내용과 형식을 모두 중시해야 한다는 것이다.

그런데 여기서 짚고 넘어가야 할 점이 있으니, 이 구절의 시(詩)는 다름 아닌 [詩經(시경)]을 가리키는 것으로, 이 [시경]이 바로 문(文)의 하나가 된다는 점이다. 그러므로 공자는 [논어] 〈先進(선진)〉에서 다음과 같이 평가한 것이다.

11 - 2

子曰: "從我於陳蔡者, 皆不及門也。德行: 顔淵, 閔子騫, 冉伯牛, 仲弓; 言語: 宰我, 子貢; 政事: 冉有, 季路; 文學: 子游, 子夏。"

자왈: "종아어진채자, 개불급문야. 덕행: 안연, 민자건, 염백우, 중궁; 언어: 재아, 자공; 정사: 염유, 계로; 문학: 자유, 자하."

【미언】 공자가 이르시기를: "진과 채 지역에서 나를 따르던 이들은, 모두 문하생이 아니다. 덕행으로는: 안연, 민자건, 염백우, 중궁이었고; 언어로는: 재아, 자공이었으며; 정치로는: 염유, 계로이고; 문(文)을 배움으로는: 자유, 자하이다."

【대의】 공자가 이르시기를: "진과 채 지역에서 나를 따르던 이들은, 이제 모두 내 곁을 떠났다. 돌이켜보건대 덕을 몸소 실천한 이로는: 안회, 민자건, 염백우, 중궁이 있었고; 말재간으로는: 재아, 자공이 탁월했으며; 정치로는: 염구, 자로가 출중한 능력이 있었고; 문(文) 즉 옛 전적에 기록된 옛 성현들의 통치이념과 그 업적을 이해하기로는: 자유, 자하가 뛰어났다."

즉 이 구절에 나오는 '문학(文學)'은 오늘날의 문학을 가리키는 것이 아니니 **문(文)**, 즉 **옛 성현들의 통치이념과 그 업적을 기록한 [시경]과 [서경] 등의 문장(文章)**을 배운다는 의미를 나타내는 것이다. 이처럼 공자는 내용과 형식의 조화를 무엇보다 중시하고 나아가 강조하고 있으므로, [논어] 〈雍也(옹야)〉편에서는 또 다음과 같이 말한 바 있다.

6 – 16

子曰: "質勝文, 則野; 文勝質, 則史。文質彬彬, 然後君子。"

자왈: "질승문, 즉야; 문승질, 즉사. 문질빈빈, 연후군자."

【미언】 공자가 이르시기를: "바탕이 무늬보다 지나치면, 곧 거칠고; 무늬가 바탕보다 지나치면, 곧 화려하다. 바탕과 무늬가 겸비되어야 하니, 그러한 후에야 군자인 것이다."

【대의】 공자가 이르시기를: "도의 내용인 인(仁)과 의(義)만 강조하면 투박하고, 도의 형식인 예(禮)만 강조하면 허례허식에 불과하므로, 내용인 인의(仁義)와 형식인 예(禮)를 조화롭게 하여 모두 갖췄을 때 비로소 도를 배우고 부단히 노력하여 실천하는 올바른 지도자가 될 수 있는 것이다."

따라서 본문에서 말하는 바탕은 인(仁)과 의(義)이고 무늬는 예(禮)가 되는 것이다. 이를 좀 더 구체적으로 설명하자면, 공자는 인(仁))과 의(義)만 강조하면 투박하고 예(禮)만 강조하면 허례허식에 불과하므로, 인의(仁義)와 예(禮)를 조화롭게 했을 때 비로소 도(道)를 배우고 부단히 노력하여 실천하는 올바른 지도자, 즉 군자가 될 수 있다고 강조하고 있는 것이다.

특히 도(道)의 형식이 되는 예(禮)의 중요성에 대해서는, 역시 [논어] 〈雍也(옹야)〉편에서 다음과 같이 강조하고 있다.

6 - 23

子曰: "觚, 不觚, 觚哉? 觚哉?"

자왈: "고, 불고, 고재? 고재?"

【미언】 공자가 이르시기를: "고에 모가 나지 않으면, 고이겠는가? 고이겠는가?"

【대의】 공자가 이르시기를: "모가 난 술잔인 고에, 모가 나지 않으면, 그것이 모가 난 술잔인 고이겠는가? 그것이 모가 난 술잔인 고이겠는가? 따라서 예악제도는 반드시 그 내용과 형식이 함께 갖춰져야 하니 명실상부(名實相符), 즉 형식과 내용이 병행되어야 한다."

공자는 도(道)라는 것이 내용뿐 아니라 형식 역시 갖춰야 하는 것이라고 줄곧 주장했다. 따라서 이는 형식의 중요성을 부각시키고 있는 것으로 봐야 할 것이다. 그러므로 공자는 또 [논어] 〈八佾(팔일)〉편에서 다음과 같이 말하기도 했다.

3 - 17

子貢欲去告朔之餼羊。子曰: "賜也, 爾愛其羊, 我愛其禮。"

자공욕거고삭지희양. 자왈: "사야, 이애기양, 아애기례.

【미언】 자공이 고삭의 양을 희생시키는 것을 없애고자 하였다. 공자가 이르시기를: "사야, 너는 그 양을 가엾게 여기지만, 나는 그 예가 소중하다."

【대의】 자공이 초하루에 드리는 제사 때마다 양을 희생시키는 것이 가엾다고 생각해서 그 제도를 없애고자 하였다. 공자가 이르시기를: "자공아, 너는 당장의 그 양의 목숨을 가엾게 여기지만, 나는 선왕들이 만들어 지켜온 전통 예악제도를 지키는 것이 더 소중하다."

이 점에 대해서는 다음의 기록을 연계하여 이해할 필요가 있다.

> 夫禮, 爲可傳也, 爲可繼也。
> 무릇 예라는 것은, 전할 수 있고, 지속될 수 있는 것이다.
>
> [禮記(예기)] 〈檀弓上(단궁상)〉

공자에게 있어서 예(禮: 조화로움을 위한 절제와 통제)는 시대와 상관없이 지속 가능한 것인데, 이와 관련하여 [左傳(좌전)] 〈昭公(소공) 20년〉의 한 기록을 살펴보자. 제(齊)나라 임금이 사냥터에 갔다가 활로 사냥꾼을 불렀는데도 사냥꾼이 다가가지 않자, 임금은 무례하다며 그를 잡아들였다. 그러자 사냥꾼은 선대의 임금들께서는 깃발로 대부(大夫)를 부르고, 활로 사(士)를 부르며, 가죽으로 된 모자로 사냥꾼을 불렀으니, 저는 임금께서 저를 부르시는 것을 보지 못했다고 해명했고, 임금은 결국 그를 풀어주었다고 한다. 이에 공자는 도(道)를 지키느니 차라리 자신의 관(官: 직무)을 지키는 것이 낫다고 말하면서 사냥꾼의 판단이 옳다고 평가했으니, 즉 공자는 임금이 부르면 달려가는 당장 지켜야 할 도리보다 전통의 예악제도 규정이 더 중요하다고 본 것이다. 따라서 이러한 공자의 가치관을 알고 상술한 기록들을 살펴본다면, 그 뜻을 쉬이 이해할 수 있을 것이다.

13. 악(樂): 예(禮)를 보완하는 온유함

공자는 [논어] 〈八佾(팔일)〉 편에서 다음과 같이 언급한 바 있다.

3 – 20

子曰: "關雎, 樂而不淫, 哀而不傷。"

자왈: "관저, 낙이불음, 애이불상."

【미언】 공자가 이르시기를: "([시경]의) 〈관저〉 편은 즐거워하지만 어지럽히지 않고, 슬퍼하지만 근심하지 (애태우지) 않는다."

【대의】 공자가 이르시기를: "〈관저〉는 [시경] 305수의 첫 편으로 전체의 핵심이 고스란히 응축되어 있으니, 바로 예(조화로움을 위한 절제와 통제)를 찬미한 작품이다. 따라서 군자(도를 배우고 부단히 노력하여 실천하는 올바른 지도자)가 요조숙녀(현명한 인재)에게 반하여 즐거워하고도 잊지 못해서 뒤척이지만, 예(禮)를 가지고 절제하고 통제하기 때문에 그 마음을 어지럽히거나 지나치게 애태우지는 않는 것이다."

상술한 구절의 뜻을 파악하기 위해서는 [시경] 〈關雎(관저)〉 편에 대해서 이해할 필요가 있는데, 먼저 [毛詩傳(모시전)]에서는 이 작품의 주제를 "后妃之德也。(천자의 배필이 후덕하구나.)"로 보았다. 하지만 그 설명이 너무나 간단하여 파악하기가 어려우니, 좀 더 구체적으로 알아보기로 하자.

> 是以關雎, 樂得淑女以配君子, 憂在進賢, 不淫其色。哀窈窕, 思賢才, 而無傷善之心。是關雎之義也。
>
> 이 때문에 〈관저〉는 기꺼이 아리따운 여인을 찾아 군자에게 짝지어 줌으로써, 현명한 인재를 천거함을 걱정하지, 여색을 탐하지는 않는 것이다. 얌전하고도 정숙함을 사랑하고, 현명한 인재를 그리워하지만, 선량한 마음을 해치지 않음, 이것이 〈관저〉편의 뜻이다. [詩大序(시대서)]

주지하다시피, 〈관저〉는 [시경] 305수의 첫 편이다. 일반적으로 한 작품의 첫 구절이나 작품총집에서의 첫 작품은 매우 함축적인 의미를 담고 있는데, 다름 아닌 저자의 집필의도가 고스란히 응축되어 있는 부분이라는 점이다. 이를 염두에 두고 위의 내용을 살펴본다면, 바로 예(禮) 즉 조화로움을 위한 절제와 통제를 뜻하는 것임을 알 수 있다. 그렇기 때문에 공자는 "군자(참된 지도자)가 요조숙녀(현명한 인재)에게 반하여 즐거워하는 한편 잊지 못해서 뒤척이기도 하지만, 예(禮)를 가지고 절제하고 통제하기 때문에 그 마음을 어지럽히거나 지나치게 애태우지는 않는다."고 표현한 것이다. 이제 이 작품 전체를 감상해보면, 공자의 의도를 이해할 수 있을 것이다.

> 關關雎鳩, 在河之洲。구구 (지저귀는) 물수리가, 황하의 모래톱에 있네.
>
> 窈窕淑女, 君子好逑。얌전하고도 정숙한 아리따운 여인은, 군자가

짝으로 하기를 좋아하네.

參差荇菜, 左右流之。들쭉날쭉한 노랑어리연꽃을 이리저리 헤치네.

窈窕淑女, 寤寐求之。얌전하고도 정숙한 아리따운 여인은, 자나 깨나 (군자가) 구한다네.

求之不得, 寤寐思服。(군자가) 구하여도 얻지 못하니, 자나 깨나 마음속에 간직하네.

悠哉悠哉! 輾轉反側。아, 아! (잊지 못하여) 이리 뒤척이고 저리 뒤척인다네.

參差荇菜, 左右采之。들쭉날쭉한 노랑어리연꽃을, 이리저리 뜯네.

窈窕淑女, 琴瑟友之。얌전하고도 정숙한 아리따운 여인은, 거문고와 비파(부부사이의 정)로 가까이하네(사랑하네).

參差荇菜, 左右芼之。들쭉날쭉한 노랑어리연꽃을, 이리저리 뽑네.

窈窕淑女, 鍾鼓樂之。얌전하고도 정숙한 아리따운 여인(예)은, 쇠북과 북(음악)으로 즐거워하네.

1장은 군자(참된 지도자)가 요조숙녀(현명한 인재)에게 호감을 갖게 되는 장면이다. 따라서 2장에서 군자(참된 지도자)는 요조숙녀(현명한 인재)를 원하게 되는데, 어찌 된 일인지 3장에서는 뜻대로 되지 않자, 군자(참된 지도자)는 전전반측(輾轉反側)하며 괴로워한다. 하지만 4장에서 군자(참된 지도자)와 요조숙녀(현명한 인재)는 서로의 감정을 확인하고, 5장에서 결국 화(和: 조화로움)를 이루게 된다.

특히 4장과 5장의 '금슬(琴瑟)과 종고(鍾鼓)'라는 표현에 대해서는, 다음의 [논어] 〈陽貨(양화)〉편 기록과 연계하여 이해할 필요가 있다.

17 – 11

子曰: "禮云禮云, 玉帛云乎哉? 樂云樂云, 鐘鼓云乎哉?"

자왈: "예운예운, 옥백운호재? 악운악운, 종고운호재?"

【미언】 공자가 이르시기를: "예로다 예로다라고 하는데, 옥과 비단을 말하는 것이겠느냐? 음악이로다 음악이로다라고 하는데, 종과 북을 말하는 것이겠느냐?"

【대의】 공자가 이르시기를: "도는 내용과 형식으로 구성된다. 그리고 도의 형식이 되는 예(禮)와 악(樂)은 세부적으로 또 다시 형식과 내용으로 나뉜다. 그런데 지금 춘추시대는 형식만이 난무하고 본질이 되는 내용은 소홀히 여겨지는 일대 혼란기라서, 본질이 빠진 허례허식에 치우치고 있으니, 참으로 애통할 따름이다."

이처럼 종고(鍾鼓)는 악(樂: 음악)을 뜻한다. 따라서 이는 위에서 언급한 예(禮)와 악(樂)의 화(和: 조화로움) 즉 예악제도(禮樂制度)를 상징하고 있는 것이다. 이와 관련하여 다음의 기록을 살펴보자.

> 仁近於樂, 義近於禮。
> 인(仁)은 악(樂)에 가깝고, 의(義)는 예(禮)에 가깝다.
>
> [禮記(예기)] 〈樂記(악기)〉

禮之報, 樂之反, 其義一也。

예의 나아감과, 악의 물러남은 그 뜻이 하나이다.

[禮記(예기)] 〈樂記(악기)〉

다시 말해서, 인(仁)과 의(義)가 떨어질 수 없듯이, 예(禮)와 악(樂) 역시 상호 불가분의 관계에 있으니, 진정한 화(和: 조화)를 나타내는 것이다.

이와 별개로, 오늘날에는 중국 학술계를 위시로 하여 〈관저〉편의 주제를 "젊은 남녀의 순수한 사랑을 노래한 것"으로 보고 있다. 하지만 작품에 나오는 '군자(君子)'가 도(道)를 배우고 부단히 노력하여 실천하는 올바른 지도자라는 의미를 지닌다는 점을 올바로 이해한다면, 더구나 [시경]의 창작연대가 주나라 초기부터 춘추시대 중기(中期) 즉 공자가 태어나기 이전임을 고려한다면, 이런 후대의 순수문학관점으로 '군자'를 해석하는 것은 올바른 분석 및 접근법이 아님을 알 수 있을 것이다.

이제 상술한 내용들을 통해서 간단하게나마 악(樂)과 예(禮)의 관계에 대해서 다시 한 번 정리해보자. 악(樂)은 예(禮)의 근본이 되지만 홀로 존재하면 폐단이 생긴다. 또 악(樂)은 뒤로 물러나는 것이므로 인(仁)과 마찬가지로 약(弱: 부드러움)이 되고, 반면에 예(禮)는 앞으로 나아가는 것이므로 의(義)와 마찬가지로 강(强: 강함)이 되는 것이다. 즉 악(樂)과 예(禮)는 모두 형식의 범주에 속하지만, 이 형식은 다시 부드러움의 악(樂)과 엄격함의 예(禮)로 나뉘게 되는 것이다. 따라서 **악(樂)**은 바로 엄격한 예(禮)의 형식을 보완하는 또 하나의 부드러운 형식 즉 **조화로움을 위한 온유함**이 되는 것이다.

앞에서 예(禮)와 악(樂)은 예악제도(禮樂制度) 즉 오늘날의 의전(儀典)이나 의식(儀式) 혹은 전례(典禮) 의전(儀典)을 뜻한다고 설명한 바 있다. 따라서 이제 예(禮)와 악(樂)의 관계를 다음의 상황으로 예를 들어보자. 크게는 국가행사 가령 해외의 국빈이 한국을 방문했을 때, 엄숙한 예(禮)만 진행되고 악(樂)이 빠진다면 그 환영행사의 분위기는 어떠하겠는가? 작게는 개인적으로 치러지는 가령 결혼식에 있어서, 만약 예(禮)만 진행되고 악(樂)이 빠진다면 그 결혼식의 분위기는 어떠하겠는가? 따라서 공자는 예(禮)라는 것이 엄격한 것이므로, 이를 보완하는 부드러운 악(樂)이 반드시 필요하다고 말하는 것이다.

13-1. 악(樂)과 문(文)의 관계

이제 악(樂)과 관련하여 또 하나의 문제를 고려할 필요가 있는데, 이와 관련하여서는 [논어] 〈八佾(팔일)〉편의 다음 기록을 살펴보도록 하자.

3 - 23

子語魯大師樂曰: "樂, 其可知也。始作翕如也, 從之純如也, 皦如也, 繹如也, 以成。"

자어노대사악왈: "악, 기가지야. 시작흡여야, 종지순여야, 교여야, 역여야, 이성."

【미언】 공자께서 노나라 태사에게 음악에 대해서 말씀하시기를: "음악을, 아마도 알 수 있을 듯합니다. 시작함에는 합하고(8음이 모두 연주되고), 나아가면서는 도타운 듯(조화로운 듯), 또렷한듯, 연달아 놓은 듯하다가, 그럼으로써 완성되는(끝나는) 것입니다."

【대의】 공자께서 노나라 태사에게 음악에 대해서 말씀하시기를: "예악제도의 뜻을, 아마도 알 수 있을 것 같습니다. 음악이라는 것이 때로는 각각의 요소가 독립적으로 행해지기도 하지만 결국에는 하나로 조화를 이루듯이, 어짊(자신의 군주를 진심으로 섬기고 따름)과 의로움(자기의 신분에서 마

땅히 행해야 할 도리를 옳다고 여기고, 또 목숨을 걸고라도 지킴), 예(조화로움을 위한 절제와 통제) 등 각 요소가 독립적으로 존재하여 활동하지만 궁극적으로는 모두 유기적으로 하나가 되어 조화를 이뤄서 도가 완성되는 것입니다."

여기서 공자가 말하는 악(樂)은 순수한 음률 자체를 말하는 것일까? 아니면 가사가 포함된 종합적인 형태를 말하는 것일까? 더군다나 지금은 그 음률과 가사를 감상해볼 수조차 없으니, 선뜻 파악하기가 쉽지 않다. 다만 본문을 통해서, 악(樂)이라는 것이 때로는 각각의 요소가 독립적으로 행해지기도 하지만, 결국에는 하나로 화(和: 조화)를 이루는 것임은 알 수 있다. 이미 앞에서 설명했듯이, 공자에게 있어서 악(樂)은 악(樂) 자체를 말하는 것이 아니라, 바로 예악제도를 뜻한다. 따라서 위의 구절은 이처럼 도(道)를 이루는 인(仁)과 의(義), 예(禮) 등 각 요소가 독립적으로 존재하여 활동하지만, 궁극적으로는 모두 유기적으로 하나가 되어 화(和: 조화)를 이뤄야 도(道)가 완성될 수 있다는 의미로 이해할 수 있을 것이다. 따라서 이미 앞에서 언급한 바 있는 [논어] 〈八佾(팔일)〉편의 구절을 다시 한 번 살펴보기로 하자.

3 - 25

子謂韶: "盡美矣, 又盡善也。" 謂武: "盡美矣, 未盡善也。"

자위소: "진미의, 우진선야." 위무: "진미의, 미진선야."

【미언】 공자가 '소'를 평하시기를: "지극히 아름답고, 또 지극히 선하도다." '무'를 평하시기를: "지극히 아름답지만, 지극히 선하지는 않도다."

【대의】 공자가 순임금 때의 음악인 '소'를 평하시기를: "순임금 때는 신하가 임금이 바른 길을 걷도록 충언하고, 임금은 신하들에게 하늘의 뜻을 받들어 신중을 기하라고 근엄하게 명령하고 있으며, 나아가 무력으로 진압하지 않고 진심 어린 덕을 펼쳐서 오랑캐들마저 감복시켰다. 바로 이것이 바로 조화로움(和)과 자애로움의 덕치인 것이다. 따라서 그 음악이 지극히 아름답고, 또 지극히 선하도다." 하지만 주나라 무왕 때의 음악인 '무'를 평하시기를: "무왕은 그 업적이 찬란하지만, 무력으로 은나라 주왕(紂王)을 멸하고 주나라를 세우니, 이른바 폭력으로 역성혁명(易姓革命)을 일으킨 장본인이다. 따라서 그 음악이 지극히 아름답지만, 지극히 선하지는 않도다."

위에서 공자가 말하는 악(樂)이 순수한 음률 자체를 말하는 것인지, 아니면 가사가 포함된 종합적인 형태를 말하는 것인지를 파악할 필요가 있다고 한 바 있다. 이제 여기서 이 문제점에 대해서 구체적으로 논하기로 하는데, 먼저 다음의 기록들을 살펴보자.

於是夔行樂, 祖考至, 群后相讓, 鳥獸翔舞, 簫韶九成, 鳳皇來儀, 百獸率舞, 百官信諧。帝用此作歌, 曰: "陟天之命, 維時維幾。" 乃歌曰: "股肱喜哉! 元首起哉! 百工熙哉!" 皐陶拜手稽首揚言曰: "念哉! 率爲興事, 愼乃憲。敬哉!" 乃更爲歌曰: "元首明哉, 股肱良哉, 庶事康哉!" 又歌曰: "元首叢脞哉, 股肱惰哉, 萬事墮哉!" 帝拜曰: "然, 往欽哉!"

그래서 기가 악기를 연주하자 돌아가신 선조(귀신)께서 이르고, 여러 왕후가 서로 양보하였으며, 조수가 날면서 춤추었는데, 소 아홉 곡 연주가 끝나자 봉황이 와서 예절을 갖추고, 모든 짐승이 춤추었으며, 모든 관리가 믿고 화합했다. (순)임금은 이에 노래를 지어 불렀다: "하늘의 명을 공경하여 받들어, 때에 맞추기를 살피리니." 이에 노래하여 불렀다: "팔 다리(중신)가 행복하니! 원수(임금)가 입신하고! 온갖 장인이 홍성하리니!" 고요가 손을 들어 맞잡고 절하며 머리를 조아려 소리 높여 말했다: "삼가소서! 대략 국가의 대사를 일으킴에, 삼가면 이에 홍성합니다. 공경하소서!" 이에 다시 노래를 불렀다: "원수(임금)가 명철하면 팔 다리(중신)가 어질어져, 모든 일이 편안하네!" 또 노래를 불렀다: "원수(임금)가 통일성이 없으면 팔 다리(중신)들이 불경해져, 만사가 무너지네!" 임금이 절하며 말했다: "그렇소, 가서 삼가시오!"

[史記(사기)] 〈夏本紀(하본기)〉

三旬, 苗民逆命。益贊于禹曰: "惟德動天, 無遠弗屆。滿招損, 謙受益, 時乃天道。帝初于歷山, 往于田, 日號泣于旻天, 于父母, 負罪引慝。祇載見瞽叟, 夔夔齋栗, 瞽亦允若。至諴感神, 矧茲有苗。" 禹拜昌言曰: "兪!"班師振旅。帝乃誕敷文德, 舞干羽于兩階, 七旬, 有苗格。

> 삼십 일 동안, 묘족이 명을 거역했다. 익이 우를 도와 말했다: "오직 덕만이 하늘을 움직이니, 먼 곳이라도 굴복합니다. 자만은 손해를 부르고, 겸손은 이익을 받으니, 늘 이와 같은 하늘의 도리입니다. (순)임금께서는 처음 역산에서 밭에 나가셨을 때, 매일 하늘과 부모에게 울부짖으시며 죄를 스스로 짊어지고 사특함을 이끌었습니다(모든 죄를 자기 탓으로 돌렸습니다). 고수를 공경하여 받들고, 조심하고 재계하여 삼가시니, 고수 역시 진실로 따르게 되었습니다. 지극한 정성은 귀신을 감동시키니, 하물며 이 묘족이야." 우는 훌륭한 말에 절하며 말했다: "그렇습니다!" 군사를 돌려 제사를 바로잡았다. (순)임금은 이에 위엄과 덕망을 넓게 펴고, 두 섬돌에서 방패춤(武舞)과 깃털춤(文舞)을 추시니, 칠십 일이 지나 묘족들이 감복했다.
>
> [尙書(상서)] 〈大禹謨(대우모)〉

순임금은 어떠한 상황에서도 무력으로 상대방을 진압하려 하기보다는, 오히려 덕(德)으로 감화시켜서 스스로 찾아오게 만드는 통치를 하였으니, 이것이 바로 진정한 의미로서의 덕치(德治)이다. 반면에 주나라 무왕은 무력으로 은나라를 멸망시키고 주나라를 세웠으니, 이른바 폭력으로 세상을 바꾸려고 했던 것이다.

따라서 공자에게 있어서 악(樂)이 무엇을 함축하고 있는지 살펴보면, 바로 단순한 음률 그 자체만을 지칭하는 것이 아니라 가사(歌辭), 즉 인물의 업적을 기록한 문(文)을 고려한 종합적인 형태로 인식하고 있음을 알 수 있는 것이다.

13-2. 예(禮)와 악(樂)의 조화

이미 앞에서 [논어] 〈陽貨(양화)〉 편의 "예(禮)라는 것이 단순히 옥과 비단을 말하는 것이 아니고, 악(樂)은 단순히 종과 북을 말하는 것이 아니다."라는 구절을 소개한 바 있다. 그렇다면 이제 여기서는 "공자는 왜 그렇게 말한 것일까?"라는 의문점에 대해서 해답을 제시해보도록 하자. 그리고 이와 관련하여서는, 다음의 기록을 살펴볼 필요가 있다.

> 樂者, 爲同; 禮者, 爲異。同, 則相親; 異, 則相敬。樂勝, 則流; 禮勝, 則離。合情飾貌者, 禮樂之事也。禮義立, 則貴賤等矣。樂文同, 則上下和矣。好惡著, 則賢不肖別矣。刑禁暴, 爵擧賢, 則政均矣。仁以愛之, 義以正之。如此, 則民治行矣。
>
> 음악이라는 것은 같이하여 다스리는 것이고; 예라는 것은 달리하여 다스리는 것이다. 같이한다는 것은, 곧 서로 가까이 하는 것이고; 달리한다는 것은, 곧 서로 정중한 것이다. 음악이 지나치면, 곧 번져서 퍼지게 되고; 예가 지나치면, 곧 흩어진다. 이치에 맞게 하고 표면(형식)을 수식하는 것이, 예악의 기능이다. 예악이 확고히 서면, 곧 귀함과 천함이 구별된다. 음악(형식)과 문(文: 내용)이 같이하면, 위와 아래가 조화롭게 된다. 좋아함과 미워함이 드러나면, 곧 현명함과 못나고 어리석음이 나눠진다. 제어하여 난폭함을 누르고, 벼슬을 주어 현명한 이를 추천하면, 곧

나라를 다스리는 것이 고르게 된다. 어짊으로써 역성들고(옳고 그름에 상관없이 무조건 따르고), 의로움으로써 바로잡는 것이다. 이렇게 하면, 곧 백성을 다스림이 행해지게 된다. [禮記(예기)] 〈樂記(악기)〉

이 말은 도(道)의 형식이 되는 예(禮)와 악(樂)은 세부적으로 또 다시 형식과 내용으로 나뉜다는 것이니, 다음과 같이 세부적으로 도표화하여 그 내용을 정리할 수 있다.

	내용	**형식**
예(禮)	조화를 위한 절제와 통제	옥, 비단
악(樂)	조화를 위한 온유함	종, 북

주지하다시피, 춘추시대는 형식만이 난무하고 본질이 되는 내용은 소홀히 여겨진 일대 혼란기였다. 따라서 공자는 본문을 통해서 본질이 빠진 허례허식에 치우친 당시의 시대적 상황을 한탄한 것이다.

이처럼 도(道)의 형식이 되는 예악(禮樂)은 사실상 불가분의 관계를 지니고 있으므로, [논어] 〈微子(미자)〉에서는 다음과 같이 서술하고 있다.

18 – 9

大師摯, 適齊; 亞飯干, 適楚; 三飯繚, 適蔡; 四飯缺, 適秦; 鼓方叔, 入於河; 播鼗武, 入於漢; 小師陽, 擊磬襄, 入於海。

대사지, 적제; 아반간, 적초; 삼반료, 적채; 사반결, 적진; 고방숙, 입어하; 파도무, 입어한; 소사양, 격경양, 어해.

【미언】 태사 지는 제나라로 갔고; 아반 간은 초나라로 갔으며; 삼반 료는 채나라로 갔고; 사반 결은 진나라로 갔으며; 북을 치는 방숙은 하내 지역으로 들어갔고; 작은 북을 흔드는 무는 한중 지역으로 들어갔으며; 소사 양, 경쇠를 치는 양은, 해도 지역으로 들어갔다.

【대의】 노나라 악관의 수장인 태사 지는 제나라로 갔고; 식사 때 연주하는 벼슬인 아반 간은 초나라로 갔으며; 식사 때 연주하는 벼슬인 삼반 료는 채나라로 갔고; 역시 식사 때 연주하는 벼슬인 사반 결은 진나라로 갔으며; 북을 치는 방숙은 하내 지역으로 들어갔고; 작은 북을 흔드는 무는 한중 지역으로 들어갔으며; 악관을 보좌하는 소사 양, 돌로 만든 악기인 경쇠를 치는 양은, 해도 지역으로 들어갔다.

이는 노나라의 도가 땅에 떨어지자, 모두 나라를 떠나 세상을 등짐으로써 당시의 불문율을 따랐다는 의미이다. 또한 본문에서 굳이 악사(樂師)들의 이름을 구체적으로 거론한 이유에 대해서는, 그렇게 함으로써 예악제도라는 것이 예(禮)가 없어지면 악(樂) 역시 떠나는 불가분의 관계에 놓여 있음을 증명하려 한 것으로 이해할 수 있을 것이다.

13-3. 예악(禮樂)제도 존재의 당위성

공자는 [논어] 〈八佾(팔일)〉 편에서 다음과 같이 진술한 바 있다.

3 – 5

子曰: "夷狄之有君, 不如諸夏[5]之亡也。"

자왈: "이적지유군, 불여제하지무야."

【미언】 공자가 이르시기를: "오랑캐 지역의 군주가 있음은, 중국 본토 지역의 없음만 못하다."

【대의】 공자가 이르시기를: "아무리 오랑캐 지역에서 임금을 세워 따르더라도 그들에게는 예악제도가 없기 때문에 나라가 바로잡힐 수 없지만, 중국 본토 지역은 예악제도가 있기 때문에 설령 임금이 없더라도 나라가 바로잡힐 수 있다. 따라서 예악제도의 유무가 임금의 유무보다 더 중요한 것이다."

---

5 제하(諸夏): 변방의 오랑캐 입장에서 중국을 일컫는 표현.

이는 예악제도가 임금의 존재보다 더 중요하다는 것을 뜻하는 표현이다. 다시 말해서, 아무리 오랑캐 지역에서 임금을 세워 따르더라도 그들에게는 예악제도가 없기 때문에 나라가 바로잡힐 수 없지만, 중국 중하(中夏) 지역은 예악제도가 있기 때문에 설령 임금이 없더라도 나라가 바로잡힐 수 있다는 뜻이 되는 것이다. 따라서 여기서 다시 한 번 예악제도와 정치의 관계에 대해서 확인할 수 있으니, 예악제도는 즉 정치를 위한 중요한 형식이 되는 것이다. 그렇다면 공자는 구체적으로 어떠한 이상향을 추구하였기에, 이처럼 예악제도를 강조하고 있는 것일까?

[左傳(좌전)] 〈昭公(소공) 7년〉과 [史記(사기)] 〈孔子世家(공자세가)〉에 따르면, 맹희자(孟僖子)가 병이 들었을 때 공자를 달인(達人)이라고 칭찬하며, 그의 아들 맹의자(孟懿子) 즉 중손하기(仲孫何忌)와 남궁경숙(南宮敬叔)으로 하여금 공자의 제자가 되라고 유언했다. 이에 이 둘은 공자의 제자가 되었는데, 이때가 공자 나이 17세였다. 따라서 공자는 그 이전에 이미 도(道)에 뜻을 두고 배웠던 것이다.

[史記(사기)] 〈孔子世家(공자세가)〉에 따르면, 공자는 남궁경숙과 함께 주(周)나라에 가서 노자(老子)를 만나 큰 깨달음을 얻었고, 주나라에서 노나라로 돌아오니 제자들이 더욱 늘어났다고 한다. 만약 이 기록이 사실이라면, 맹희자가 죽고 나서 3년의 부친상을 지낸 후에야 남궁경숙이 공자와 같이 갈 수 있었으므로, 최소한 공자 나이 20세 이후의 일일 것이다. 하지만 '공자가 과연 노자를 만나서 예(禮)를 배웠는가?'라는 점에 대해서는 회의적인 의견이 다분히 있는데, [禮記(예기)] 〈曾子問(증자문)〉에서 공자는 8차례에 걸쳐서 '노담(老聃)'이라는 이름을 언급하고 있다. 이제 다음의 기록을 잠시 살펴보면, 공자가 말하는 노담이 바로 노자를 지칭하는 것임을 알 수 있을 것이다.

老子者, 楚苦縣厲鄕曲仁里人也, 姓李氏, 名耳, 字聃, 周守藏室之史也。孔子適周, 將問禮于老子。老子曰: "子所言者, 其人與骨皆已朽矣, 獨其言在耳。且君子得其時則駕, 不得其時則蓬累而行。吾聞之, 良賈深藏若虛, 君子盛德, 容貌若愚。去子之驕氣與多欲, 態色與淫志, 是皆無益于子之身。吾所以告子, 若是而已。" 孔子去, 謂弟子曰: "鳥, 吾知其能飛; 魚, 吾知其能遊; 獸, 吾知其能走。走者可以爲罔, 遊者可以爲綸, 飛者可以爲矰。至于龍吾不能知, 其乘風雲而上天。吾今日見老子, 其猶龍邪!" 老子修道德, 其學以自隱無名爲務。居周久之, 見周之衰, 乃遂去。至關, 關令尹喜曰: "子將隱矣, 强爲我著書。" 于是老子乃著書上下篇, 言道德之意五千餘言而去, 莫知其所終。

노자라는 사람은 초나라 고현의 여향 곡인리 사람으로, 성은 이씨이고 이름은 이 자는 담이었으며, 주나라의 서고(書庫)를 지키는 사관이었다. 공자가 주나라에 가서, 장차 노자에게 예에 대하여 묻고자 하였다. 노자가 말했다: "그대가 말하는 바는, 그 육신과 뼈가 모두 이미 썩었고, 오직 그 말만이 있을 따름이오. 게다가 군자는 때를 만나면 마차를 타지만, 때를 만나지 못하면 떠도는 것이오. 내가 들으니 훌륭한 장사꾼은 깊숙이 숨겨 마치 비어있는 듯하고, 군자가 덕이 가득차면 용모가 우매한 것처럼 보인다고 하오. 그대의 교기(교만함)와 다욕(탐욕), 태색(드러나는 표정)과 음지(도리를 어지럽힘)를 버리시오. 이는 모두 그대의 몸에 무익하오. 내가 그대에게 말해줄 것은 이와 같을 따름이오." 공자가 떠나 제자들에게 말했다: "새는 내가 날 수 있음을 알고, 물고기는 내가 헤엄칠 수 있음을 알며; 짐승은 내가 달릴 수 있음을 안다. 달리는 것은 그물로 잡을 수 있고, 헤엄치는 것은 낚시로 잡을 수 있으며, 나는 것은 활을 쏘아 잡을 수 있다. 용에 대해서는 내가 알 수 없으니, 바람과 구름을 타고 하늘에 오른다. 내가 오늘 노자를 보았는데, 마치 용과도 같구나!" 노자는 도와 덕을 닦았는데, 배움에 있어 스스로 숨기고 드러내지 않음에 힘썼다. 오랫동안 주나라에 있었지만, 주나라가 쇠해지는 것을 보고는, 이에 마침내 떠났다. 관(함곡관)에 이르러, 관지기 윤희가 말했다: "선생께서 장차 은둔하려 하시니, 어렵지만 저를 위해 저서를 해주십시오." 그래서 노자는 이에 상, 하편을 저술했고, 도덕의 뜻 오천여 자를 말해주고는 떠났으니, 그 끝(노자가 후에 어떻게 되었는지)을 알 수 없었다.

[史記(사기)] 〈老子韓非列傳(노자한비열전)〉

좀 더 구체적으로 말해서, 증자가 공자에게 예(禮)에 대해서 묻자 공자는 노담(老聃)에게 들은 내용을 인용하면서 설명하고 있다. 따라서 공자는 실제로 노자를 만나 예(禮)를 배웠음을 알 수 있는데, 특히 노자가 공자를 만났을 때는 공자가 당시에 아직 벼슬을 하지 않은 손아래 사람이었음을 짐작할 수 있다.

이어서 [논어] 〈爲政(위정)〉 편에 나와 있는 다음의 기록을 살펴보기로 하자.

2 – 3

子曰: "道之以政, 齊之以刑, 民免而無恥。道之以德, 齊之以禮, 有恥且格。"

자왈: "도지이정, 제지이형, 민면이무치. 도지이덕, 제지이례, 유치차격."

【미언】 공자가 이르시기를: "그들을 다스림에 구실로 하고, 그들을 다스림에 형벌로 하면, 백성이 피하려고만 들지 부끄럼은 없어진다. 그들

을 다스림에 덕으로 하고, 그들을 다스림에 예로 하면, 부끄럼이 있게 되고 또한 바로잡게 된다."

【대의】 공자가 이르시기를: "천자에게서 받은 법도로 백성을 다스려야 하는 것이 도리인데, 이제 그 법도를 버리고 형벌로 다스리려 하면, 백성이 오로지 그 형벌에만 마음을 둘 것이니, 어찌 윗사람을 공경하고 자신의 본업을 지키겠는가? 형벌이라는 것은 당시 나라의 혼란스러움을 제압하는 임시방편일 따름이다. 따라서 그들을 다스림에 온갖 세납 즉 조세와 노역 및 부역으로 하고, 그들을 다스림에 형벌로 하면, 백성이 조세와 형벌을 피하려고만 들지 잘못한 행위에 대한 부끄럼은 없어진다. 하지만 그들을 덕(성인들이 행한 강함과 부드러움의 통치법을 조화롭게 실천하려는 절개와 지조)과 예(조화로움을 위한 절제와 통제)로 다스리면, 백성은 부끄럼이 있게 되고 또한 그들의 마음을 바로잡게 된다."

이에 대해서는, 먼저 [左傳(좌전)] 〈昭公(소공) 29년〉의 기록을 살펴볼 필요가 있다. 진(晉)나라 조앙(趙鞅)과 순인(荀寅)은 임금 범선자(范宣子)가 지은 형법(刑法)을 큰 솥에 새겨서, 이제 진나라가 형벌로 통치하는 국가가 되었음을 선포했다. 그러자 공자는 "진나라가 법도를 잃었으니, 곧 망할 것이다. 천자에게서 받은 법도로 백성을 다스려야 하는 것이 도리인데, 이제 그 법도를 버리고 형벌로 다스리려 하면, 백성이 오로지 그 형벌에만 마음을 둘 것이니, 어찌 윗사람을 공경하고 자신의 본업을 지키겠는가? 범선자의 형법은 당시 나라의 혼란스러움을 제압하는 임시방편이었을 따름이다."라고 비판했다.

이처럼 공자는 백성을 형벌로 다스리는 것에 대해서 반대의 입장을 표명하고 있는데, 실제로 진(晉)나라는 공자의 예언대로 결국 망해서 전국(戰

國)시대에 한(韓)나라와 위(魏)나라 그리고 조(趙)나라로 분할되게 된다. 다시 말해서 전국시대는 칠웅(七雄), 즉 7개의 나라가 할거(割據)한 국면을 일컫는데, 진(秦) 초(楚) 제(齊) 연(燕) 한(韓) 위(魏) 조(趙)나라가 그것이다. 이 중 한(韓) 위(魏) 조(趙)나라는 진(晉)나라에서 분할된 나라이기 때문에, 삼진(三晉)이라고도 일컫는다. 그리고 이러한 군웅할거(群雄割據)의 국면을 끝내고 최초의 통일국가를 이룩한 나라는, 다름 아닌 시황제(始皇帝)의 진(秦)나라이다.

이제 이와 관련하여, 또 다음의 기록을 살펴보기로 하자.

> 是故君子之行禮也, 不可不慎也。衆之紀也, 紀散而衆亂。
>
> 이 때문에 군자의 예를 행함은, 삼가지 않을 수 없다. (예는) 여러 사람의 규율이니, 규율이 흩어지면 여러 사람이 무도해진다.
>
> [禮記(예기)] 〈禮器(예기)〉

즉 예(禮)라는 것은 덕치(德治)의 뼈대가 된다고 판단했기 때문에, 공자는 이러한 예(禮)를 다스리는 통치도리로 여겼던 것이다. 그렇다면 공자는 통치에 있어서 왜 그토록 예(禮)를 강조하고 있는 것일까? 여기에서 다시 한 번 강조하지만, 공자가 추구한 것은 무위자연의 대동사회가 아니라, 예악제도를 통하여 지도자가 먼저 솔선수범하여 모범을 보이고, 나아가 백성을 절제하고 통제하는 소강사회에 있기 때문인 것이다.

14. 검(儉): 검소함

이처럼 공자가 평생을 숭상한 소강사회의 통치이념인 인도(人道)는, 내용이 되는 인의(仁義)와 형식이 되는 예악(禮樂)을 주요골자로 삼는다. 하지만 이것만으로 도(道)가 완성될 수는 없으니, 이제부터 또 다른 구성 요소에 대해서 살펴보기로 하자. 먼저 [논어] 〈學而(학이)〉편에는 다음과 같은 기록이 남아 있다.

1 – 10

子禽問於子貢曰: "夫子至於是邦也, 必聞其政。求之與? 抑與之與?" 子貢曰: "夫子溫良恭儉讓以得之。夫子之求之也, 其諸異乎人之求之與。"

자금문어자공왈: "부자지어시방야, 필문기정. 구지여? 억여지여?" 자공왈: "부자온량공검양이득지. 부자지구지야, 기저이호인지구지여."

【미언】 자금이 자공에게 묻기를: "스승께서 이 나라에 이르시면, 반드시 그 나라의 다스림에 대해서 들으십니다. 그것을 구하신 것입니까? 또는 그것을 준 것입니까?" 자공이 대답하기를: "스승께서는 온화하고도 순량한 성품 공손함과 검소함 그리고 겸손함으로 그것을 얻으셨소. 스승께서 그것을 구하신 것은, 다른 이들이 그것을 구하는 것과는 다른 것이오."

【대의】 자금이 자공에게 묻기를: "스승께서는 그 나라에 이르시면, 반드시 그 나라의 다스림에 대해서 듣게 되십니다. 이는 직접 물어서 들으신 것입니까? 아니면 묻지 않으셨는데도 그 나라에서 일러준 것입니까?" 자공이 대답하기를: "일반적으로 말해서, 어떠한 소식이나 정보를 알게 된다는 것은 본인이 가서 묻거나 혹은 누군가 알려주는 행위를 통해서 이루어지오. 하지만 스승께서는 온화하고도 순량한 성품 공손함과 검소함 그리고 겸손함으로 그것을 얻으셨으니, 이는 옛 성인들이 도를 파악하여 세상의 이치를 이해하고 나아가 예측하는 것과 같은 도리인 것이오. 그러므로 스승께서 아시는 것은 다른 이들이 알게 되는 것과는 근본적으로 다른 방법이라고 할 수 있소."

이 구절의 뜻은 공자가 온화하고도 순량한 성품과 공손함 겸손함 그리고 검소함의 자세로 세상을 바라보았기 때문에, 누구보다도 한 나라의 정황을 객관적으로 파악할 수 있었다는 것이다. 따라서 검(儉)은 자기 자신을 객관적이고도 공정하게 하는 중요한 도(道)의 구성요소가 되는 것이다.

또 [논어] 〈八佾(팔일)〉 편에는 다음의 기록이 있다.

3 - 4

林放問禮之本。子曰: "大哉, 問! 禮, 與其奢也, 寧儉。喪, 與其易也, 寧戚。"

임방문예지본. 자왈: "대재, 문! 예, 여기사야, 영검. 상, 여기이야, 영척."

【미언】 임방이 예의 근본을 물었다. 공자가 이르시기를: "크구나, 물음이여! 예는 사치하느니, 차라리 검소한 것이다. 상을 치름은 마음을 편안히 하느니, 차라리 슬퍼하는 것이다."

【대의】 노나라의 대부(大夫) 임방이 예(조화로움을 위한 절제와 통제)의 근본에 대해서 물었다. 공자가 이르시기를: "참으로 심오한 질문이다. 예는 조화로움을 위해서 절제하고 통제하는 것이므로, 화려하기보다는 소박해야 한다. 특히 예의 하나인 상례(喪禮)는 형식이기는 하지만, 진심을 다해서 정성껏 하지 않으면 안 되는 것이다."

공자는 예(禮)라는 것이 비록 도(道)의 형식이기는 하지만 검(儉)이 바탕이 되어야 한다고 강조하고 있으니, 검(儉)은 예(禮)의 필수불가결한 조건이 됨을 알 수 있다. 공자는 또 [논어] 〈述而(술이)〉편에서 다음과 같이 진술하고 있다.

7 – 35

子曰: "奢, 則不孫; 儉, 則固。與其不孫也, 寧固。"

자왈: "사, 즉불손; 검, 즉고. 여기불손야, 영고."

【미언】 공자가 이르시기를: "사치하면, 곧 겸손치 못하고; 검소하면, 곧 평온해진다. 겸손치 못하느니, 차라리 평온해하리라."

【대의】 공자가 이르시기를: "삶이 넉넉해지면 다른 생각이 마음속에 둥지를 틀기 마련이고, 다른 생각이 둥지를 틀기 시작하면, 전념하여 도즉 태평성대의 통치이념을 견지할 수 없기 마련이다. 따라서 나는 부유해져서 겸손치 못하느니, 차라리 옛 성현들과 마찬가지로 검소함을 항상 몸소 실천하면서 평온해하리라."

이 구절의 뜻은 위의 1-10과 긴밀하게 연결되어 있다. 좀 더 구체적으로 말해서 검(儉)은 자기 자신을 객관적이고도 공정하게 하는 중요한 도(道)의 구성요소이다. 이러한 검(儉)을 실천하지 못하면 다른 생각이 둥지를 틀어서 사리사욕을 채우려는 마음이 자리를 잡게 되므로, 결국에는 도(道)에 정진할 수 없게 된다는 것이다. 그리고 이러한 취지는 [논어] 〈子罕(자한)〉편의 다음 구절과도 연결된다.

9 – 26

子曰: "衣敝縕袍, 與衣狐貉者立, 而不恥者, 其由也與。'不忮不求, 何用不臧?'" 子路終身誦之。子曰: "是道也。何足以臧?"

자왈: "의폐온포, 여의호학자립, 이불치자, 기유야여. '불기불구, 하용불장?'" 자로종신송지. 자왈: "시도야, 하족이장?"

【미언】 공자가 이르시기를: "해진 헌솜의 도포를 입고, 여우와 담비를 입은 이와 같이 서지만 부끄러워하지 않는 이, 그것은 유이다. '질투하지 않고 탐하지 않으면, 어찌 착하지 않겠는가?'라고 했다." 자로는 죽을 때까지 외우고 다녔다. 공자가 이르시기를: "이것은 바탕이다. 어찌 좋아하기에 충분하겠는가?"

【대의】 공자가 이르시기를: "해진 헌솜의 도포를 입고, 여우와 담비의 털로 만든 갖옷을 입은 이와 같이 서지만 부끄러워하지 않는 이는, 자로일 것이다. [시경]에 이르기를: '남의 부귀를 질투하지 않고 남의 부귀를 탐하지 않으면, 어찌 착하지 않겠는가?'라고 했다." 그러자 자로는 이 말을 죽을 때까지 외우고 다녔다. 이에 공자가 이르시기를: "이것은 도의 기본

에 불과하다. 기본을 갖췄다고 좋아하여 안일하다면, 어찌 계속 나아가 도를 배우고 실천하겠는가?"

바로 여기서 공자의 제자 자로는 검(儉)을 이해하고 실천한 인물이었음을 알 수 있다. 또 자로가 기뻐하여 이 시구를 죽을 때까지 외우고 다니자, 공자는 "이것은 바탕이다. 어찌 좋아하기에 충분하겠는가?"라고 말했는데, 이는 머무르지 말고 계속 나아가라고 채찍질하고 있는 것임을 알 수 있다. 공자는 제자가 움츠리고 사양하면 나아가 힘쓰게 하고, 득의양양(得意揚揚)해하면 움츠리고 사양하게 하는 신축적인 중(中: 한쪽으로 치우치지 않고 공평함)의 교육철학을 몸소 실천하였던 것이다.

그렇다면 지도자의 인성과 리더십에 있어서 왜 검(儉)이 이토록 중요한 것인가? 이와 관련하여서는 [논어] 〈先進(선진)〉편의 다음 기록을 살펴보기로 하자.

11 – 13

魯人爲長府。閔子騫曰: "仍舊貫, 如之何? 何必改作?" 子曰: "夫人不言, 言必有中。"

노인위장부. 민자건왈: "잉구관, 여지하? 하필개작?" 자왈: "부인불언, 언필유중."

【미언】 노나라 사람이 장부라는 창고를 만들었다. 민자건이 말하기를: "옛 것을 그대로 쓰면, 어떠한가? 굳이 고쳐져야 하는가?" 공자가 이르시기를: "이 사람은 말을 하지 않지만, 말을 하면 반드시 정곡을 찌른다."

【대의】 노나라 사람이 장부라는 창고를 다시 만들었다. 민자건이 말

하기를: "그대로 써도 되는데 굳이 새로 만듦으로써 나라의 재산을 낭비할 필요가 있겠는가?" 공자가 이르시기를: "민자건은 도의 중요한 구성요소인 불언(不言), 즉 말을 함부로 하지 않는 것을 실천하는 인물인데, 이제 도의 또 다른 구성요소인 검(儉), 즉 검소함을 일깨우고 있으니 참으로 덕을 몸소 실천하는 인물이다."

이 말은 검(儉)과 덕(德)의 관계에 대해서 언급한 것이니, 결국 지도자가 덕치(德治)를 행하기 위해서는 검소함을 몸소 실천해야 한다는 것이다. 주지하다시피 행정에 필요한 모든 비용은 백성이 납부한 세금으로 충당한다. 그런데 이러한 세금을 백성의 삶과 직결되지 않는 곳에 함부로 낭비한다면, 어찌 훌륭한 지도자라고 할 수 있다는 말인가?

이제 다음의 두 기록을 살펴보면, 공자가 왜 검(儉)을 강조하고 있는지 이해할 수 있을 것이다.

> 帝堯陶唐氏, 伊祈姓, 或曰名放勛, 帝嚳子也。其仁如天, 其知如神, 就之如日, 望之如雲, 以火德王, 都平陽, 茅茨不剪, 土階三等。
>
> 제요 도당씨는 이기가 성인데, 혹자가 말하기를 이름은 방훈이라 하니, 제곡의 아들이다. 그 인자함은 하늘과 같았고, 그 지혜로움은 귀신과 같아서, 따르기를 마치 해같이 하고, 우러르기를 마치 구름같이 하였으니, 불의 덕으로 임금이 되고 평양을 도읍으로 하여, 지붕을 이는 짚을 자르지 않고, 흙 계단은 세 단이었다.
>
> [十八史略(십팔사략)] 〈五帝篇(오제편)〉

한 나라의 지도자가 자신이 거처하는 건물의 지붕에 올려진 짚을 자르지 않았다는 것은 남에게 아름답게 보이려는 화려함을 추구하지 않는 소박함을 뜻하고, 흙 계단을 겨우 세 단만 설치하였다는 것은 검소함과 더불어 자신을 낮추는 겸손함을 갖췄다는 뜻이다.

> 觀于華, 華封人曰: 噫, 請祝聖人, 使聖人壽富多男子。堯曰: 辭, 多男子則多懼, 富則多事, 壽則多辱。
>
> 화 지역을 살피니, 화의 봉인(수령)이 말했다: 아, 성인을 축복하나니, 성인께서 장수하고 부유하며 아들이 많기를 바랍니다. 요임금이 말했다: 사양하겠소. 아들이 많으면 곧 두려워할 일이 많고, 부유하면 곧 일이 많으며, 장수하면 곧 욕된 일이 많소.
>
> [十八史略(십팔사략)] 〈五帝篇(오제편)〉

따라서 공자의 도(道)는 인도(人道), 즉 소강사회의 도리이지만 이는 천도(天道), 즉 대동사회에서부터 존재했던 도리를 오롯이 계승하고 있는 것임을 다시 한 번 확인할 수 있다.

15. 겸(謙): 겸손함

[논어] 〈公冶長(공야장)〉편에는 다음의 기록이 있다.

5 – 5

子使漆雕開仕。對曰: "吾斯之未能信。" 子說。

자사칠조개사. 대왈: "오사지미능신." 자열.

【미언】 공자가 칠조개로 하여금 벼슬을 하게 하였다. (칠조개가) 대답하여 말하기를: "제가 이것을 맡을 수 없습니다." 공자께서 기뻐하셨다.

【대의】 공자가 칠조개로 하여금 벼슬을 하게 하였다. 칠조개가 대답하여 말하기를: "제가 아직 능력이 부족하여 벼슬을 맡을 수 없습니다." 그러자 공자는 삼 년을 배우고도 벼슬을 하려고 애쓰지 않는 것은 쉬운 일이 아닌데, 칠조개는 자기 자신이 부족하다고 여기고 항상 삼가여 배우려고 노력하는 겸손한 자세를 잃지 않는다고 여겨 기뻐하셨다.

이처럼 겸(謙)은 지도자가 갖춰야 할 중요한 자세이니, 역시 도(道)의 구성요소 중 하나가 된다. 따라서 공자는 [논어] 〈雍也(옹야)〉편에서도 역시 겸손한 모습을 보인 맹지반을 칭찬한다.

6 – 13

子曰: "孟之反不伐。奔而殿, 將入門, 策其馬, 曰: "非敢後也, 馬不進也。"

자왈: "맹지반불벌. 분이전, 장입문, 책기마, 왈: '비감후야, 마부진야.'"

【미언】 공자가 이르시기를: "맹지반은 자랑하지 않는다. 패전하여 도망갈 때 후군이었다가, 성문을 들어가려 할 때, 그 말을 채찍질하며, 말하기를: '감히 뒤쳐진 것이 아니라, 말이 나아가지 않은 것이다.'"

【대의】 공자가 이르시기를: "맹지반은 자기의 공로를 결코 자랑하지 않는다. 패전하여 도망갈 때 퇴각군의 후미에 쳐져 쫓아오는 적군들을 상대하다가, 성문을 들어가려 할 때, 그 말을 채찍질하며, 말하기를: '감히 뒤쳐진 것이 아니라, 말이 나아가지 않은 것이다.'"

*맹지반은 노나라 대부 맹측(孟側)인데, 자(字)가 지반이기 때문에 맹지반이라고도 칭한다. 이제 [左傳(좌전)] 〈哀公(애공) 11년〉의 기록을 통해서, 본문의 함의가 무엇인지 좀 더 구체적으로 살펴보자. 노(魯)나라와 제(齊)나라가 교외에서 전쟁을 했고, 좌군(左軍)을 이끌던 염구는 승리를 거뒀다. 그런데 노나라의 우군(右軍)은 오히려 도망을 갔고, 제나라 군사들이 노나라 군사들을 추격하게 되었다. 이때 우군에 있던 장수 맹지반은 일부로 뒤쳐져서 제나라 군대의 추격을 뿌리침으로써, 자신의 부하들을 보호한 것이다. 따라서 공자가 맹지반을 칭송한 이유는, 그가 도(道)의 또 다른

구성요소, 즉 자기의 공로를 스스로 떠벌리지 않는 겸손함을 갖췄기 때문이었다.

이러한 겸(謙)은 특히 자기를 드러내지 않고 나아가 자리에 연연해하지 않는 자세와도 상통하는데, 이러한 자세는 [논어] 〈述而(술이)〉 편의 다음 기록에서도 여실히 드러난다.

7 – 10

子謂顔淵曰: "用之, 則行; 舍之, 則藏。惟我與爾有是夫。"

자위안연왈: "용지, 즉행; 사지, 즉장. 유아여이유시부."

【미언】 공자가 안연에게 이르시기를: "등용되면, 곧 행하고; 버리면, 곧 간직하는 것이다. 오직 나와 너만이 이렇게 함이 있다."

본문과 관련하여, 먼저 다음의 기록을 살펴보자.

> 君子素其位而行, 不願乎其外。
>
> 군자는 그 처한 자리에서 정성을 다해 행동하고, 처한 자리 이외의 것을 바라지 않는다. [禮記(예기)] 〈中庸(중용)〉

즉 이 말은 자신에게 주어진 직위에 사심 없이 최선을 다하고, 그 직위에 집착하거나 연연해하지 말고 때가 되면 물러나야 하며, 그 직위에 있지 않으면 그 일에 대해 관여하지 말아야 함을 강조하는 것이다. 반면에 안연 즉 안회(顔回)를 제외한 대다수 공자의 제자들은 어떠했는가? 그들은 하나

같이 세상에 나아가 벼슬하는 것, 즉 오늘날의 출세를 목표로 삼았으니, 공자가 이와 같이 말한 것도 무리는 아니었으리라.

이제 다음의 기록을 통해서 왜 지도자가 겸(謙)의 자세를 갖춰야 하는지 이해해보기로 하자.

> 三旬, 苗民逆命。益贊于禹曰: "惟德動天, 無遠弗屆。滿招損, 謙受益, 時乃天道。帝初于歷山, 往于田, 日號泣于旻天, 于父母, 負罪引慝。祗載見瞽叟, 夔夔齋栗, 瞽亦允若。至誠感神, 矧茲有苗。" 禹拜昌言曰: "兪!" 班師振旅。帝乃誕敷文德, 舞干羽于兩階, 七旬, 有苗格。
>
> 삼십 일 동안, 묘족이 명을 거역했다. 익이 우를 도와 말했다: "오직 덕만이 하늘을 움직이니, 먼 곳이라도 굴복합니다. 자만은 손해를 부르고, 겸손은 이익을 받으니, 늘 이와 같은 하늘의 도리입니다. (순)임금께서는 처음 역산에서 밭에 나가셨을 때, 매일 하늘과 부모에게 울부짖으시며, 죄를 스스로 짊어지고 사특함을 이끌었습니다(모든 죄를 자기 탓으로 돌렸습니다). 고수를 공경하여 받들고, 조심하고 재계하여 삼가시니, 고수 역시 진실로 따르게 되었습니다. 지극한 정성은 귀신을 감동시키니, 하물며 이 묘족이야." 우는 훌륭한 말에 절하며 말했다: "그렇습니다!" 군사를 돌려 제사를 바로잡았다. (순)임금은 이에 위엄과 덕망을 넓게 펴고, 두 섬돌에서 방패춤(武舞)과 깃털춤(文舞)을 추시니, 칠십 일이 지나 묘족들이 감복했다.
>
> [尙書(상서)] 〈大禹謨(대우모)

자신이 세운 공로를 스스로 밝히면, 그 말을 들은 사람들은 앞에서 칭찬하지만 뒤돌아서서는 험담한다. 반면에 타인의 입을 통해서 자신의 공로가 밝혀지면, 그 공로는 두 배가 되어 자기 스스로에게 돌아온다.

16. 강(剛): 사리사욕을 탐하지 않는 강직함

[논어] 〈公冶長(공야장)〉 편에는 다음과 같은 내용이 있다.

5 – 10

子曰: "吾未見剛者。" 或對曰: "申棖。" 子曰: "棖也慾, 焉得剛?"

자왈: "오미현강자." 혹대왈: "신장." 자왈: "장야욕, 언득강?"

【미언】 공자가 이르시기를: "나는 강직한 이를 만나보지 못했다." 어떤 이가 대답하기를: "신장입니다." 공자가 이르시기를: "신장은 탐욕스러우니, 어찌 강직하다고 하겠는가?"

【대의】 공자가 이르시기를: "나는 강직한 이를 만나보지 못했다." 어떤 이가 대답하기를: "제자인 신장이 강직합니다." 공자가 이르시기를: "신장은 사사로운 탐욕을 부리는데, 어찌 강직하다고 하겠는가?"

신장은 자(字)가 주(周)라는 설이 있다. [史記(사기)]의 〈仲尼弟子列傳(중니제자열전)〉에 따르면, 신당(申黨)이라는 인물의 자(字)가 주(周)였다고 한다. 따라서 신장은 다름 아닌 공자의 제자인 신당이었음을 추측할 수 있는데, 이 인물에 대해서는 좀 더 명확한 고증이 필요할 것이다.

윗글의 내용을 정리해보면 **강(剛)**의 의미가 명확하게 드러나는데, 이는 다름 아닌 **마음이 굳세어 사사로운 탐욕을 부리지 않음**을 뜻하는 것이다. 따라서 공자는 [논어] 〈子罕(자한)〉편에서도 다음과 같이 강(剛), 즉 강직함의 중요성을 역설하고 있다.

9 – 25

子曰: "三軍, 可奪帥也; 匹夫, 不可奪志也。"

자왈: "삼군, 가탈수야; 필부, 불가탈지야."

【미언】 공자가 이르시기를: "주나라의 세력이 큰 제후가 출병시킨 상군 중군 하군의 삼군에게서, 장수를 빼앗을 수 있지만; 필부에게서 뜻을 빼앗을 수 없다."

【대의】 공자가 이르시기를: "차라리 규모가 큰 군대의 우두머리 장수를 빼앗아오는 것이 쉽지, 일개 보잘것없는 사내라도 마음이 굳세어 사사로운 탐욕을 부리지 않는 강(剛)의 굳은 의지를 꺾는 것은 참으로 어려운 것이다."

그런데 공자는 [논어] 〈子路(자로)〉편에서 또 다음과 같이 설명하고 있다.

13 – 27

子曰: "剛毅木訥, 近仁。"

자왈: "강의목눌, 근인."

【미언】 공자가 이르시기를: "의지가 굳음, 용기가 있음, 꾸밈이 없는 질박함, 말을 함부로 하지 않음은 어짊에 근접한다."

【대의】 공자가 이르시기를: "강(剛: 마음이 굳세어 사사로운 탐욕을 부리지 않음)과 의(毅)=용(勇: 각자의 서열에서 마땅히 지켜야 할 바를 목숨을 걸고 지키는 의로움을 몸소 실천하는 것) 그리고 목(木)=박(樸: 꾸밈이 없이 질박함)과 불언(不言: 말을 신중하게 하는 것)을 지키면, 어짊(자기의 군주를 진심으로 섬기고 따름)을 행할 수 있을 것이다."

이처럼 공자는 강(剛)이 인(仁)을 실천하는 데 있어서 빠질 수 없는 요소라고 설명하고 있으니, 강(剛) 역시 도(道)를 구성하는 중요한 요소임을 확인할 수 있다. 그런데 앞에서 설명한 바 있듯이, 인(仁)과 의(義)는 반드시 함께 해야만이 조화를 이루게 된다. 그렇다면 공자는 왜 유독 여기서는 의(義)에 대해서 언급하지 않은 것일까? 이는 의(毅)=용(勇)이 바로 의(義)를 몸소 실천하는 것이기 때문에, 굳이 별도로 언급하지 않고 생략한 것임을 알 수 있을 것이다.

이제 강(剛)과 관련하여 다음의 기록을 살펴보면, 강(剛)의 중요성에 대해서 이해할 수 있을 것이다.

舜曰: "然。以夔爲典樂, 教稚子, 直而溫, 寬而栗, 剛而毋虐, 簡而毋傲; 詩言意, 歌長言, 聲依永, 律和聲, 八音能諧, 毋相奪倫, 神人以和。"

순임금이 말했다: "그렇소. 기를 전악으로 삼을 것이니, 자제들을 가르침에 곧으면서도 온화하고, 관대하면서도 엄숙하며, 강건하면서도 포악해서는 안 되고, 간략하되 오만해서는 안 되니 시는 생각을 말하는 것이고, 노래는 말씀을 길게 늘인 것이며, 소리는 읊는 것을 따르는 것이고, 음률은 소리를 조화롭게 하는 것으로, 팔음이 어울릴 수 있게 하여, 서로의 차례를 빼앗지 말아야 귀신과 사람이 그럼으로써 화합할 것이오."

[史記(사기)] 〈五帝本紀(오제본기)〉

물론 공자는 엄격함과 더불어서 부드러움이 조화를 이뤄야 한다고 강조하고 있으니, 강(剛)을 위한 강(剛)은 대단히 위험하다. 따라서 강(剛)을 보완하는 부드러움이 함께 공존해야 하니, 이 점에 대해서는 뒤에서 보다 구체적으로 설명하기로 한다.

17. 직(直): 공정하게 판단하는 올곧음

[논어] 〈爲政(위정)〉 편에는 다음의 기록이 있다.

2 - 19

哀公問曰: "何爲, 則民服?" 孔子對曰: "擧直錯諸枉, 則民服; 擧枉錯諸直, 則民不服。"

애공문왈: "하위, 즉민복?" 공자대왈: "거직착저왕, 즉민복; 거왕착저직, 즉민불복."

【미언】 애공이 물어 말하기를: "어찌하면, 곧 백성이 복종하겠습니까?" 공자가 대답하여 말하길: "정직한 이를 등용하여 정직하지 못한 이에 섞으면, 곧 백성이 복종할 것이고; 정직하지 못한 이를 등용하여 정직한 이에 섞으면, 곧 백성이 복종하지 않습니다."

【대의】 애공이 물어 말하기를: "어찌하면, 곧 백성이 복종하겠습니까?" 공자가 대답하여 말하길: "올곧은 이를 등용하여 올곧지 못한 이를 바로잡으면, 곧 백성이 지도자의 선함에 감동하여 복종할 것이고; 올곧지 못한 이를 등용함으로써 올곧은 이가 묻히게 하면, 곧 백성은 지도자를 신뢰하지 않기 때문에 복종하지 않습니다."

공자에게 있어 직(直)이란 어떤 의미를 지니고 있을까? 이를 이해하기 위해서는, [左傳(좌전)] 〈昭公(소공) 14년〉의 기록을 살펴볼 필요가 있다. 진(晉)나라의 형후(邢侯)와 옹자(雍子)가 축(鄐) 지역을 가지려고 오랫동안 다퉜는데, 이 일은 본래 사경백(士景伯)이 판단해야 할 업무였지만, 마침 다른 일 때문에 초(楚)나라로 가느라 자리를 비웠다. 이에 한선자(韓宣子)의 명으로 숙어(叔魚)가 대리로 그 일을 판단했는데, 사실 잘못은 옹자가 했지만 옹자가 뇌물로 그의 딸을 숙어에게 바치자 숙어는 잘못을 형후에게 덮어 씌웠고, 결국 형후는 분노하여 숙어와 옹자를 모두 조정에서 죽이게 된다. 한선자가 숙향(叔向)에게 누구의 잘못이냐고 묻자, 숙향은 "옹자는 자신의 잘못을 알면서도 뇌물로 속였고, 숙어는 공정해야 할 소송을 거래하는 물건으로 여겼으며, 형후는 사람을 함부로 죽였는데, [夏書(하서)]에 잘못을 미화하는 혼(昏)과 뇌물을 받아 관료의 권위를 더럽히는 묵(墨) 그리고 함부로 사람을 죽이는 적(賊)은 모두 죽인다고 되어 있으니, 세 사람의 죄는 같습니다."라고 대답했다. 이 일에 대해서, 공자는 숙향이 숙어의 친형인데도 사사로운 정에 얽매이지 않고 공정하게 판단함으로써 옛날의 올곧음을 따랐으니 의로운 사람이었다고 평가하고 있다. 바로 여기서 직(直)이란 **사사로운 정에 얽매이지 않고 공정하게 판단하는 것**임을 알 수 있다.

그렇다면 공자는 어떠한 취지에서 "정직한 이를 등용하여 정직하지 못한 이에 섞으면, 곧 백성이 복종할 것이고; 정직하지 못한 이를 등용하여 정직한 이에 섞으면, 곧 백성이 복종하지 않습니다."라고 말한 것일까? 이와 관련하여서는 다음의 기록을 살펴보도록 하자.

> 堯舜帥天下以仁, 而民從之; 桀紂帥天下以暴, 而民從之。其所令反其所好, 而民不從。

요순이 세상을 거느림에 어짊으로 하니, 백성이 따르고; 걸주가 세상을 거느림에 포악함으로 하니, 백성이 따랐다. 명령하는 바가 좋아하는 바에 반하면, 백성이 따르지 않는다. [禮記(예기)] 〈大學(대학)〉

요순임금이 덕(德)으로 다스리자 백성이 덕(德)을 갖췄고, 걸주가 포악함으로 다스리자 백성이 포악해졌다. 이는 백성은 민초(民草)이기 때문에 그만큼 지도자의 행실이 중요하다는 것을 나타내는데, 좀 더 구체적으로 풀어서 설명하자면 다음과 같다. "최고통치자인 임금이 올곧은 신하를 등용했다는 것은 결국 임금이 올바르게 통치를 하겠다는 의중을 보이는 것이니, 나머지 신하들 역시 이에 삼가여 정치에 임하게 될 것이고, 또 그렇게 되면 백성이 지도자의 선함에 감동하여 복종할 것이다. 반면에 올곧지 못한 신하를 등용했다는 것은 결국 임금이 올바른 통치를 하지 않겠다는 의지를 표명하는 것이니, 이에 올곧은 신하들은 묻히고 나머지 신하들 역시 이에 부패하게 될 것이다. 또 그렇게 되면 백성은 지도자를 신뢰하지 않기 때문에 복종하지 않게 되는 것이다."

그리고 이러한 취지는 [논어] 〈顔淵(안연)〉 편의 다음 기록에서도 오롯이 드러나고 있다.

12 - 22

問知。子曰: "知人。" 樊遲未達。子曰: "擧直錯諸枉, 能使枉者直。" 樊遲退, 見子夏曰: "鄕也吾見於夫子而問知, 子曰: '擧直錯諸枉, 能使枉者直。' 何謂也?" 子夏曰: "富哉, 言乎! 舜有天下, 選於衆, 擧皐陶, 不仁者遠矣。湯有天下, 選於衆, 擧伊尹, 不仁者遠矣。"

번지문인. 자왈: "애인." 문지. 자왈: "지인." 번지미달. 자왈: "거직착저왕, 능사왕자직." 번지퇴, 현자하왈: "향야오현어부자이문지, 자왈: '거직착저왕, 능사왕자직.' 하위야?" 자하왈: "부재, 언호! 순유천하, 선어중, 거고도, 불인자원의. 탕유천하, 선어중, 거이윤, 불인자원의."

【미언】 (번지가) 앎에 대해 물었다. 공자가 이르시기를: "타인을 아는 것이다." 번지가 깨닫지 못했다. 공자가 이르시기를: "곧은 이를 뽑아 굽은 이에 섞으면, 굽은 이를 곧게 할 수 있다." 번지가 물러나, 자하를 만나 말하기를: "방금 내가 스승을 뵙고 앎에 대해 물었는데, 스승께서 말씀하시기를: '곧은 이를 뽑아 굽은 이에 섞으면, 굽은 이를 곧게 할 수 있다' 고 하셨습니다. 그게 무슨 뜻입니까?" 자하가 말하기를: "풍부하구나, 말씀이여! 순임금이 천하를 가지심에, 많은 사람 중에서 선발하여 고요를 등용하자, 어질지 못한 사람들이 멀어졌습니다. 탕임금이 천하를 가지심에, 많은 사람 중에서 선발하여 이윤을 등용하자, 어질지 못한 사람들이 멀어졌습니다."

【대의】 번지가 앎이란 무엇인지 물었다. 공자가 이르시기를: "지혜로움으로, 올바른 인재를 선발하는 것이다." 하지만 번지는 그 말뜻을 깨닫지 못했다. 그러자 공자가 보충하여 설명하시기를: "직(直) 즉 사사로

운 정에 얽매이지 않고 공정하게 판단하는 인재를 등용하면, 다른 관료들도 따라서 그렇게 된다." 번지가 물러나, 자하를 만나 말하기를: "방금 내가 스승을 뵙고 앎에 대해 물었는데, 스승께서 말씀하시기를: '직(直) 즉 사사로운 정에 얽매이지 않고 공정하게 판단하는 인재를 등용하면, 다른 관료들도 따라서 그렇게 된다.'고 하셨습니다. 도대체 그게 무슨 뜻입니까?" 자하가 말하기를: "심오하구나, 스승의 말씀이! 순임금이 많은 사람 중에서 고요를 선발하여 등용하자, 어질지 못한 사람들이 감히 조정에 발을 붙이지 못했습니다. 또 은나라의 탕임금이 많은 사람 중에서 이윤을 선발하여 등용하자, 어질지 못한 사람들이 감히 조정에 발을 붙이지 못했다는 말씀이십니다."

또한 이 구절을 통해서 막연하게나마 직(直)은 지(知)와도 모종의 관계를 맺고 있음을 알 수 있는데, 이 점에 대해서는 뒤에서 좀 더 구체적으로 논하기로 한다.

이제 [논어] 〈公冶長(공야장)〉 편의 다음 기록을 보면, 직(直)에 대한 개념이 좀 더 명확해진다.

5 – 23

子曰: "孰謂微生高直? 或乞醯焉, 乞諸其鄰而與之。"

자왈: "숙위미생고직? 혹걸혜언, 걸저기린이여지."

【미언】 공자가 이르시기를: "누가 미생고를 바르다고 평하는가? 어떤 이가 식초를 빌려달라고 했더니, 그것을 그 이웃에서 빌려다 주었다."

【대의】 공자가 이르시기를: "누가 미생고를 바르다고 평가하는가? 어떤 이가 식초를 빌려달라고 했더니, 식초를 그 이웃에서 빌려다 주었다. 이는 남의 것을 훔쳐서 마치 자기의 것처럼 속이는 행위이니, 남을 의식한 생색내기에 불과하다. 도움을 못줘서 미안해하지 말고, 없으면 없다고 있는 그대로 말하는 것, 그것이 바로 진정한 올곧음이다."

미생고(微生高)는 노나라 사람으로, 신뢰를 대단히 중시한 인물이라고 전하고 있다. [莊子(장자)] 〈盜跖(도척)〉 편에 "미생이 한 여성과 다리 밑에서 만나기로 기약했는데, 여자는 오지 않고 또 물이 들어차도 가지 않아서 다리 기둥을 붙잡고 죽었다."는 기록이 있는데, 그가 본문의 미생고와 동일인물인지는 명확하지 않다.

이제 상술한 내용을 살펴보면, 이는 사사로운 정에 얽매이지 않고 공정하게 판단하는 것을 뜻하는 올곧음의 직(直)이라는 것이 자기의 능력 안에서 해결 가능할 때 성립되는 것이라는 의미이니, 도움을 못줘서 미안해하지 말고, 없으면 없다고 있는 그대로 말하는 것이 바로 진정한 올곧음이 되는 것이다.

하지만 아무리 원칙이라고 해도, 모든 것에 적용될 수는 없는가보다. 따라서 공자는 [논어] 〈雍也(옹야)〉 편에서 다음과 같이 토로한 바 있다.

6 - 17

子曰: "人之生也直, 罔之生也幸而免。"

자왈: "인지생야직, 망지생야행이면."

【미언】 공자가 이르시기를: "사람의 삶은 올바른 것이니, 그것이 없이 사는 것은 운이 좋아서 모면하는 것이다."

【대의】 공자가 이르시기를: "인생은 올곧게 살아야 하는데, 이러한 올곧음의 직(直)은 사사로운 정에 얽매이지 않고 공정하게 판단하는 것이다. 하지만 길흉화복은 변화가 많아 사람이 함부로 판단할 수 없으니, 새옹지마라고 하지 않더냐? 올곧게 살지 않으면서도 세상에서 살아남는 경우가 있는데, 이는 단순히 운이 좋아서일 뿐이려니. 따라서 설혹 그 결과가 좋지 않더라도 원망하지 말고 더욱더 삼가여 부단히 노력해야 한다."

그런데 다음 [논어] 〈子路(자로)〉편의 기록을 보노라면, 지금까지 파악했던 직(直)의 개념에 무언가가 더 필요한 듯해 보인다.

13 − 18

葉公語孔子曰: "吾黨有直躬者, 其父攘羊而子證之。" 孔子曰: "吾黨之直者, 異於是。父爲子隱, 子爲父隱。直在其中矣。"

섭공어공자왈: "오당유직궁자, 기부양양이자증지." 공자왈: "오당지직자, 이어시. 부위자은, 자위부은. 직재기중의."

【미언】 섭공이 공자에게 말하여 이르기를: "내 고을에 직궁이라는 자가 있는데, 그 아비가 양을 훔치자 아들이 고발했소." 공자가 이르시기를: "제 마을의 곧은 자는, 이에 다릅니다. 아비는 자식을 위하여 숨기고, 자식은 아비를 위하여 숨깁니다. 곧음은 그 가운데 있는 것입니다."

【대의】 초(楚)나라의 섭공이 공자에게 말하여 이르기를: "내가 다스리는 고을에 직궁(直躬)이라는 자가 있는데, 그 아비가 남의 양을 훔치자 아들이 고발했소. 이것이 바로 올곧음이 아니겠소?" 공자가 이르시기를: "제 마을의 곧은 자는 그와 다릅니다. 물론 올곧음(直)이란 사사로운 정에 얽매이지 않고 공정하게 판단하는 것입니다. 하지만 이러한 올곧음은 부모에게 잘못이 있어서 조심스럽게 말씀드려도 따르지 않으시면, 더욱 공경하여 부모의 뜻을 어기지 말아야 하는 효(孝)보다 아래에 있는 하위개념입니다. 왜냐면 효도는 어짊(사회에 나아가 자신의 군주를 진심으로 섬기고 따름)의 출발점이기 때문입니다. 따라서 아비는 자식을 위하여 숨기고, 자식은 아비를 위하여 숨기는 것, 올곧음이란 바로 그 가운데 있는 것입니다."

[莊子(장자)]와 [呂氏春秋(여씨춘추)]에도 직궁이라는 인물에 대한 기록이 보이는데, 그는 초(楚)나라 사람으로 자기 아버지가 남의 집 양을 훔치

는 모습을 보고 고발했다. 앞에서 직(直)은 사사로운 정에 얽매이지 않고 공정하게 판단하는 것이라고 설명한 바 있으니, 섭공의 말은 원칙적으로 공자의 뜻에 위배되지 않는다. 하지만 공자는 뜻밖에도 왜 여기서 아버지와 자식이 서로 잘못하면 그 죄를 숨겨주는 것이 직(直)이라고 말하고 있을까?

[孟子(맹자)] 〈盡心章上(진심장상)〉을 보면, 맹자는 도응(桃應)의 질문에 "만약 순(舜)이 임금일 때 장님인 아버지 고수(瞽叟)가 살인을 저질렀다면, 그는 천하를 헌 짚신 버리듯이 하여 아버지를 업고 바닷가로 달아나 살면서도, 죽을 때까지 즐거워하며 천하를 잊었을 것이다."라고 대답한다. 즉 맹자와 공자의 가치관은 일치하고 있으니, 바로 여기서 공자는 효(孝)가 직(直)보다 더 상위에 있는 개념이라고 설명하는 것이다.

또 직(直)과 관련하여, 다음의 [논어] 〈衛靈公(위령공)〉편 기록도 함께 살펴보기로 하자.

15 - 7

子曰: "直哉, 史魚! 邦有道如矢, 邦無道如矢。君子哉, 蘧伯玉! 邦有道, 則仕; 邦無道, 則可卷而懷之。"

자왈: "직재, 사어! 방유도여시, 방무도여시. 군자재, 거백옥! 방유도, 즉사, 방무도, 즉가권이회지."

【미언】 공자가 이르시기를: "곧구나, 사어여! 나라에 도가 있을 때에는 화살과 같고, 나라에 도가 없을 때에도 화살과 같도다. 군자로다, 거백옥이여! 나라에 도가 있으면, 곧 벼슬을 하고; 나라에 도가 없으면, 곧 거두어 품는구나."

【대의】 공자가 이르시기를: "위나라 대부 사어는 사사로운 정에 얽매이지 않고 공정하게 판단하는 인물이다! 지도자가 옛 성현들의 통치이념인 도를 실천하는 인물이건 아니건 상관없이 일관되게 올곧은 자세로 임했도다. 역시 위나라 대부인 거백옥은 도를 배우고 부단히 노력하여 실천하는 올바른 지도자로다! 지도자가 도를 실천하는 인물이면 나아가 벼슬을 하지만, 그렇지 않으면 벼슬을 그만뒀다. 그렇다면 사어와 거백옥의 처세법 중에서 어느 것이 더 나은가? 나는 곧 이들과 달라서 가함도 없고 불가함도 없으니, 사어와 거백옥의 처세법이 모두 나름대로의 설득력을 지니고 있구나."

앞에서 언급했던 위(衛)나라 대부 축타가 바로 사어(史魚)=사추(史鰌)이다. [左傳(좌전)] 〈定公(정공) 13년〉에 따르면, 공숙문자(公叔文子)가 위나라 영공(靈公)을 알현하여 그를 연회에 초대하고, 조정을 나서다가 사어를 만났다. 이때 사어는 "당신은 부유하고 임금은 재물을 탐하니, 임금을 초대한 것은 재앙을 초래하는 일이오."라고 충고했고, 공숙문자는 "아, 내 잘못입니다. 하지만 임금께서 이미 허락하셨으니 어쩌지요?"라고 묻는다. 사어는 이에 "그대는 부유하면서도 삼가여 신하의 도리를 다하고 있으니, 화를 면할 수 있을 것이오. 나는 부유하면서도 교만하지 않은 사람을 단 한 사람 보았는데, 바로 그대이오. 하지만 그대의 아들 수(戍)는 교만하니, 분명히 나라 밖으로 도망갈 일이 생길 것이오."라고 대답했다고 한다.

또 [左傳(좌전)] 〈襄公(양공) 29년〉에는 오(吳)나라 공자(公子) 계찰(季札)이 위나라를 방문하여 사어 등의 인물들을 만나보고는, 위나라에는 군자가 많아서 나라에 환난이 생기지 않을 것이라고 말했다는 기록이 있다.

하지만 무엇보다도 공자가 사어를 올곧다고 말하게 된 계기는 바로 시간(屍諫: 자기를 죽여서 임금에게 간언하는 것) 때문이다. 사어는 영공에게 수차례에 걸쳐 거백옥(蘧伯玉)을 추천하고 미자하(彌子瑕)를 멀리하라고 충언했지만, 영공은 사어의 충언을 받아들이지 않았다. 그 후 사어가 병에 걸려 죽게 되자 아들을 불러서 유언을 했는데, 살아서 임금을 올바로 모시지 못했으므로 자기의 시신을 창가에 내버려두라고 한 것이다. 이 소식을 들은 영공은 크게 깨달아서 거백옥을 등용시키고 미자하를 멀리하게 되었다고 한다. 이 내용은 [좌전]이나 [국어]에 없고 오늘날 위서(僞書)로 알려진 [孔子家語(공자가어)]에 기록되어 있다. 하지만 위나라 영공 때이니만큼 공자가 친히 목도하거나 최소한 당시에 그 소식을 접한 사건일 터이므로, 분명한 사실(史實)로 받아들여도 무방할 것이다.

이제 공자가 사어를 올곧은 인물이라고 평가한 이유에 대해서 살펴보자면, 직(直)은 사사로운 정에 얽매이지 않고 공정하게 판단하는 것이다. 따라서 상술한 내용을 토대로 본문을 살펴보면 그 의미를 이해하는 데 크게 어려움이 없을 것이니, 사어는 지도자가 도(道: 옛 성현들의 통치이념)를 실천하는 인물이건 아니건 상관없이 일관되게 올곧은 자세로 임했다는 말이 되는 것이다.

그렇다면 공자는 앞에서 사어, 즉 축타를 감언이설로 사람들을 기만하는 인물이라고 비판한 바 있는데, 여기서는 왜 또다시 올곧은 인물이라고 칭찬하고 있을까? 이는 공자가 제나라 관중을 언급할 때마다 그 장점과 단점을 분명하게 구분하여 평가한 태도와 무관하지 않을 터이니, 바로 여기서도 사어의 장점과 단점을 분명하게 갈라서 평가한 것임을 알 수 있다.

거백옥(蘧伯玉)에 대한 평가와 관련하여서는, [左傳(좌전)]의 두 기록을 다시 한 번 살펴봐야 한다. 〈襄公(양공) 14년〉에 따르면, 위나라 손문자(孫文子)는 헌공(獻公)이 포악하여 나라를 망치려 한다며 거백옥을 찾아가 상의했다. 그러자 거백옥은 "어찌 신하가 임금에게 무례할 수 있겠습니까? 또 새로운 임금을 세운다고 해서, 지금의 임금보다 낫다는 보장이 있습니까?"라고 말하고는, 그 길로 국경을 벗어났다고 한다. 이어서 〈襄公(양공) 26년〉에 따르면, 손문자에 의해 위나라에서 쫓겨나 제(齊)나라에 머무르던 헌공은, 동생인 자선(子鮮)을 불러 자기가 다시 귀국할 수 있도록 도와달라고 했다. 이에 자선은 영희(甯喜)에게 말하기를, "만약 임금이 귀국하게 된다면 그대가 국정을 맡고, 나는 제사만 맡겠소."라고 제안했다. 영희가 이 말을 다시 거백옥에게 전하자, 거백옥은 "저는 임금이 나가신 것을 들은 적이 없으니, 어찌 들어오시는 것을 들을 수 있겠소?"라고 대답하고는 그 길로 국경을 벗어났다고 한다. 따라서 이제 상술한 내용을 토대로 공자의 거백옥에 대한 평가를 살펴보면, 거백옥은 지도자가 도(道)를 실천하는 인물이면 나아가 벼슬을 하지만, 그렇지 않으면 벼슬을 그만뒀다는 뜻이 됨을 알 수 있다.

그렇다면 공자는 사어와 거백옥의 처세법 중에서 어느 것이 더 낫거나 더 못하다는 비교의 의미로 이 말을 한 것일까? 지금으로서는 사어와 거백옥의 처세법이 모두 나름대로의 타당성을 지니고 있다고 본 것임을 알 수 있는데, 이와 관련하여서는 마지막 부분에서 좀 더 심도 있게 논의하기로 한다.

18. 지(知): 객관적으로 판단하는 지혜로움

앞에서 직(直)이란 사사로운 정에 얽매이지 않고 공정하게 판단하는 것이라고 언급했는데, 상술한 설명을 통해서 직(直)은 사실상 지(知)와도 불가분의 관계를 맺고 있음을 알 수 있다. 따라서 이제 지(知)의 의미에 대해서 살펴보기로 하는데, 먼저 [논어] 〈雍也(옹야)〉편의 기록을 보기로 하자.

6 – 20

樊遲問知。子曰: "務民之義, 敬鬼神而遠之, 可謂知矣。" 問仁。曰: "仁者先難而後獲, 可謂仁矣。"

번지문지. 자왈: "무민지의, 경귀신이원지, 가위지의." 문인. 왈: "인자선난이후획, 가위인의."

【미언】 번지가 지혜에 대해서 물었다. 공자가 이르시기를: "백성의 공적인 것에 힘쓰고 귀신을 공경하되 멀리하면, 지혜롭다고 할 수 있다." (번지가) 어짊에 대해서 물었다. (공자가) 이르시기를: "어진 이는 어려운 일을 이끌고 그러한 후에 얻으니, 어질다고 할 수 있다."

【대의】 번지가 지혜로움에 대해서 물었다. 공자가 이르시기를: "사사로운 이익을 탐하지 않고 오직 백성과 나라를 위한 공익을 꾀하며, 괴이

한 초자연적인 힘에 의탁하지 않는 객관적인 판단력이 있으면 지혜롭다고 할 수 있다." 이어서 번지가 어짊에 대해서 물었다. 그러자 공자가 이르시기를: "먼저 자기의 군주를 진심으로 섬기고 따름으로써 어려운 일을 극복한 후에, 사적인 명예나 공로 등의 이익을 추구하면 어질다고 할 수 있다."

여기서 공자의 **지(知)**는 바로 **사사로운 이익을 탐하지 않고 오직 백성과 나라를 위한 공익을 꾀하며, 초자연적인 힘에 의탁하지 않는 객관적인 판단력**을 뜻하는 것임이 확연하게 드러난다. 다음에 제시하는 [논어] 〈술이(述而)〉와 〈爲政(위정)〉편의 두 기록을 통해서도 그 의미를 다시 한 번 확인할 수 있다.

7 - 20

子不語怪力亂神。

자불어괴력난신.

【미언】 공자는 괴이한 힘과 신령을 어지럽힘에 대해서는 말하지 않으셨다.

【대의】 백성의 공익에 힘쓰고 귀신을 공경하되 의지하지 않으면, 지혜롭다고 할 수 있다. 또 자기 선조의 혼백이 아닌데도 제사지내면, 간특한 것이다. 따라서 공자는 지혜로운 지도자란 사사로운 이익을 탐하지 않고, 오직 백성과 나라를 위한 공익을 꾀하며, 초자연적인 힘에 의탁하지 않는 객관적인 판단력을 지닌 인물이라고 강조하셨다.

2 – 24

子曰: "非其鬼而祭之, 諂也。"

자왈: "비기귀이제지, 첨야."

【미언】 공자가 이르시기를: "그 귀신이 아닌데도 제사지내면, 간특한 것이다."

이 구절의 함의를 이해하기 위해서는, 먼저 다음의 기록을 살펴볼 필요가 있다.

> 氣也者, 神之盛也; 魄也者, 鬼之盛也。合鬼與神, 教之至也。衆生必死, 死必歸土, 此之謂鬼。骨肉斃于下, 陰爲野土; 其氣發揚于上, 爲昭明。焄蒿悽愴 此百物之精也 神之著也。
>
> 기(氣)는 신(神)의 왕성함이고; 백(魄)은 귀(鬼)의 왕성함이다. 귀(鬼)와 신(神)을 합한 것이, 교(教: 가르침)의 지극함이다. 살아 있는 모든 것은 반드시 죽고, 죽으면 반드시 흙으로 돌아가는데, 이를 귀(鬼)라고 한다. 뼈와 살은 아래(흙)로 엎어져서, 음(陰)으로 들판의 흙이 되고; 그 기(氣)는 위로 일어나서 밝고 명확하게 된다. 기운이 서려 올라 오싹해지는 것, 이는 온갖 것의 정기(精氣)이니, 신(神)이 분명히 드러남이다.
>
> [禮記(예기)] 〈祭義(제의)〉

이를 통해서 귀(鬼)는 음(陰)의 흙으로 돌아간 육신(肉身)을, 신(神)은 양(陽)의 하늘로 올라간 혼령을 뜻함을 알 수 있다. 그런데 위에서 이러한 음(땅)과 양(하늘)을 합한 것이 교(教: 가르침)의 지극함이라고 했으니, 이제 다음의 기록을 또 살펴보자.

天命之謂性, 率性之謂道, 修道之謂教。道也者, 不可須臾離也, 可離, 非道也。

하늘이 명한 것을 성이라 하고, 성을 따르는 것을 도(道)라하며, 도를 닦는 것을 교라고 한다. 도라는 것은, 잠시도 떠날 수 없는 것이니, 떠날 수 있다면, 도가 아니다. [禮記(예기)] 〈中庸(중용)〉

따라서 이를 종합해보면 "음(땅)과 양(하늘)을 합한 것이 바로 도를 닦는데 있어 지극한 것"이 되는 것이니, 이러한 음과 양의 화(和: 조화)가 바로 도(道)의 대단히 중요한 구성요소가 됨을 알 수 있다. 따라서 이 음과 양의 조화를 따르는 제사(祭祀)의 목적은 조상들의 뜻을 기리고 따르는 즉 인(仁)에 있으므로, 제사는 도(道)를 완성하는 데 역시 필수불가결한 행위가 된다고 볼 수 있는 것이다. 그런데 공자는 왜 자기의 조상에게 제사를 지내는 것이 아니면 간사하고도 악독한 것이라고 말하고 있을까? 이와 관련하여 또 다음의 기록을 살펴보자.

自少康以來, 歷王杼、王槐、王芒、王泄、王不降、王扃、王廑, 至王孔甲, 好鬼神, 事淫亂, 夏德衰。

소강 이래로, 왕저 왕괴 왕망 왕설 왕불항 왕경 왕근을 거쳐, 왕 공갑에 이르니 귀신을 좋아하고, 음란한 행위를 일삼아 하나라의 덕이 쇠하였다. [十八史略(십팔사략)] 〈夏王朝篇(하왕조편)〉

즉 이 말은 무턱대고 아무 귀신이나 섬기면 오히려 나라가 혼란에 빠지게 된다는 뜻이 된다. 따라서 공자는 여기서도 사사로운 이익을 탐하지 않고 오직 백성과 나라를 위한 공익을 꾀하며 초자연적인 힘에 의탁하지 않는 객관적인 판단력을 지닌 지(知), 즉 지혜로움에 대해서 강조하고 있음을 알 수 있다. 이러한 공자의 이러한 일관된 태도는 다음의 [논어] 〈述而(술이)〉편에서도 드러나고 있다.

7 - 34

子疾病, 子路請禱。子曰: "有諸?" 子路對曰: "有之。誄曰: '禱爾于上下神祇。'" 子曰: "丘之禱, 久矣。"

자질병, 자로청도. 자왈: "유제?" 자로대왈: "유지. 뇌왈: '도이우상하신기.'" 자왈: "구지도, 구의."

【미언】 공자가 병에 걸렸는데 위중해지자, 자로가 기도하기를 청했다. 공자가 이르시기를: "그것이 있느냐?" 자로가 대답하기를: "있습니다. [뇌]에 이르기를: '하늘과 땅의 신에게 너를 기도한다.'라고 했습니다." 공자가 이르시기를: "나의 기도함은 오래 되었다."

【대의】 공자가 병에 걸렸는데 위중해지자, 자로는 스승의 병이 쾌차하도록 기도하고자 했다. 그러자 공자가 이르시기를: "아프면 낫게 해달라고 기도한 사례가 있느냐?" 자로가 대답하기를: "있습니다. 추도문에 이르기를: '하늘과 땅의 신에게 너를 기도한다.'라고 했습니다." 공자가 이르시기를: "자로 네가 추도문의 뜻을 오해하고 있으니, 기도는 개인적인 일로 비는 것이 아니다. 네가 말한 추도문의 의미대로라면, 나는 이미 나 자신으로 말미암아 세상에 도가 펼쳐질 수 있기를 항상 기도해왔다."

뇌(誄)가 특정한 문장이나 서적을 의미하는 고유명사인지, 아니면 뇌사(誄詞), 즉 생전의 공덕을 칭송하며 죽은 이를 애도하는 일반적인 추도문인지는 명확하지 않다. 다만 [左傳(좌전)] 〈哀公(애공) 16년〉을 보면, 공자가 죽었을 때 애공이 공자를 애도했다는 뜻으로 뇌(誄)를 쓴 것으로 보아, 현재로서는 후자일 가능성이 더 높다고 할 수 있다.

아무튼 공자는 이 구절을 통해서 기도라는 것이 개인적인 일로 비는 것이 아님을 강조하고 있다. 특히 그가 개인의 사적인 안위가 아니라 오직 백성과 나라의 공적인 안위를 걱정하고 생각한 인물이었음을 분명히 확인할 수 있다.

19. 호학(好學)과 불호학(不好學)

일반적으로 호(好)는 '좋다, 아름답다.'라는 의미의 형용사로 쓰이지만, 때로는 '좋아하다.'라는 동사로 풀이되기도 한다.

학(學)은 '배우다, 익히다.'라는 의미인데, 공자에게 있어서 학(學)의 유일한 대상은 다름 아닌 도(道)이다.

따라서 호학(好學)은 '도를 배우기를 좋아하다.' 그리고 불호학(不好學)은 '도를 배우기를 싫어하다.'라고 풀이할 수 있는데, 이와 관련하여 공자는 [논어] 〈陽貨(양화)〉편에서 다음과 같이 설명하고 있다.

17 - 8

子曰: "由也, 女聞六言六蔽矣乎?" 對曰: "未也。" "居。吾語女。好仁, 不好學, 其蔽也, 愚。好知, 不好學, 其蔽也, 蕩。好信, 不好學, 其蔽也, 賊。好直, 不好學, 其蔽也, 絞。好勇, 不好學, 其蔽也, 亂。好剛, 不好學, 其蔽也, 狂。"

자왈: "유야, 여문육언육폐의호?" 대왈: "미야." "거. 오어여. 호인, 불호학, 기폐야, 우. 호지, 불호학, 기폐야, 탕. 호신, 불호학, 기폐야적. 호직, 불호학, 기폐야, 교. 호용, 불호학, 기폐야, 난. 호강, 불호학, 기폐야, 광."

【미언】 공자가 이르시기를: "유야, 너는 여섯 가지 말씀과 여섯 가지 결점에 대해서 들었는가?" (유가) 대답하기를: "아직 듣지 못했습니다." (공자가 이르시기를:) "자리 잡아라. 내가 너에게 말해주마. 어짊을 좋아하면서 배우기를 좋아하지 않으면, 그 결점은 고지식해지는 것이다. 지혜로움을 좋아하면서 배우기를 좋아하지 않으면, 그 결점은 방종해지는 것이다. 신의를 좋아하면서 배우기를 좋아하지 않으면, 그 결점은 도둑질을 하게 되는 것이다. 올곧음을 좋아하면서 배우기를 좋아하지 않으면, 그 결점은 비방하게 되는 것이다. 용감함을 좋아하면서 배우기를 좋아하지 않으면, 그 결점은 포악해지는 것이다. 강직함을 좋아하면서 배우기를 좋아하지 않으면, 그 결점은 사나워지는 것이다."

【대의】 공자가 이르시기를: "자로야, 너는 여섯 가지 말씀과 여섯 가지 결점에 대해서 들었는가?" 자로가 대답하기를: "아직 듣지 못했습니다." 공자가 이르시기를: "자리를 잡고 앉아라. 내가 너에게 말해주마. 자기의 임금을 진심으로 섬기고 따르려 하지만 성인의 도 배우기를 좋아하지 않으면, 공정하게 판단하지 못해서 맹목적으로 추종하게 된다. 오직 백성과 나라를 위한 공익을 꾀하며 객관적인 판단을 하려 하지만 성인의 도 배우기를 좋아하지 않으면, 제멋대로 해석하여 행동에 거리낌이 없게 된다. 성실하려고 하지만 성인의 도 배우기를 좋아하지 않으면, 그런 척만 하게 되는 것이다. 사사로운 정에 얽매이지 않고 공정하게 판단하려고 하지만 성인의 도 배우기를 좋아하지 않으면, 자신에게는 엄격하고 남에게는 관대해야 하는데 오히려 타인에게 엄격하여 비방하게 된다. 자기가 처한 서열에서 마땅히 지켜야 할 바를 목숨 걸고 지키는 의로움을 몸소 실천하려고 하지만 성인의 도 배우기를 좋아하지 않으면, 무도해져서 포악해진다. 마음이 굳세어 사사로운 탐욕을 부리지 않으려고 하지만 성인의 도 배우기를 좋아하지 않으면, 방자해진다."

이 문장의 함의를 이해하기 위한 전제가 있다. 하나는 본문의 호(好: 좋아함, 사랑함)는 사(思: 생각함, 사색함, 그리워함)와 서로 통한다는 것이고, 또 하나는 배움의 대상이 다름 아닌 도(道)라는 점인데, 특히 이 도의 중요한 구성요소로서 한쪽으로 치우치지 않는 객관성과 공정함의 중(中)과 어느 하나도 버리지 않고 모두 함께 하는 조화로움의 화(和)가 있음을 염두에 두어야 한다.

이제 상술한 구절의 내용을 도표로 정리하여 하나씩 살펴보자.

도(道)의 구성요소	호학(好學: 배우기를 좋아함)의 결과	불호학(不好學: 배우기를 좋아하지 않음)의 결과
인(仁: 어짊)	임금을 진심으로 섬기고 따름.	공정하게 판단하지 못하고, 임금을 맹목적으로 추종함.
지(知: 지혜로움)	사사로운 이익을 탐하지 않고 오직 백성과 나라를 위한 공익을 꾀하며, 초자연적인 힘에 의탁하지 않는 객관적인 판단력.	제멋대로 해석하여 행동에 거리낌이 없게 됨.
신(信: 신뢰)	말을 하면 지키는 성실함.	그런 척만 함.
직(直: 올곧음)	사사로운 정에 얽매이지 않고 공정하게 판단함.	자신에게는 엄격하고 남에게는 관대해야 하는데, 오히려 타인에게만 엄격하여 비방하게 됨.
용(勇: 용감함)	의(義: 자기가 처한 서열에서 마땅히 지켜야 할 바를 목숨 걸고 지키는 것)를 몸으로 실천하는 것.	무도해져서 포악해짐.
강(剛: 강직함)	마음이 굳세어 사사로운 탐욕을 부리지 않음.	방자해짐.

결국 공자가 하고자 한 말의 뜻은, 도(道)의 구성요소가 조화를 이뤄서 유기적으로 돌아가지 않으면, 한쪽으로 치우쳐지는 폐단을 낳는다는 뜻이 된다. 또한 위에서도 언급했듯이 여기서 배움의 대상은 크게는 도(道)를 가리키지만, 작게는 도의 형식이 되는 예(禮)를 지칭할 수 있음에 유의하도록 한다. 이와 관련하여서는 다음의 [논어] 〈泰伯(태백)〉편 기록을 살펴보자.

8 – 2

子曰: "恭而無禮, 則勞; 愼而無禮, 則葸; 勇而無禮, 則亂; 直而無禮, 則絞。"

자왈: "공이무례, 즉노; 신이무례, 즉사; 용이무례, 즉난; 직이무례, 즉교."

【미언】 공자가 이르시기를: "공손하지만 무례하면 곧 고달프고; 삼가지만 무례하면, 곧 주눅이 들어 안절부절못하며; 용맹하지만 무례하면, 곧 포악해지고; 곧지만 무례하면, 곧 (타인을) 헐뜯는다."

【대의】 공자가 이르시기를: "공(恭: 공손함)과 신(愼: 신중함) 그리고 용(勇: 계급상의 서열을 명확하게 하고, 그 서열에서 마땅히 지켜야 할 바를 목숨을 걸고 지키는 자세인 의로움을 몸소 실천하는 것)과 직(直: 사사로운 정에 얽매이지 않고 공정하게 판단하는 것)이라는 것은 조화로움을 위한 절제와 통제인 예(禮)를 갖추지 못하면, 한쪽으로 치우치지 않는 공정한 자세인 중(中)을 잃게 되어서 결국 도에 이르지 못하는 폐단이 생기게 된다. 다시 말해서, 도의 내용이 되는 위의 네 가지 요소는 예(禮)라는 형식과 조화를 이뤄야 하는 것이다."

따라서 상술한 여섯 가지 구성요소는 도(道)의 내용을 가리키므로, 공자는 예(禮)라는 형식과 합쳐져야 비로소 조화를 이룰 수 있다고 설명하고 있는 것으로 볼 수 있는 것이다. 이제 이러한 개념을 바탕으로, 다음의 [논어] 〈爲政(위정)〉과 〈公冶長(공야장)〉편 두 구절을 살펴보면, 그 의미를 보다 명확하게 이해할 수 있을 것이다.

2 – 12

子曰: "君子不器。"

자왈: "군자불기."

【미언】 공자가 이르시기를: "군자는 그릇으로 쓰지 않는다."

【대의】 공자가 이르시기를: "군자(도를 배우고 부단히 노력하여 실천하는 올바른 지도자)는 한 작은 분야에 치우쳐 전문기능인이 되지 않는다. 가르침의 목적은 바로 도(옛 성현들의 통치이념)를 배우고 익혀서 실천하게 하는 데 있다. 무릇 이와 같이 도를 이해하고 실천하면, 곧 주변 나라의 백성이 자기 자식을 업고 몰려올 텐데, 도를 배우고 부단히 노력하여 실천하는 올바른 지도자가 어찌 스스로 한 작은 분야에 치우쳐 전문기능인이 될 수 있겠는가?"

공자는 군자란 옛 성인들의 도(道)를 배우고 익혀서 실천하는 사람이라고 정의한다. 그리고 도(道)는 지금까지 설명한 수많은 구성요소의 유기적인 조화를 바탕으로 한다. 따라서 참된 지도자인 군자는 도(道)의 구성요소를 조화롭게 하여 실천하는 인물인 것이다. 하지만 그렇지 못하여 도

(道)의 구성요소 중에서 어느 하나 혹은 몇 가지만 실천하게 되면, 그것은 태평성대를 이끄는 군자가 아닌 전문기능인, 다시 말해서 일개 관료(官僚) 밖에 될 수 없다는 의미가 되는 것이다.

주변을 살펴보면 검소함에 능한 인물, 정직함에 능한 인물, 겸손한 인물 혹은 지혜로운 인물 등등 개별적인 도(道)의 구성요소에 능한 인물은 적잖이 볼 수 있다. 하지만 주지하다시피 공자의 교육목표는 오로지 하나, 즉 도(道)의 구성요소들을 조화롭게 하여 실천하는 군자의 양성에 있는 것이다. 따라서 공자는 이와 같이 도(道)의 구성요소들을 조화롭게 하고 나아가 실천하면 곧 주변 나라의 백성이 자기 자식을 업고 몰려올 터이니, 도(道)를 배우고 부단히 노력하여 실천하는 올바른 지도자는 스스로 한 작은 분야에 치우쳐 전문기능인이 되면 안 된다고 설명하고 있다.

이어서 다음 구절을 보기로 하자.

5 － 3

子貢問曰: "賜也, 何如?" 子曰: "女, 器也。" 曰: "何器也?" 曰: "瑚璉也。"

자공문왈: "사야, 하여?" 자왈: "여, 기야." 왈: "하기야?" 왈: "호련야."

【미언】 자공이 묻기를: "사는 어떻습니까?" 공자가 이르시기를: "너는 그릇이다." (자공이) 말하기를: "어떤 그릇입니까?" (공자가) 이르시기를: "호련이다."

【대의】 자공이 묻기를: "저의 지도자적 재능은 어떻습니까?" 공자가 이르시기를: "지도자는 도의 구성요소를 모두 유기적으로 조화롭게 실천하는 군자와 이들 중 한둘 혹은 몇몇 개에만 능한 그릇, 즉 전문가로 나눌

수 있는데, 너는 전문가이다." 자공이 말하기를: "어떤 전문가입니까?" 공자가 이르시기를: "오곡을 담아 신께 바치던 제기와도 같으니, 귀한 인재이다."

이와 관련하여 [논어] 〈先進(선진)〉 편의 다름 기록을 다시 살펴보면, 이제 공자의 의도를 십분 이해할 수 있을 것이다.

11 - 2

子曰: "從我於陳蔡者, 皆不及門也。德行: 顏淵, 閔子騫, 冉伯牛, 仲弓; 言語: 宰我, 子貢; 政事: 冉有, 季路; 文學: 子游, 子夏。"

자왈: "종아어진채자, 개불급문야. 덕행: 안연, 민자건, 염백우, 중궁; 언어: 재아, 자공; 정사: 염유, 계로; 문학: 자유, 자하."

【미언】 공자가 이르시기를: "진과 채 지역에서 나를 따르던 이들은 모두 문하생이 아니다. 덕행으로는: 안연, 민자건, 염백우, 중궁이었고; 언어로는: 재아, 자공이었으며; 정치로는: 염유, 계로이고; 문(文)을 배움으로는: 자유, 자하이다."

【대의】 공자가 이르시기를: "진과 채 지역에서 나를 따르던 이들은 이제 모두 내 곁을 떠났다. 돌이켜보건대 덕을 몸소 실천한 이로는: 안회, 민자건, 염백우, 중궁이 있었고; 말재간으로는: 재아, 자공이 탁월했으며; 정치로는: 염구, 자로가 출중한 능력이 있었고; 문(文) 즉 옛 전적에 기록된 옛 성현들의 통치이념과 그 업적을 이해하기로는: 자유, 자하가 뛰어났다."

진과 채 지역의 사건을 이해하기 위해서는, [左傳(좌전)] 〈哀公(애공) 6년〉과 [史記(사기)] 〈孔子世家(공자세가)〉의 기록을 살펴볼 필요가 있다. 공자가 채(蔡)나라에 머문 지 3년이 되는 63세일 때 오(吳)나라가 진(陳)나라를 공격했고, 초(楚)나라는 그런 진(陳)나라를 돕기 위해서 군대를 파견하면서 공자를 초빙했다. 공자가 초나라로 가려고 하자 진(陳)나라와 채(蔡)나라 대부들이 두려워하여 공자를 포위했고, 이에 공자 일행은 중간에서 식량까지 떨어지는 상황에 봉착했다. 즉 공자가 위에서 언급하는 바는, 절체절명의 순간에 생사고락을 함께 했던 제자들을 뜻하는 것이다.

또 이를 통해서 상술한 기록은 공자가 56세에 노나라 대부를 그만두고 전국(全國)을 주유(周遊)하다가 다시 노나라로 돌아온 68세 이후에 당시를 회고하면서 한 말임을 짐작할 수 있을 것이니, 안회와 민자건 그리고 염백우와 중궁은 공자의 양성목표인 군자에 접근하여 덕(德)을 실천할 수 있는 인물들이었지만, 나머지 다른 제자들은 한 분야에서 출중한 능력을 발휘한 전문가였다고 평가한 것이다.

따라서 공자의 교육목표가 군자를 양성하는 데 있었음을 감안한다면, 자공은 스승의 이러한 평가에 과연 기뻐했을까, 아니면 자신의 한계를 깨닫고 안타까워했을까?

20. 상(常): 변치 않는 초지일관의 자세

지금까지 서술한 내용을 정리해보면 다음과 같이 요약할 수 있다: 내용이 되는 인(仁)과 의(義) 그리고 형식이 되는 예(禮)와 악(樂)을 중심으로 검(儉) 겸(謙) 자(慈) 강(剛) 직(直) 지(知)를 실천하게 되면 중(中)과 화(和)에 이르게 되고, 이 중(中)과 화(和)가 갖춰지면 이에 덕(德)이 충만해져서 덕치(德治)가 이뤄진다.

그런데 여기서 이상한 점이, "왜 덕(德)은 도(道)와 동등한 개념이 아닌, 하나 낮은 하위개념이 되는 것일까?"라는 것이다. 이와 관련하여 이제 다음의 기록들을 살펴보도록 하자.

> 子曰: "皆曰予知, 驅而納諸罟擭陷阱之中, 而莫之知辟也。人皆曰予知, 擇乎中庸而不能期月守也。"
>
> 공자가 이르시기를: "모두 자기가 지혜롭다고 말하는데, 몰아서 그물이나 덫이나 함정 가운데에 넣어도, 피할 줄 모른다. 사람은 모두 자기가 지혜롭다고 말하는데, 중용을 택하고도 한 달을 지키지 못한다."
>
> [禮記(예기)] 〈中庸(중용)〉

> 中者, 不偏不倚無過不及之名, 庸, 平常也。
>
> 중이라는 것은 편벽되지 않고 치우치지 않으며, 지나치거나 미치지

못함이 없는 것의 이름이요, 용은 늘 그러함이다.

[禮記(예기)] 〈中庸·序(중용·서)〉

위 두 구절의 공통점은 모두 상(常)을 부각시키고 있다는 점이다. 따라서 이제 다음의 두 기록을 보면, 무엇을 그토록 강조하고 있는지 이해할 수 있을 것이다.

又曰: "允出茲, 在茲。" 由己率常, 可矣。

또 이르기를: "진실로 이에서 나오니, 이에 있도다." 자기로 말미암아 常(상: 변치 않는 법도)을 따르는 것이, 옳다. [左傳(좌전)] 〈哀公(애공) 6年〉

先王克謹天戒, 臣人克有常憲, 百官修輔, 厥后惟明明。

선왕께서 하늘이 보이는 경계를 삼가면, 신하들이 변치 않는 법도를 지닐 수 있어 백관들이 행하고 보필하였기에, 그 임금이 명확히 밝혔다.

[尙書(상서)] 〈胤征(윤정)〉

결국 덕(德)이라는 것은 상(常)과 결합한 常德(상덕)이 되지 못하면 태평성대를 오랫동안 유지할 수 없다는 것이니, **상(常)**이란 **변치 않고 부단히 노력하는 초지일관(初志一貫)의 자세**가 됨을 알 수 있는 것이다.

따라서 공자는 [논어] 〈公冶長(공야장)〉편에서 다음과 같이 안영을 평한 바 있다.

5 – 16

子曰: "晏平仲, 善與人交。久而敬之。"

자왈: "안평중, 선여인교. 구이경지."

【미언】 공자가 이르시기를: "안평중은 사람들과 교제를 잘한다. 오래되어도 정중하다."

【대의】 공자가 이르시기를: "제(齊)나라의 경(卿)인 안영(晏嬰)은 사람들과 교제를 잘한다. 그 사귄 기간이 오래되었어도 변치 않고 초지일관하여 사람들에게 정중하다. 비록 안영이 나를 기용하고자 한 제나라 경공(景公)의 의지에 반대함으로써 나를 방해하기는 했지만, 나는 그래도 한쪽으로 치우치지 않고 객관적인 중(中)의 태도를 견지함으로써, 그를 공정하게 평가하려고 한다."

안평중은 제(齊)나라의 경(傾)으로 바로 안영(晏嬰))인데, [안자춘추(晏子春秋)]의 저자로도 유명하다. 그가 모시던 경공(景公)이 공자에게 벼슬을 주려하자, 반대했던 것으로 알려져 있다.

여기서는 공자의 두 가지 면모를 살펴볼 수 있으니, 하나는 바로 도(道)의 중요한 구성요소인 상(常), 즉 변치 않고 초지일관하는 태도를 강조하고 있다는 점이다. 또 하나는 비록 안영이 공자를 기용하고자 한 경공의 의지에 반대함으로써 공자를 방해하기는 했지만, 공자는 한쪽으로 치우치지 않고 객관적인 중(中)의 태도를 견지함으로써, 안영을 공정하게 평가하고 있다는 것을 알 수 있다.

이처럼 공자는 [논어] 곳곳에서 상(常)의 중요성에 대해서 언급하고 있으니, 이제 [논어]에 등장하는 순서대로 하나씩 살펴보기로 한다. 먼저 〈雍也(옹야)〉 편에 있는 기록들을 보도록 하자.

6 – 5

子曰: "回也, 其心三月不違仁。其餘, 則日月至焉而已。"

자왈: "회야, 기심삼월불위인. 기여, 즉일월지언이이."

【미언】 공자가 이르시기를: "안회는, 그 마음이 석 달 동안 어짊에 위배되지 않는다. 그 밖의 사람들은, 곧 하루나 한 달 동안 이를 뿐이다."

【대의】 공자가 이르시기를: "안회는 상(常) 즉 변치 않고 부단히 노력하는 초지일관된 태도로 도를 배우고 실천한다. 또 그럼으로써 어짊(자기의 군주를 진심으로 따르고 섬김)을 실천하고 있다. 하지만 그 밖의 사람들은, 곧 잠시 그러할 뿐이니, 초지일관하지 못한다."

6 – 10

冉求曰: "非不說子之道, 力不足也。" 子曰: "力不足者, 中道而廢, 今女畫。"

염구왈: "비불열자지도, 역부족야." 자왈: "역부족자, 중도이폐, 금여화."

【미언】 염구가 말하기를: "스승의 도를 따르지 않는 것은 아니지만, 힘이 부족합니다." 공자가 이르시기를: "힘이 부족한 이는 중도에서 버리는데, 지금 너는 긋고 있구나."

【대의】 염구가 말하기를: "스승의 도를 따르지 않는 것은 아니지만, 저의 힘이 부족합니다." 공자가 이르시기를: "도의 두 가지 중요한 구성요소가 바로 변치 않고 부단히 노력하는 초지일관의 태도인 상(常)과 몸가짐과 언행을 조심하는 신(愼)이다. 따라서 끝까지 노력하지 않고 중도에 포기하는 태도를 대단히 경계해야 한다. 힘이 부족한 이는 중도에서 포기하는데, 지금 너는 해보지도 않고 미리부터 선을 긋고 있구나."

다음은 [논어] 〈述而(술이)〉편의 기록이다.

7 - 25

"善人, 吾不得而見之矣。得見有恒者, 斯可矣。亡而爲有, 虛而爲盈, 約而爲泰, 難乎有恒矣。"

자왈: 자왈: "선인, 오부득이현지의. 득현유항자, 사가의. 망이위유, 허이위영, 약이위태, 난호유항의."

【미언】 공자가 이르시기를: "선량한 사람은 내가 만나볼 수 없구나. 변치 않고 늘 그렇게 행함이 있는 이를 만나볼 수 있다면, 그것만으로도 좋겠다. 없으면서 있다고 가장하고, 비어 있으면서 찼다고 가장하며, 인색하면서 너그럽다고 가장하면, 변치 않고 늘 그렇게 행함이 있기가 어렵다."

【대의】 공자가 이르시기를: "대동의 사회를 이끌었던 성인은 내가 만나볼 수 없구나. 소강사회를 이끌었던 군자를 만나볼 수 있다면, 그것만으로도 좋겠다." 공자가 이르시기를: "진실로 선량한 사람은 내가 만나볼 수 없구나. 그저 변치 않고 늘 그렇게 행함이 있는 이를 만나볼 수 있다면,

그것만으로도 좋겠다. 없으면서 있다고 가장하고, 비어있으면서 찼다고 가장하며, 인색하면서 너그럽다고 가장하면, 변치 않고 늘 그렇게 행함이 있기가 어렵다. 따라서 나는 앞에서 언급했던 미생고라는 인물을 바른 사람이라고 보지 않는 것이다. 다시 말해서, 직(直)과 상(常)은 불가분의 관계에 있다."

이어서 [논어] 〈子罕(자한)〉편의 기록들을 살펴보도록 하자.

9 – 16

子在川上曰: "逝者如斯夫, 不舍晝夜。"
자재천상왈: "서자여사부, 불사주야."

【미언】 공자가 내 위에서 말씀하시기를: "달리는 것이 이와 같으니, 낮과 밤을 쉬지 않는구나."

【대의】 공자가 내 위에서 말씀하시기를: "시냇물이 이처럼 낮과 밤을 구분하지 않고 부단히 흐르고 있으니, 사람 역시 도를 배우고 실천하기 위해서 부단히 노력하는 상(常)의 자세를 견지해야 한다."

공자는 쉬지 않고 흐르는 시냇물을 보고는 상(常)의 자세를 생각해냈으니, 여기서 '물'은 바로 '상(常)'의 메타포(metaphor)가 된다. 메타포는 은유(隱喩) 혹은 전이(轉移)라고 풀이되는데, 사실상 메타포는 '은유'나 '전이'와 같은 단순한 비유라기보다는 '그 자체'가 되는 경우가 많다. 오히려 '연상(聯想)과 상상(想像)을 통한 기탁(寄託)'이라고 이해하는 것이 더 타당할 수도 있다.

9 – 19

子曰: "語之而不惰者, 其回也與。"

자왈: "어지이불타자, 기회야여."

【미언】 공자가 이르시기를 "말을 듣고도 게으르지 않는 이는, 안회일 것이다!"

【대의】 공자가 이르시기를 "도를 들으면 부단히 노력하여 변치 않고 실천하는 상(常)의 태도를 견지하는 이는, 안회일 것이다!"

9 – 20

子謂顔淵曰: "惜乎! 吾見其進也, 未見其止也!"

자위안연왈: "석호! 오견기진야, 미견기지야!"

【미언】 공자가 안연을 일컬어 이르시기를: "애석하다! 나는 그 나아감을 보았으나, 그 멈춤을 보지 못했다."

【대의】 공자가 안회를 일컬어 이르시기를: "시냇물은 낮과 밤을 구분하지 않고 부단히 흐르고 있으니, 사람 역시 도를 배우고 실천하기 위해서 끊임없이 노력해야 한다. 안회는 이렇듯 변치 않고 부단히 노력하는 상(常)을 견지하는 모습을 보이지만, 건강을 해쳐가면서까지 그런 태도를 견지하니 안타까운 마음이 들기까지 한다. 결국 안회는 41세의 짧은 나이로 생애를 마감했다."

위의 두 구절을 자세히 들여다보노라면, 공자가 왜 안회를 가장 아꼈는지 어느 정도 이해할 수 있지 않을까?

이어서 또 [논어] 〈子路(자로)〉 편의 기록들을 살펴보자.

13 – 1

子路問政。子曰: "先之, 勞之。" 請益。曰: "無倦。"

자로문정. 자왈: "선지, 로지." 청익. 왈: "무권."

【미언】 자로가 정치에 대해 물었다. 공자가 이르시기를: "앞에 서고, 부지런해야 하는 것이다." (자로가) 보충해달라고 청했다. 공자가 이르시기를: "해이함이 없어야 한다."

【대의】 자로가 정치란 어떻게 해야 하는 것인지 물었다. 공자가 이르시기를: "남보다 먼저 실천하는 민첩함과 게으르지 않는 근면함을 행하는 것이다." 자로가 보충해달라고 청했다. 그러자 공자가 이르시기를: "언행을 신중하게 하고, 부단히 노력하여 변치 않는 자세를 견지해야 한다."

이는 민(敏: 민첩함)과 근(勤: 근면함) 그리고 신(愼: 삼감)과 상(常: 변치 않음)을 말하고 있는데, 주지하다시피 이들은 도(道)의 중요한 구성요소이다. 따라서 공자의 도(道)는 바로 정치하는 이가 반드시 갖춰서 실천해야 하는 통치이념임을 다시 한 번 확인할 수 있다.

13 - 22

子曰: "南人有言曰: '人而無恒, 不可以作巫醫.' 善夫! 不恒其德, 或承之羞." 子曰: "不占而已矣."

자왈: "남인유언왈: '인이무항, 불가이작무의.' 선부! 불항기덕, 혹승지수." 자왈: "부점이이의."

【미언】 공자가 이르시기를: "남쪽 나라 사람이 말하길: '사람이 항상심이 없으면 점을 칠 수 없다.'고 하였는데, 옳도다. 덕을 항상 유지하지 않으면 수치스러운 일이 생긴다." 공자가 이르시기를: "점을 치지 못할 따름이려니."

【대의】 공자가 이르시기를: "남쪽 나라 사람이 말하길: '도의 구성요소인 상(常), 즉 부단한 노력, 항상 변치 않는 태도를 지니지 못하면 하늘의 뜻인 점을 칠 수 없다.' 고 하였는데, 그 말이 옳도다. 길흉화복은 변화가 많아서 무당조차도 함부로 판단할 수 없으니, 이처럼 하늘의 뜻은 아무도 알 수 없으므로 더욱더 삼가여 부단히 노력해야 하는 것이다. 만약 지도자가 옛 성인들이 행한 강함과 부드러움의 통치법을 조화롭게 실천하려는 절조인 덕을 항상 유지하지 않으면, 반드시 수모를 당하게 된다." 공자가 이르시기를: "이처럼 항상 변치 않는 태도를 지니지 못하면 하늘의 뜻인 점을 칠 수 없을 따름이려니."

여기서 공자가 말하려는 의도는 과연 무엇일까? 이와 관련하여서는 다음의 기록을 살펴볼 필요가 있다.

子曰: "南人有言曰: '人而無恒, 不可以爲卜筮.' 古之遺言與! 龜筮猶不能知也, 而況於人乎!"

"남쪽 나라 사람이 말하기를: '사람이 항상심이 없으면, 점을 칠 수 없다.' (이는) 옛날의 유언이려니! 거북(의 껍질로) 점을 쳐도 오히려 알 수 없는데, 하물며 사람에 있어서야!"

[禮記(예기)] 〈緇衣(치의)〉

길흉화복(吉凶禍福)은 변화가 많고 하늘의 뜻은 아무도 알 수 없으므로, 무당(주술사)이 거북의 껍질로 점을 쳐도 정확하게 미래를 예측할 수가 없다. 하물며 사람에게 상(常) 즉 부단한 노력과 항상 변치 않는 자세가 없다면, 어찌 그 사람에게서 미래를 볼 수 있겠는가? 따라서 공자는 마지막에 그런 사람은 반드시 수치스러운 일을 당한다고 경고하고 있으니, 이 역시 도(道)의 또 다른 구성요소인 상(常) 즉 부단한 노력과 항상 변치 않는 태도를 강조하고 있는 것이다.

이제 상술한 내용을 바탕으로 하여, 다시 한 번 [논어] 〈學而(학이)〉 편의 첫 구절이자 [논어]의 첫 구절인 다음의 기록에 대해서 살펴보도록 하자.

1 – 1

子曰: "學而時習之, 不亦說乎? 有朋自遠方來, 不亦樂乎? 人不知而不慍, 不亦君子乎?"

자왈: "학이시습지, 불역열호? 유붕자원방래, 불역낙호? 인부지이불온, 불역군자호?"

【미언】 공자가 이르시기를: "배우고 늘 그것을 익히면, 또한 기쁘지 아니한가? 무리들이 있어서 먼 곳으로부터 찾아오면, 또한 즐겁지 아니한가? 사람들이 알아주지 않아도 원망하거나 성내지 않으면, 또한 군자가 아니겠는가?"

【대의】 공자가 이르시기를: "도(태평성대를 이끈 옛 성인들의 통치이념)를 배우고 항상 변치 않는 태도로 부단히 노력하여, 그 성인들의 도를 자신의 것으로 만든다면 기쁘지 않겠는가? 그렇게 배운 성인들의 도를 부단히 실천하여 나라를 다스리면, 자연스레 주변의 백성이 그 나라가 살기 좋다는 소식을 듣고 몰려와서 지도자를 따를 터이니, 또한 즐겁지 않겠는가? 군자(도를 배우고 부단히 노력하여 실천하는 올바른 지도자)는 남에게 보여주려고 하는 것이 아니라 자신을 위해서 삼가여 부단히 도를 닦는 것이니, 설령 자신이 이처럼 부단히 노력하여 통치를 잘하고 있음을 남들이 알아주지 않아도 화를 내거나 속상해하지 않으면, 이것이야말로 참된 지도자가 아니겠는가?"

공자의 교육목표는 궁극적으로 도(道)를 배우고 부단히 노력하여 실천하는 올바른 지도자인 군자를 양성하여, 그들로 하여금 임금을 보필하고 나아가 나라를 평안하게 다스리게 하는 데 있었다. 따라서 공자에게 있어서 배움의 대상은 다름 아닌 태평성대를 이끈 옛 성인들의 통치이념인 도(道)가 된다.

도(道)는 오늘날의 법도(法道)의 줄임말이라고 볼 수 있는데, 그 의미는 마땅히 지켜야할 도리 즉 지도자가 나라와 백성을 다스림에 있어 마땅히 지켜야 하는 도리가 된다. 그런데 도(道)의 중요한 특징 중 하나가, 다름 아닌 변치 않고 초지일관(初志一貫)하는 태도이다. 따라서 본문의 **습(習)**은 오늘날의 '배우다, 연습하다.'를 뜻하는 것이 아니라, **새가 날갯짓을 하여(羽: 우) 스스로 하늘을 날 수 있도록(自: 자) 부단히 연습하고 노력해야 한다**는 본래의 의미를 지니는 것이니, 결국 이 말은 초지일관하는 마음으로 부단히 노력하여 도를 배우는 상(常)의 자세를 강조하고 있음을 알 수 있다. 그리고 **시(時)** 역시 **상(常)과 일치**하는 표현이 되는 것이다.

그렇다면 [논어]의 편집자는 과연 어떠한 의도에서 이 구절을 첫 번째로 제시한 것일까? 중국의 제자백가(諸子百家)사상을 담고 있는 적잖은 전적(典籍)들이 그러하듯이, [논어] 첫 구절 역시 전형적인 연역법(演繹法)을 사용하고 있다. 주지하다시피 연역법이란 개별적인 사실이나 사례들의 열거를 통해서 일반적인 명제를 이끌어내는 귀납법(歸納法)과는 달리, 먼저 잠정적인 결론을 앞에 제시하고 그 다음부터 그것이 사실임을 입증할 증거들을 찾아서 밝히는 방법이니, 다시 말해서 [논어]의 첫 구절은 바로 공자의 모든 사상을 압축적으로 제시하고 있는 것이다. 즉 이 구절이 [논어]의 서두(序頭)를 장식하게 된 이유는, 공자 사상의 모든 취지가 이 한 마디에 집약적으로 표현되어 있기 때문인 것이다.

따라서 이를 기반으로 하여 다음의 [논어] 〈子路(자로)〉편 기록을 살펴보면, 공자의 목표가 과연 어디에 있었는지 역시 이해할 수 있을 것이다.

13 － 9

子適衛, 冉有僕。子曰: "庶矣哉。" 冉有曰: "旣庶矣, 又何加焉?" 曰: "富之。" 曰: "旣富矣, 又何加焉?" 曰: "敎之。"

자적위, 염유복. 자왈: "서의재." 염유왈: "기서의, 우하가언?" 왈: "부지." 왈: "기부의, 우하가언?" 왈: "교지."

【미언】 공자가 위나라에 감에, 염유가 마부였다. 공자가 이르시기를: "많구나." 염유가 말하기를: "이미 많으면, 또 무엇을 더하는 것입니까?" (공자가) 이르시기를: "그들을 부유하게 하는 것이다." (염유가) 말하기를: "이미 부유하면, 또 무엇을 더하는 것입니까?" (공자가) 이르시기를: "그들을 가르치는 것이다."

【대의】 공자가 위나라에 가는데, 염구가 마차를 몰고 공자를 모셨다. 공자가 이르시기를: "이곳은 넓고 백성이 많구나." 염구가 말하기를: "만약 영토가 넓고 백성이 많으면 또 무엇이 필요합니까?" 공자가 이르시기를: "백성이 물질적으로 풍요로운 삶을 누릴 수 있도록 해야 한다." 염구가 말하기를: "백성이 물질적으로 풍요로운 삶을 누릴 수 있으면, 또 무엇이 필요합니까?" 공자가 이르시기를: "그들에게 도를 가르침으로써, 정신적으로 윤택한 삶을 누릴 수 있도록 해야 한다."

이를 통해서 공자가 머릿속에 그리는 이상적인 나라는 어떤 형태인지 알 수 있으니, 바로 **서민부국(庶民富國)** 즉 **먼저 넓은 영토에 백성이 많아야 하고, 다음으로는 그 백성이 풍요로운 삶을 누릴 수 있도록 하며, 마지막으로 그들에게 도(道)를 가르침으로써 정신적으로 윤택한 삶을 누릴 수 있도**

록 해야 한다는 것이다.

이는 현대사회의 생활을 먼저 풍요롭게 한 후에 정신적인 생활을 충족시켜야 한다는 목표와도 매우 흡사한 면모를 보이고 있는데, 특히 노자가 이상향으로 주장하는 소국과민(小國寡民: 나라가 작고 백성이 적어야 이상적으로 다스릴 수 있음)과는 정반대의 입장을 취하고 있음을 알 수 있다.

하지만 이처럼 지도자가 부단히 노력하여 살기 좋은 나라를 이룩하면, 과연 백성은 자신의 삶이 행복하게 된 이유를 지도자에게서 찾을까? 이와 관련하여 이제 고복격양가(鼓腹擊壤歌)를 살펴보도록 하자.

治天下五十年, 不知天下治歟, 不治歟, 億兆願戴己歟, 不願戴己歟。問左右, 不知, 問外朝, 不知, 問在野, 不知。乃微服, 游於康衢, 聞童謠曰: 立我烝民, 莫非爾極, 不識不知, 順帝之則, 有老人, 含哺鼓腹, 擊壤而歌曰: 日出而作, 日入而息, 鑿井而飮, 耕田而食, 帝力, 何有於我哉。

(요임금이) 세상을 다스린 지 50년, 세상이 다스려지는지 다스려지지 않는지, 억조(수많은 백성)가 자기를 원하는지 원하지 않는지 알 수가 없었다. 좌우에 물었으나 알지 못하고, 조정 바깥으로 물었으나 알지 못했으며, 재야에 물었으나 알지 못했다. 이에 미복(사람들이 알아보지 못하게 변장)하고 큰 거리로 나아가니, 동요가 들렸는데 이르기를: 우리 많은 백성을 일으킴에, 그대의 지극함이 아닌 것이 없네. 알지 못하는 사이에, 임금의 법을 따른다고 하였다. 한 노인이 있어, 입에 음식을 잔뜩 물고 배를 두드리며, 땅을 치며 노래하기를: 해가 뜨면 일하고, 해가 지면 쉬며 우물을 파서 마시고, 밭을 갈아서 먹으니, 임금의 힘이 어찌 나에게 있을까라고 하였다.

[十八史略(십팔사략)] 〈五帝篇(오제편)〉

고복격양가(鼓腹擊壤歌)는 '한 노인이 손으로 배를 두드리고 발로 땅을 구르며 부른 노래'라는 뜻이다. 이 글의 요지는 '백성이란 자신의 삶이 행복한 그 이유를 지도자에서 찾지 않고, 오히려 본래 그런 것이라고 여겨서 몰라준다.'는 것이다. 그러므로 공자는 1-1의 마지막 부분에서 '사람들이 알아주지 않아도 원망하거나 성내지 않으면, 진정한 지도자인 군자이다!' 라고 말했던 것이고.

그렇다면 백성은 정말로 지도자의 노고를 몰라주는 그런 우매한 존재일 뿐인가?

> 堯辟位凡二十八年而崩。百姓悲哀, 如喪父母。三年, 四方莫舉樂, 以思堯。
>
> 요는 임금 자리를 벗어난 지 무릇 28년 만에 죽었다. 귀족들이 슬퍼했으니, 마치 부모를 잃은 듯하였다. 3년 동안 사방에서 음악을 행하지 않음으로써, 요를 그리워했다.
>
> [史記(사기)] 〈五帝本紀(오제본기)〉

백성이란, 일시적으로 모를 수는 있어도 영원히 알지 못하는 존재는 아니다. 세월이 흐르고 난 후, 언젠가는 결국 그런 지도자를 잊지 못해서 그리워할 것이다. 요임금이 죽었을 때 부모가 돌아가신 것처럼 슬퍼했듯이 말이다. 그러므로 공자는 [논어] 〈子罕(자한)〉편에서 다음과 같이 피력했던 것이기도 하고.

9 – 27

子曰: "歲寒, 然後知松栢之後彫也。"

자왈: "세한, 연후지송백지후조야."

【미언】공자가 이르시기를: "한 겨울의 추위, 그런 후에야 소나무와 잣나무가 뒤에 시들게 됨을 알게 된다."

【대의】공자가 이르시기를: "성인과 군자가 도로 다스릴 때는 백성이 모르지만, 세월이 지난 후에 환경이 달라지면 그때가 얼마나 아름다운 시절이었는지 절실히 깨닫게 된다."

여기서 한 겨울의 추위는 어려운 시절을 비유적으로 표현한 것이고, 소나무와 잣나무는 도로 나라를 다스린 지도자들을 역시 비유적으로 표현한 것이다. 따라서 이 말은 성인과 군자가 도로 다스릴 때는 백성이 그들의 지도자가 누구인지조차 모르지만, 세월이 지난 후에는 그때가 얼마나 아름다운 시절이었는지 절실히 깨닫게 된다는 의미인 것이다.

결국 백성은 참된 지도자를 믿고 따르며 언제까지고 잊지 않고 추앙한다. 그리고 역사가 그것을 증명하고 있다.

21. 떠날 것인가, 남을 것인가?

[논어] 〈微子(미자)〉 편에는 다음의 기록이 남아 있다.

18 – 4

齊人歸女樂, 季桓子受之, 三日不朝。孔子行。

제인귀여악, 계환자수지, 삼일불조. 공자행.

【미언】 제나라 사람이 여자와 음악을 선물하자 계환자가 받고, 삼일 동안 만나보지 않았다. 공자가 갔다.

【대의】 제나라 사람이 여자와 음악을 선물하자 계환자가 받고, 삼일 동안 신하들을 만나보지 않았다. 그러자 공자는 노나라를 떠나서 다른 나라로 갔다.

[史記(사기)] 〈孔子世家(공자세가)〉에 따르면, 공자는 定公(정공)14년 즉 56세에 노나라 대부가 되어 정사를 담당했는데, 양과 돼지를 파는 사람들이 값을 속이지 않았고, 남녀가 길을 갈 때 떨어져 갔으며, 길에 물건이 떨어져도 주워가지 않았다고 한다. 사방의 손님 중에서 읍에 방문하는 자도

담당 관리를 찾아올 필요가 없었고, 모두 그들이 잘 돌아가게 했다. 그러자 제(齊)나라의 여서(黎鉏)가 공자의 능력을 두려워하여, 제나라의 미인 팔십 명을 뽑아 노나라로 보내고는 강락무(康樂舞)를 추게 했고, 또 말 백이십 필을 노나라 임금에게 선물했다. 이에 경(卿)인 계환자(季桓子)는 처음에는 평상복 차림으로 몰래 찾아가 강락무를 엿보다가, 나중에는 아예 지역 순시라는 명분으로 온종일 관람하여 정사를 소홀히 했다. 자로가 그 소식을 듣고는 "이제 노나라를 떠날 때가 되었습니다."라고 말하자, 공자는 "임금께서 제사를 지내고 그 음식을 나누어주는 것이 예(禮)인데, 대부들에게 나누어주면 나는 노나라에 남을 것이다."라고 말했다. 하지만 음식이 대부들에게 전해지지 않자, 공자는 아무런 미련 없이 노나라를 떠난 것이다. 이때 악사(樂師) 기(己)가 환송하자, 공자는 "여인네는 신하를 떠나게 할 수 있고, 또 죽음으로 내몰 수도 있네. 한가하게 유유자적하며 달리 일생을 편안하게 지내리라."라고 노래를 불렀다. 악사 기가 돌아와서 계환자에게 공자의 말을 그대로 전하자, 계환자는 "공자가 나를 꾸짖고 있구나!"라고 한탄했다고 한다. 그 이후 전국을 돌며 자기의 도(道)를 받아들이는 나라를 찾았지만, 결국 실패하고 68세에 노나라로 다시 돌아왔다.

그렇다면 공자는 왜 노나라를 떠났을까? 이미 앞에서 언급했다시피, 미자(微子)와 기자(箕子) 그리고 비간(比干)은 은(殷)나라의 폭군 주왕(紂王)에게 간언을 하다가 죽었다. 이처럼 충언을 해도 임금이 깨닫는 것은 고사하고 자신의 목숨조차도 부지하지 못했으니, 신하된 도리로서 오직 임금이 바른 정치를 하도록 끊임없이 충언을 하다가 자신의 충언이 받아들여지지 못하면 세상을 등지고 떠나는 것이 당시에는 어쩌면 너무나도 당연한 불문율(不文律)이었던 것이다. 즉 공자는 이러한 불문율을 알고 있거니와 실천한 인물이었던 것이다.

하지만 그 이후 전국(全國)을 주유(周遊)하며 자기의 도(道)를 받아들이는 나라를 찾았지만 결국 실패하고 68세에 노나라로 다시 돌아왔다. 다시 말해서 또 한편으로 공자는 도(道)를 세상에 알리려고 노력했던 것이니, 어떻게 된 것일까? 이와 관련하여 먼저 [논어]의 다음 기록들을 살펴보자.

5 – 6

子曰: "道不行, 乘桴浮于海, 從我者, 其由與。"

자왈: "도불행, 승부부우해. 종아자, 기유여."

【미언】 공자가 이르시기를: "도가 행해지지 않아서 뗏목을 타고 바다로 떠다닌다면, 나를 따르는 사람, 그것은 유이다."

8 – 14

子曰: "篤信好學, 守死善道。危邦不入, 亂邦不居。天下有道, 則見; 無道, 則隱。邦有道, 貧且賤焉, 恥也; 邦無道, 富且貴焉, 恥也。"

자왈: "독신호학, 수사선도. 위방불입, 난방불거. 천하유도, 즉견; 무도, 즉은. 방유도, 빈차천언, 치야; 방무도, 부차귀언, 치야."

【미언】 공자가 이르시기를: "믿음을 도탑게 하고 배우기를 좋아하며, 목숨을 걸고 선한 도를 지키는 것이다. 위태로운 나라에는 들지 아니하고, 어지러운 나라에는 살지 않는다. 세상에 도가 있으면, 곧 드러내고; 도가 없으면, 곧 숨는다. 나라에 도가 있는데도 빈천하면, 부끄러운 것이요; 나라에 도가 없는데도 부귀하면, 부끄러운 것이다."

11 - 23

所謂大臣者, 以道事君, 不可, 則止。

소위대신자, 이도사군, 불가, 즉지.

【미언】 소위 큰 신하란, 도로서 임금을 섬기다가 안 되면 그만두는 것입니다.

14 - 1

子曰: "邦有道, 穀; 邦無道, 穀, 恥也。"

헌문치. 자왈: "방유도, 곡; 방무도, 곡, 치야."

【미언】 공자가 이르시기를: "나라에 도가 있으면, 녹을 받는데; 나라에 도가 없는데도 녹을 받는 것은, 수치이다."

이를 통해서 공자는 당시의 불문율에 대해서 명확하게 인지하고 있었음을 알 수 있으니, 다음의 기록 역시 참고할 수 있다.

> 是故居上不驕, 爲下不倍, 國有道, 其言足以興, 國無道, 其默足以容。
>
> 이 때문에 위에 있어도 교만하지 않고, 아래가 되어도 등지지 않는다. 나라에 도가 있으면 그 말은 족히 흥하고, 나라에 도가 없으면 그 침묵은 족히 용납된다. [禮記(예기)] 〈中庸(중용)〉

하지만 [논어]의 또 다른 기록들을 살펴보면, 공자는 이와 정반대의 논조로 말하고 있음을 발견할 수 있다.

14 – 3

子曰: "邦有道, 危言危行; 邦無道, 危行言孫。"

자왈: "방유도, 위언위행; 방무도, 위행언손."

【미언】 공자가 이르시기를: "나라에 도가 있으면, 말과 행실을 엄정하게 하고; 나라에 도가 없으면, 행실을 엄정하게 하되 말은 공손하게 할 것이다."

【대의】 공자가 이르시기를: "원칙적으로 말해서 지도자가 도를 배우고 부단히 실천하면 나아가 벼슬을 하지만, 지도자가 무도한데도 벼슬을 하는 것은 수치이다. 한편으로는 이미 신하된 자로서 일하고 있다면, 지도자가 도를 배우고 부단히 실천하면 말과 행실을 엄격하고도 바르게 해야 하지만, 지도자가 무도하면 행실은 엄격하고도 바르게 하되 말은 공손하게 해야 한다. 그렇지 않으면 지도자의 심기를 건드리게 되어 결국 자기에게 그 화가 미치기 때문이다."

15 － 7

子曰: "直哉, 史魚! 邦有道如矢, 邦無道如矢。君子哉, 蘧伯玉! 邦有道, 則仕; 邦無道, 則可卷而懷之。"

자왈: "직재, 사어! 방유도여시, 방무도여시. 군자재, 거백옥! 방유도, 즉사, 방무도, 즉가권이회지."

【미언】 공자가 이르시기를: "곧구나, 사어여! 나라에 도가 있을 때에는 화살과 같고, 나라에 도가 없을 때에도 화살과 같도다. 군자로다, 거백옥이여! 나라에 도가 있으면, 곧 벼슬을 하고; 나라에 도가 없으면, 곧 거두어 품는구나."

이처럼 공자는 당시의 불문율에 대해서 때로는 긍정의 때로는 부정의 입장을 표명하고 있는데, 과연 이처럼 애매한 태도를 보이는 이유는 무엇일까? 공자는 [논어] 〈微子(미자)〉편을 빌려 다음과 같이 설명한다.

18 - 8

逸民: 伯夷、叔齊、虞仲、夷逸、朱張、柳下惠、少連。子曰: "不降其志, 不辱其身, 伯夷、叔齊與?" 謂柳下惠、少連, "降志辱身矣, 言中倫, 行中慮, 其斯而已矣!" 謂虞仲、夷逸, "隱居放言, 身中淸, 廢中權。我, 則異於是, 無可無不可。"

일민: 백이, 숙제, 우중, 이일, 주장, 류하혜, 소련. 자왈: "불강기지, 불욕기신, 백이, 숙제, 여?" 위류하혜, 소련, "강지욕신의. 언중륜, 행중려, 기사이이의!" 위우중, 이일, "은거방언, 신중청, 폐중권. 아, 즉이어시, 무가무불가."

【미언】 세상에 나서지 않은 사람은: 백이, 숙제, 우중, 이일, 주장, 유하혜, 소련이다. 공자가 이르시기를: "그 뜻을 낮추지 않고, 그 몸을 욕되이 하지 않은 이는, 백이와 숙제일 것이니?" 유하혜와 소련을 말함에, "그 뜻을 굽히고 몸을 욕되이 하였으나, 말이 윤리에 맞고 행동이 생각에 맞았으니, 이러할 따름이다." 우중과 이일을 말함에, "은거하면서 말을 맘대로 했으나, 몸을 깨끗이 하고, 그침이 임시변통에 맞았다. 나는 곧 이들과 달라서, 가함도 없고 불가함도 없다."

앞에서도 누차 언급했듯이 은나라의 제후국인 고죽국 임금의 첫째 아들인 백이는, 아버지가 셋째 아들인 숙제에게 왕위를 물려주라고 유언하자 그 뜻을 따랐다. 하지만 숙제는 그럴 수 없다며 다시 백이에게 양보했다. 이에 백이는 아버지의 뜻이라며 도망가게 되고, 숙제 역시 도망을 가버리는 바람에, 결국 둘째 아들이 왕위를 물려받게 되었는데, 후에 주나라 무왕이 무력으로 폭군인 은나라 주왕을 몰아내자, 이 둘은 무왕이 인의(仁

義)를 저버렸다고 말하며 수양산으로 들어가 고사리를 캐어먹고 지내다 굶어죽었다.

우중은 오태백(吳泰伯)의 동생 중옹(仲雍)인데 주나라 태왕(太王), 즉 고공단보(古公亶父)는 셋째 아들 계력(季歷)의 아들에게 덕이 있음을 알고, 훗날 계력의 아들이 왕위를 잇도록 하기 위해서 장남 태백이 아닌 계력에게 왕위를 잇게 했다. 그러자 장남 태백과 차남 중옹은 아버지의 뜻을 알고 형월(荊越)지역으로 도망가 은둔했다고 한다.

이일과 주장이 누구인지 현재로서는 알 수 없고, 소련과 관련하여서는 다음의 기록이 남아 있다.

> 孔子曰: "少連、大連善居喪。三日不怠, 三月不解, 期悲哀, 三年憂。東夷之子也。"
>
> 공자가 이르시기를: "소련과 대련은 부모의 상을 잘 치렀다. 3일을 게으르지 않고, 3개월을 느슨하지 않았으며, 1주년을 슬퍼하여 서러워하였고, 3년을 괴로워했다. (그는) 동이(동쪽 오랑캐)의 사람이다."
>
> [禮記(예기)] 〈雜記下(잡기하)〉

이를 통해서, 공자는 도(道)가 땅에 떨어지면 세상을 등지고 떠나는 것이라는 당시의 불문율을 누구보다도 잘 알고 있었음을 다시 한 번 확인할 수 있다. 하지만 공자는 왜 뜻밖에도 "나는 곧 이들과 달라서, 가함도 없고 불가함도 없다."고 말한 것일까?

즉 공자의 이러한 이중적인 태도는 두 가지 측면에서 해석할 수 있으니, 하나는 양 끝단을 잡아서 그 가운데를 집는 객관적이고도 공정함의 중(中)의 태도를 실천하려고 한 것으로 볼 수 있다. 또 하나는 불문율을 따라야 한다는 생각 중에도 도(道)를 다시 살려야 한다는 사명감을 뿌리칠 수 없었던 것으로 볼 수도 있다는 것이다. 그 대표적인 증거로 공자는 도(道)가 땅에 떨어지자 대부를 지내다가도 과감히 그 자리를 박차고 노나라를 떠났다는 점과, 그러면서도 자기의 도(道)를 알리기 위해서 오랫동안 세상을 주유했다는 점을 들 수 있다. 아무튼 이유야 어찌되었건 간에 한 가지 확실한 것은, 이러한 공자의 이중적인 태도가 결코 일개인의 사리사욕을 채우기 위한 방편은 아니었다는 사실이다.

그렇다면 공자는 실제로는 어떠한 선택을 하였는가? 이와 관련하여서는 먼저 [논어] 〈季氏(계씨)〉 편의 다음 기록을 살펴보자.

16 – 11

孔子曰: "'見善如不及, 見不善如探湯.' 吾見其人矣, 吾聞其語矣! '隱居以求其志, 行義以達其道.' 吾聞其語矣, 未見其人也!"

공자왈: "견선여불급, 견불선여탐탕. 오견기인의, 오문기어의! 은거이구기지, 행의이달기도. 오문기어의, 미견기인야!"

【미언】 공자가 이르시기를: "'선함을 보면 못미칠 듯이 하고, 선하지 못함을 보면 끓는 물에 손을 넣는 듯하다.' 나는 그런 사람을 보았고, 나는 그런 말을 들었다! '은거함으로써 그 뜻을 구하고, 의로움을 행함으로써 그 도에 이른다.' 나는 그런 말을 들었지만, 그런 사람을 보지 못했다."

【대의】 공자가 이르시기를: "'선함을 보면 아직 부족하여 따라가지 못하는 듯 부지런히 노력하고, 선하지 못한 것을 보는 것은 끓는 물에 손을 넣는 것과도 같이 위험하니 피한다.' 나는 그런 사람을 보았고, 나는 그런 말을 들었다! 하지만 '세상에 도가 없으면 은거함으로써 자신을 온건하

게 보존하고, 세상에 도가 있으면 의로움을 행함으로써 그 도에 이른다.' 나는 그런 말을 들었지만, 그런 사람을 보지는 못했다."

따라서 공자는 이론적으로는 불문율을 따라야 한다고 생각했을지 몰라도, 사실상 도(道)를 다시 살려야 한다는 사명감을 실천한 삶을 살았던 것이다. 그리고 그러한 행적은 [논어] 〈微子(미자)〉와 〈憲問(헌문)〉편에도 오롯이 남아 있다.

18 – 6

長沮桀溺耦而耕。孔子過之, 使子路問津焉。長沮曰: "夫執輿者爲誰? 子路曰: "爲孔丘。" 曰: "是魯孔丘與?" 曰: "是也。" 曰: "是知津矣!" 問於桀溺。桀溺曰: "子爲誰?" 曰: "爲仲由。" 曰: "是魯孔丘之徒與?" 對曰: "然。" 曰: "滔滔者, 天下皆是也, 而誰以易之? 且而與其從辟人之士也, 其若從辟世之士哉?" 耰而不輟。子路行以告, 夫子憮然, 曰: "鳥獸不可與同群! 吾非斯人之徒與而誰與? 天下有道, 丘不與易也!"

장저걸익우이경. 공자과지, 사자로문진언. 장저왈: "부집여자위수?" 자로왈: "위공구." 왈: "시노공구여?" 왈: "시야." 왈: "시지진의!" 문어걸익. 걸익왈: "자위수?" 왈: "위중유." 왈: "시노공구지도여?" 대왈: "연." 왈: "도도자, 천하개시야, 이수이역지? 차이여기종벽인지사야, 기약종벽세지사재?" 우이불철. 자로행이고, 부자무연, 왈: "조수불가여동군! 오비사인지도여이수여? 천하유도, 구불여역야!"

【미언】 장저와 걸익이 밭을 갈고 있었다. 공자가 그들을 지나가다가, 자로에게 나루터가 어디에 있는지 묻도록 했다. 장저가 말하기를: "수

레 고삐를 잡고 있는 사람은 누구인가?" 자로가 대답하기를: "공구이십니다." (장저가) 말하기를: "노나라의 공구인가?" (자로가) 말하기를: "그렇습니다." (장저가) 말하기를: "(그 사람은) 나루터를 안다!" 걸익에게 물었다. 걸익이 말하기를: "그대는 누구인가?" (자로가) 말하기를: "중유입니다." (걸익이) 말하기를: "노나라 공구의 제자인가?" (자로가) 대답하기를: "그렇습니다." (걸익이) 말하기를: "도도히 흘러가니, 세상이 모두 이러한데, 누가 그것을 바꿀 것인가? 사람을 피하는 사(士)를 따르느니, 세상을 피하는 사(士)를 따르는 것이 낫지 않겠는가?" 그러고는 씨앗 덮는 일을 멈추지 않았다. 자로가 가서 말을 전하자, 공자가 크게 낙심하여 멍하니 있다가, 이르시기를: "조수와는 함께 무리를 지을 수 없으니, 내가 이 사람의 무리와 함께하지 않으면, 누구와 함께 하겠는가? 천하에 도가 있으면, 내가 (그대들과) 더불어 바꾸려 하지 않을 것이다!"

【대의】 장저와 걸익이 밭을 갈고 있었다. 공자가 그들을 지나가다가, 자로에게 나루터가 어디에 있는지 묻도록 했다. 장저가 말하기를: "수레 고삐를 잡고 있는 사람은 누구인가?" 자로가 대답하기를: "공자이십니다." 장저가 말하기를: "노나라의 공자인가?" 자로가 말하기를: "그렇습니다." 장저가 말하기를: "공자는 도가 땅에 떨어지면 세상을 등지고 떠난다는 불문율을 따르지 않고, 자기가 이 세상을 바꿀 수 있다고 하고 있으니, 그런 능력자라면 묻지 않아도 나루터가 어디 있는지 알 것이다!" 이번에는 걸익에게 물었다. 걸익이 말하기를: "그대는 누구인가?" 자로가 말하기를: "자로입니다." 걸익이 말하기를: "노나라 공자의 제자인가?" 자로가 대답하기를: "그렇습니다." 걸익이 말하기를: "도도히 흘러가니 세상이 모두 이러한데, 누가 이 혼란스러운 세상을 바꿀 수 있겠는가? 이렇듯 혼란스러운 세상에서 굳이 자기를 알아주는 사람을 찾기 위해서 힘들게 돌아다니느

니, 차라리 도가 땅에 떨어지면 세상을 등지고 떠난다는 불문율을 따르는 것이 낫지 않겠는가?" 그러고는 씨앗 덮는 일을 멈추지 않았다. 자로가 가서 말을 전하자 공자가 크게 낙심하여 멍하니 있다가, 이르시기를: "지금과 같은 세상에는 대동의 통치이념을 펼 수 없으니, 예악제도로 애써서 절제하고 통제하는 소강사회의 통치이념을 펴야만 한다. 따라서 내가 추구하는 도는 사람의 통치이념인 인도(人道)이니, 내가 이 사람의 무리와 함께 하지 않으면, 누구와 함께 하겠는가? 세상에 이미 도가 있으면, 내가 굳이 그대들과 더불어 바꾸려 하지 않았을 것이다!"

장저와 걸익이 구체적으로 누구인지는 알려져 있지 않다. 다만 본문을 통해서, 도(道)가 땅에 떨어지면 세상을 등지고 떠난다는 불문율을 따랐던 인물이었을 것이라고 추측할 따름이다.

18 – 7

子路從而後, 遇丈人, 以杖荷蓧。子路問曰: "子見夫子乎?" 丈人曰: "四體不勤, 五穀不分, 孰爲夫子!" 植其杖而芸。子路拱而立。止子路宿, 殺鷄爲黍而食之, 見其二子焉。明日, 子路行以告。子曰: "隱者也。" 使子路反見之。至, 則行矣。子路曰: "不仕無義。長幼之節, 不可廢也; 君臣之義, 如之何其廢之? 欲潔其身而亂大倫。君子之仕也, 行其義也。道之不行, 已知之矣!"

자로종이후, 우장인이장하조. 자로문왈: "자견부자호?" 장인왈: "사체불근, 오곡불분, 숙위부자!" 식기장이운. 자로공이립. 지자로숙, 살계위서이식지, 견기이자언. 명일, 자로행이고. 자왈: "은자야." 사자로반견지. 지, 즉행의. 자로왈: "불사무의. 장유지절, 불가폐야; 군신지의, 여지하기폐지? 욕결기신이란대륜. 군자지사야, 행기의야. 도지불행, 이지지의!"

【미언】 자로가 따르다가 뒤쳐져 노인을 만났는데, 지팡이를 짚고 삼태기를 메고 있었다. 자로가 묻기를: "노인장께서는 스승을 보셨습니까?" 노인이 말하기를: "사지를 부지런히 하지 않고, 오곡을 구분하지 못하니, 누가 스승이란 말인가!" 그 지팡이를 꽂고 김을 매었다. 자로는 두 손을 가지런히 마주잡고 서있었다. 자로를 집에 묵게 하고, 닭을 잡아 기장밥을 지어 먹였으며, 그 두 아들을 만나게 했다. 다음 날, 자로가 가서 (공자에게) 고했다. 공자가 이르시기를: "은자로다." 자로에게 돌아가 그를 만나보게 하였다. 갔더니, (노인은) 곧 떠나버렸다. 자로가 말하기를: "벼슬을 하지 않는 것은, 의로운 일이 아니다. 장유유서의 예절은 없앨 수 없는 것이니; 임금과 신하의 의를, 어찌 폐할 수 있겠는가? 자기의 몸을 깨끗이 하려다 큰 윤리를 어지럽히는 것이다. 군자가 벼슬하는 것은 그 의를 행하는 것이다.

도가 행해지지 못함은, 이미 알고 있다."

【대의】 자로가 공자를 따르다가 뒤쳐져, 노인을 만났는데, 지팡이를 짚고 삼태기를 메고 있었다. 자로가 묻기를: "노인장께서는 제 스승을 보셨습니까?" 노인이 말하기를: "참된 지도자인 군자는 농업을 통치의 가장 중요한 내용 중 하나로 인지하고, 또 그렇기 때문에 솔선수범하여 농사에 참여해야 마땅하다. 그런데 공자는 농사를 허드렛일로 생각하고, 또 아랫사람에게 시키려고만 하고 있으니, 어찌 도를 가르치는 스승이라고 할 수 있다는 말인가!" 그러고는 지팡이를 꽂고 김을 매었다. 자로는 두 손을 가지런히 마주잡고 서있었다. 결국 노인은 자로를 자기 집에 묵게 하고, 닭을 잡아 기장밥을 지어 먹였으며, 그 두 아들을 만나게 했다. 다음 날, 자로가 가서 공자에게 고했다. 공자가 이르시기를: "은자로다." 자로에게 돌아가 그를 만나보게 하였다. 하지만 갔더니, 노인은 이미 떠나고 없었다. 자로가 말하기를: "나라가 혼란스러울수록 벼슬을 하여 자기의 임금을 보필하는 것이, 계급상의 서열을 명확하게 하고 그 서열에서 마땅히 지켜야 할 바를 목숨을 걸고 지키는 의(義)이다. 또한 이러한 도의 내용이 되는 의(義)는 도의 형식인 예(禮)와 분리될 수 없으니, 신하로서 마땅히 지켜야 할 도리를 어찌 없앨 수 있단 말인가? 도가 땅에 떨어지면 세상을 등지고 떠난다는 불문율은 자기 몸만을 돌보려는 이기주의이니, 이는 큰 윤리를 어지럽힐 뿐이다. 따라서 혼란스러운 시기임에도 참된 지도자인 군자가 벼슬을 하여 임금을 보필하는 것은, 다름 아닌 의(義)를 실천하는 것이 된다. 물론 그렇게 한다고 해서, 이 혼란스러운 세상에 갑자기 옛 성현들의 통치이념인 도가 다시 펼쳐지지 않을 것임은 잘 알고 있다."

위의 장저 걸익과 마찬가지로, 여기서의 노인은 도(道)가 땅에 떨어지면 세상을 등지고 떠난다는 불문율을 따랐던 인물이었을 것이다.

14 – 39

子路宿於石門。晨門曰: "奚自?" 子路曰: "自孔氏。" 曰: "是知其不可而爲之者與?"

자로숙어석문. 신문왈: "해자?" 자로왈: "자공씨." 왈: "시지기불가이위지자여?"

【미언】 자로가 석문에서 묵었다. 문지기가 말하기를: "어디에서 왔소?" 자로가 말하기를: "공씨 쪽에서 왔습니다." (문지기가) 말하기를: "안 될 줄 알고도 하려는 사람인가?"

이처럼 공자는 도(道)가 땅에 떨어진 현실을 목도하면서 한편으로는 불문율에 따라 세상을 떠나기도 했지만, 또 한편으로는 안 될 줄 알면서도 다시 도(道)를 살려야 한다는 사명감과 더불어 살릴 수 있다는 희망을 끝까지 저버리지 않았다. 당시의 한 현명한 이는 이미 미래를 예견하고, 심지어 오늘날 우리가 공자를 바라보는 마음을 평한 바 있다. 이제 마지막으로 [논어] 〈八佾(팔일)〉편의 다음 기록을 보도록 하자.

3 - 24

儀封人請見曰: "君子之至於斯也, 吾未嘗不得見也。" 從者見之, 出曰: "二三子, 何患於喪乎? 天下之無道也久矣, 天將以夫子爲木鐸。"

의봉인청현왈: "군자지지어사야, 오미상부득현야." 종자현지, 출왈: "이삼자, 하환어상호? 천하지무도야구의, 천장이부자위목탁."

【미언】 의 지역을 지키는 수령이 (공자를) 뵙기를 청하여 말하기를: "군자의 이곳에 이름에, 내가 만나지 못한 적이 없다." 따르는 이가 (공자를) 뵙게 하였더니, 나와서 말하기를: "그대들은, 어찌 헛되이 낭비할까봐 걱정하는가? 세상의 무도함이 오래되었으니, 하늘이 장차 스승을 목탁으로 삼으실 것이다."

【대의】 의 지역을 지키는 수령이 공자를 뵙기를 청하여 말하기를: "군자(도를 배우고 부단히 노력하여 실천하는 올바른 지도자)가 이곳에 이름에, 내가 만나지 못한 적이 없다." 이에 따르는 이가 공자를 뵙게 하였더니, 나와서 말하기를: "그대들은, 어찌 헛되이 시간을 낭비할까봐 걱정하는가? 세상에는 그대들의 스승인 공자에 대한 세 가지 여론이 있다. 하나는 그를 아첨한다고 시기하는(사실 그의 재능을 두려워한) 것이고, 또 하나는 그가 불문율을 따르지 않고 세상의 명예에 집착한다고 비판하는 것이며, 마지막으로 공자의 뜻을 이해하고 따르는 것이다. 내가 이제 공자를 만났는데, 세상에 도(옛 태평성대를 이끌었던 성현들의 통치이념)가 없어진 지 오래되었으니, 이제 하늘이 장차 그대들의 스승을 올바로 가르쳐서 이끌 인물로 삼으실 것이다."

만약 우리가 살고 있는 이 세상이 도(道)가 이미 땅에 떨어진 상황이라면, 우리는 과연 어떠한 길을 걸어야 할 것인가? 아무리 해도 바꿀 수 없는 현실을 인정하고, 유유자적(悠悠自適)하며 세상을 등지고 살 것인가? 아니면 안 될 줄 알고도 끝까지 희망을 품으며, 다시 살 만한 가치가 있는 세상으로 만들려고 발버둥 칠 것인가? 물론, 선택에 따른 결과는 고스란히 우리의 몫이다.

나오면서

서양의 사상이 인간으로서의 삶과 존재 이유에 대한 논의였다면, 동양의 사상은 오로지 지도자의 자세에 대한 논의였다고 할 수 있다. 다시 말해서, 동양 사상의 최대 핵심은 '지도자가 잘하면 그 밑의 신하들이 잘하고, 그렇게 되면 나라가 안정될 것이니, 자연스레 백성이 행복하게 지낼 수 있다.'는 것이다. 그러하기에 그토록 '솔선수범(率先垂範)'을 강조한 것이기도 하다. 따라서 이러한 지도자의 도리를 풀어서 설명한 것이 바로 수사인 것이다.

다시 말해서, 지도자에게 가장 중요한 것은 바로 도(道)이고, 도(道)를 완성하려면 덕(德)이 필요하며, 덕(德)이 충만해지기 위해서는 중(中)과 화(和)를 실천해야 한다. 중(中)과 화(和)에 이르기 위해서는 그 내용이 되는 인(仁)과 의(義) 그리고 형식이 되는 예(禮)와 악(樂)을 중심으로 검(儉) 겸(謙) 자(慈) 강(剛) 직(直) 지(知)를 몸소 행해야 한다는 것이다. 하지만 이것으로 도(道)가 완성될 수는 없으니, 다름 아닌 변치 않고 일관되게 실천해 나가는 상(常)이 전제가 되어야 하기 때문이다.

이처럼 도(道)를 구성하는 모든 구성요소가 유기적으로 조화를 이뤄서 함께 실천되었을 때 비로소 지도자의 리더십과 인성이 갖춰지는 것이고, 지도자가 이러한 리더십과 인성으로 나라를 다스릴 때 비로소 나라와 백성의 삶이 안정될 수 있다. 따라서 이러한 일련의 과정을 설명한 것이 바로 수사의 정의이자 그 역할 즉 존재의의가 되는 것이다. 결국 **공자의 수사학**이란 **참된 지도자인 군자가 갖춰야 할 인성론과 리더십에 관한 구체적인 내용들을 밝히는 학문**이라고 할 수 있다.

반면에 서양의 레토릭(rhetoric)은 간단하게 요약해서 '논증을 통한 이해와 설득'의 학문이라고 할 수 있다. 다시 말해서 상대방에게 나의 가치관을 설명하여 이해시키고, 나아가 설득하여 내 사람으로 만드는 데 주 목적이 있는 것이다. 그런데 이러한 '이해와 설득'을 위한 논증은 올바른 도리를 천명하는 경우도 있지만, 때로는 도리에 어긋나는 감언이설(甘言利說), 즉 교언(巧言)으로 그럴 듯하게 포장하여 속이는 경우도 분명히 존재한다.

그러므로 **수사학과 레토릭**에는 필경 많은 공통점이 있지만 차이점 역시 존재하므로, 이는 다시 **디알렉티케(dialektike)와 레토리케(rhetorike) 그리고 레토릭(rhetoric)과 안티 레토릭(anti-rhetoric) 등 다각도에서 비교 분석할 필요가 있는 것**이다.

필자는 처음의 집필 의도대로, 본 저서를 통해서 공자의 수사학 개념을 온전히 밝히는 데 주력하였다. 그리고 동양의 사상을 연구하는 학자로서, 서양의 레토릭을 섭렵하여 상호 비교하는 것에는 아직도 큰 무리가 있다는 점 역시 부인할 수 없는 사실이다. 따라서 그저 본 저서가 향후 수사와 레토릭 비교 연구에 조금이나마 일조할 수 있기를 바라며, 이제 글을 마무리하고자 한다.

공자의 수사학

— 군자의 리더십과 인성론 —

초판 1쇄 발행일 2017년 2월 28일

지은이 안성재
펴낸이 박영희
편집 김영림
디자인 박희경
마케팅 임자연
인쇄·제본 태광인쇄
펴낸곳 도서출판 어문학사
서울특별시 도봉구 해등로 357 나너울카운티 1층
대표전화: 02-998-0094/편집부1: 02-998-2267, 편집부2: 02-998-2269
홈페이지: www.amhbook.com
트위터: @with_amhbook
블로그: 네이버 http://blog.naver.com/amhbook
다음 http://blog.daum.net/amhbook
e-mail: am@amhbook.com
등록: 2004년 7월 26일 제2009-2호

ISBN 978-89-6184-433-8 93140
정가 20,000원

이 도서의 국립중앙도서관 출판시도서목록(CIP)은 e-CIP홈페이지(http://www.nl.go.kr/ecip)와 국가자료공동목록시스템(http://www.nl.go.kr/kolisnet)에서 이용하실 수 있습니다.
(CIP제어번호: CIP2017004384)